JN109783

2級

造園施工管理技士

第2次検定対策

種子永 修一 編著

弘文社

＊＊＊ 読者のみなさんへ ＊＊＊

　２級造園施工管理技士に合格するためには，多くの知識が要求され，はじめて受験される方は，大変な労力が必要となります。

　この施工経験記述対策用テキストは，仕事をしながら十分に勉強時間がとれない方や，経験が少なく，思うように記述ができない方等のために執筆しました。記述例を沢山挙げて，今まで経験した現場に少しでもマッチングするようにしましたが，皆様方の応用力を活用して頂く記述も，沢山あると思います。そこは適宜，改善して記述練習をしてください。

　施工経験記述以外にも，最近出題された過去問題を記載し，解答例を詳細に記述しています。過去に，どのような問題が出題されたかを把握し，スラスラと記述できるように反復練習をしてください。

　折角，受験できるチャンスがめぐってきたのですから，この機会を無駄にしないよう，また後悔しないように確実に実力を養ってください。今日から，一日30分，このテキストで勉強して頂ければ，必ず合格という栄冠を勝ち取ることができます。（ただし，最低２ヶ月は頑張ってもらわないといけないと思います。）

　暗記が苦手，学力がない，根気がない，やる気がでない，書くことがおっくう等という否定的なことを考えずに，常に，前向きに心を入れ替えて，必ず一日30分，勉強時間にあてるようにしてください。知らぬまに，潜在能力が表れて（顕れて）力を発揮することができるようになります。

　本書を存分に活用して，今回の試験に合格し，さらにステップアップを図ってください。

著者しるす

２級造園施工管理技術検定について

造園施工管理技術検定とは

　　施工管理技術検定は，造園だけに特有な資格ではなく，土木や建築，電気工事や管工事など多岐に渡っています。公共性や公益性の高い工事において，一定の品質や安全を確保するために，建設業法に基づいて行っている検定です。

　　造園施工管理技術検定が始まったのは昭和50年からで，土木施工管理技術検定から分離される形でスタートしました。したがって土木施工と重複する事項は少なくないので，土木施工管理技術検定の受検者であれば，比較的取り組み易い検定試験と言えるでしょう。

　　なお，検定に合格すると国土交通大臣より検定合格証明書が交付されます。これにより，第一次検定合格の場合，「２級造園施工管理技士補」の称号が与えられ，第二次検定の受検資格は無期限に有効となります。所定の実務経験後，第二次検定に合格すれば，晴れて「２級造園施工管理技士」となります。この２級第二次検定合格者は，その後の１級受検に必要な実務経験を経ることなくすぐに「１級造園施工管理」の第一次検定まで受けることができます。合格すれば「１級造園施工管理技士補」となり，「監理技術者補佐」としての役割を担えるようになります。

検定合格によるメリット

　　建設業法で定められた基準に基づいて，造園工事業を営む一般建設業や特定建設業の許可を受ける事業者には，その営業所ごとに専任の技術者が求められます。さらに，請負工事を実施する場合には主任技術者や監理技術者といった一定の技術レベルの人員を配置することが義務づけられています。２級造園施工管理技士では主任技術者に，１級造園施工管理技士では主任技術者に加えて監理技術者になることが認められています。令和３年度からは各技術者を補佐する技士補も創設されています。

　　このような観点からも，この資格は造園施工を行う事業者や，管理を行うものにとって必要不可欠な資格と言えます。

造園施工管理技術検定の合格率

　　２級造園施工管理技術検定の合格率の推移は以下の通りです。２級の第１次の合格率は50％を超えており，やや安定した結果である一方，第２次の合格率は約40％程度で推移しているようです。

2級造園施工管理技術検定受検データ（一覧表）

	学　科　試　験			実　地　試　験		
	受検者数 A	合格者数 B	合格率 B/A	受検者数 C	合格者数 D	合格率 D/C
H 21年度	4,798	2,372	49.4%	4.960	1,554	31.3%
H 22年度	4,390	1,808	41.2%	4,715	1,083	23.0%
H 23年度	4,205	1,773	42.2%	4,458	729	16.4%
H 24年度	4.338	1,946	44.9%	4,672	1,016	21.7%
H 25年度	4,162	2,134	51.3%	2,924	1,162	39.7%
H 26年度	4,012	2,238	55.8%	3,036	1,339	44.1%
H 27年度	4,158	2,487	59.8%	3,280	1,296	39.5%
H 28年度	4,218	2,126	50.4%	3,085	1.218	39.5%
H 29年度						
学科のみ	528	293	55.5%	—		
同時受検	4,043	2,466	61.0%	3,387	1,244	36.7%
H 30年度						
前期学科	950	478	50.3%	—		
後期学科	644	327	50.8%	—		
同時受検	2,678	1,679	62.7%	3,458	1,313	38.0%
R 元年度						
前期学科	1,163	584	50.2%	—		
後期学科	562	209	37.2%	—		
同時受検	2,448	1,247	50.9%	2,829	1,063	37.6%
R 2年度						
前期学科	中止			—		
後期学科	1,078	537	49.8%	—		
同時受検	2,491	1,543	61.9%	2,531	1,089	43.0%

	第 1 次検定			第 2 次検定		
	受検者数 A	合格者数 B	合格率 B/A	受検者数 C	合格者数 D	合格率 D/C
R 3年度						
前期1次	1,555	812	52.2%	—		
後期1次	806	367	45.5%	—		
同時受検	2,308	1,184	51.3%	2,624	1,119	42.6%

※第2次検定は，「同時受検」＋「第2次検定のみ受検」の合算の数値です。

試験内容について

出題問題は，以下の通りです。

> **問題1**　経験記述問題
>
> **問題2**　記述問題
>
> **問題3**　記述問題

の3問で，**全て必須問題です。必ず解答してください。**

問題1は経験記述問題でご自分の経験を記入するものです。「工程管理」「品
　質管理」のうちから選択して記述します。

　問題1の配点は40％です。

問題2は造園施工に関する問題です。配点は30％です。

問題3は施工管理に関する問題です。配点は30％です。

＊問題1は配点が多く特に重要で型どおりに解答できない難しい問題です。
何度も練習をしてご自分の経験を詳しく，注意深く施工管理の内容を記入し
てください。

問題1の設問は，以下のようなものです。

(1)　**工事名を具体的に記述しなさい。**（例：○○公園整備工事など）

(2)　工事内容など

　(1)の工事に関し，以下の①〜⑤について**具体的に記述しなさい。**

　　①　**施工場所**（例：○○県△△市××町地内）

　　②　（ア）この工事の契約上の**発注者又は注文者名**

　　　　（イ）この工事における**あなたの所属する会社などの契約上の立場**
　　　　　を，解答欄の〔　〕内の該当するものに○を付けなさい。
　　　　　「その他」に○を付けた場合は（例：年間管理業務）に契約上
　　　　　の立場を記述しなさい。

　　③　**工期**（例：令和×年×月×日〜令和×年×月×日）

　　④　**工事金額又は請負金額**（1万円未満は切り捨てて記入してもよい）

　　⑤　工事の概要

　　　　（ア）**工事の内容及び工事数量**（例：工種，種別，細別，規格，数
　　　　　内容など）

　　　　（イ）**現場の状況及び周辺の状況**（必要に応じ，関連工事の有無な
　　　　　ど当該工事の施工に影響などを与える事項及び内容などを含む）

(3)　工事現場における**施工管理上のあなたの立場**を記述しなさい。

⑷　上記工事の施工において**課題があった管理項目名（工程管理又は品質管理）及びその課題の内容（背景及び理由を含む）を具体的に記述**しなさい。

⑸　⑷の課題に対し，あなたが**現場で実施した処置又は対策を具体的に記述**しなさい。

※問題1の施工経験記述の注意点については，p.16から詳しく解説してあります。

第2次検定について

1．申込受付期間：「第1次検定・第2次検定」，「第2次検定」

7月中旬～7月下旬

2．申込用紙の販売：「第1次検定・第2次検定」，「第2次検定」があり，1部600円です。

「第1次検定・第2次検定」，「第2次検定」

6月下旬より発売

3．試験日：「第1次検定・第2次検定」，「第2次検定」　　　　　　**11月中旬**

4．合格発表：3月初旬

5．受検手数料：「第1次検定・第2次検定」14,400円

「第2次検定」　　　　　　7,200円

（※上記の内容は変更することがありますので，早めに各自ご確認ください。）

（注意）検定の詳細については，試験機関の『受検の手引き』を参照して下さい。

下記の「一般財団法人　全国建設研修センター」のホームページをご覧ください。

http：//www.jctc.jp/

造園施工管理技術検定に関する申込書類提出先及び問合せ先

一般財団法人　全国建設研修センター

試験業務局造園・区画整理試験部造園試験課

〒187-8540　東京都小平市喜平町2-1-2

TEL　042（300）6866（代）

※電話番号のおかけ間違いにご注意ください。

第1章　施工経験記述

1. 工程管理

2. 品質管理

3．安全管理

4．環境対策

5．建設副産物対策

第2章　過去問題（10回分）

問題例

※**問題1，問題2，問題3は必須問題ですから，必ず解答してください。**

問題1 あなたが経験した**主な造園工事**のうち，工事の施工管理において「**工程管理**」又は「**品質管理**」上の課題があった工事を1つ選び，その工事に関する以下の設問(1)〜(5)について答えなさい。
(**造園工事以外の記述は採点の対象となりません。**)

〔注意〕 記述した工事が，あなたが経験した工事でないことが判明した場合は失格となります。

---

(1) **工事名を具体的に記述しなさい。**（例：○○公園整備工事など）

_____

(2) 工事内容など

(1)の工事に関し，以下の①〜⑤について具体的に記述しなさい。

　① **施工場所**（例：○○県△△市××町地内）

　② （ア） この工事の**契約上の発注者名又は注文者名**

　　_____

　　（イ） この工事における**あなたの所属する会社など**の**契約上の立場**を，解答欄の〔　　〕内の該当するものに○を付けなさい。
　　　「その他」に○を付けた場合は（　　）に契約上の立場を記述しなさい。

　③ **工　期**（例：令和×年×月×日〜令和×年×月×日）

　　_____

　④ **工事金額又は請負代金額**（1万円未満は切り捨てて記入してもよい）

　　_____

　⑤ 工事の概要

　　（ア） **工事内容及び工事数量**（例：工種，種別，細別，規格，数量など）

_____

_____

_____

_____

_____

_____

（イ）　現場の状況及び周辺の状況（必要に応じ，関連工事の有無など当該工事の施工に影響などを与える事項及び内容などを含む）

_____
_____
_____
_____
_____
_____

(3)　工事現場における**施工管理上のあなたの立場**を記述しなさい。

_____

(4)　上記工事の施工において，**課題があった管理項目名（工程管理又は品質管理）**及びその課題の内容（背景及び理由を含む）を具体的に記述しなさい。

_____
_____
_____
_____
_____
_____
_____

(5)　(4)の課題に対し，あなたが**現場で実施した処置又は対策**を具体的に記述しなさい。

_____
_____
_____
_____
_____
_____
_____

注）施工経験記述はこれまで，以上のような内容で問われてきました。結構記述するスペースがありますので，字を大きく書かれる受検生でも楽々記述できます。このスペースに入るように記述してください。

※施工経験記述の注意点

　施工経験記述問題は，受検者が担当した造園工事に関する現場施工管理の経験を記述するもので，毎年必須問題として出題されています。

　最近の施工管理項目のテーマは，「品質管理」，「工程管理」が中心となって出題されていますが，今後，環境等幅広い分野から出題される可能性もゼロではありません。

　施工経験記述の目的は，2級造園施工管理技士にふさわしい技術的な判断と経験を受験者が有しているかどうかを判断することです。したがって，記述する内容もそれにふさわしい技術的な内容でなければなりません。

　しかし，専門的な用語の羅列では，合格にはおぼつかないでしょうし，的を絞りきれずに課題を複数あげて，前後のツジツマが合わない文章になるおそれもあり，その結果，技術的な記述内容とならず，単に現場で行った手続きを記述しただけのものになることも想定されます。

　そういった事を防ぐために，予め記述の工事をしぼり，内容を整理しておく必要があります。それでは，記述例にそって進めましょう。

(1)　工　事　名
　　①　造園工事かどうか判定しにくい特殊な工事は避ける。
　　②　なるべく規模の大きい公共工事を選ぶ。（ただし，民間工事のみをしている受検生もあると思われますので，「公共工事」にこだわる必要はありません。）

（悪い例）	（良い例）
• 河川災害復旧工事　⟶	• ○○川災害復旧工事に伴う護岸緑化工事
• 県道道路改良工事　⟶	• 県道○○線道路緑化工事
• ○○邸新築工事　⟶	• ○○邸新築工事に伴う庭園工事
	等

※上記の○○の部分には，必ず地名，固有名詞等を入れるようにしてください。あくまでも参考例ですので，このとおりでなくてもよく，実際に行った造園工事名であれば結構です。

(2) (1)の工事の内容など

　以下の①〜⑤について具体的に記述しなさい。

　　① 施工場所

　　　　実例としてあげる造園工事が行われた場所の都道府県名，市または郡名および町村名を出来るだけ詳しく記入すること。

（悪い例）　　　　　　　**（良い例）**

● ○○県○○市　━→　● ○○県○○市○○町○○地先

　　　　　　　　　　　　　　　　　　　　　　　　　　等

※上記の○○の部分は，必ず地名を入れること。

　　② （ア）発注者名又は注文者名

　　　　（イ）この工事における，あなたの所属する会社等の契約上の立場

　　　　　【元請（共同企業体を含む），下請（一次，二次下請等），発注者（注文者），その他（　　）】（該当するものに丸印をする）

　　　　a.「工事を最初の注文者から直接請け負った会社B＝工事全体の元請業者」の技術者の場合は，「工事の最初の注文者名A」を「発注者」欄に記入します。

　　　　b.「元請業者から請け負った会社等＝下請業者」の技術者の場合は，自社が請け負った工事を注文した「建設業者名」を「発注者」欄に記入する。

　　　例1：自社が1次下請業者Cの場合は，「工事の最初の注文者から直接請け負った会社名B」を「発注者」欄に記入します。

　　　例2：自社が2次下請業者Dの場合は，「1次下請業者名C」を「発注者」欄に記入します。

　　　　　また，その下の【　　】で囲った所の該当する項目を○で囲みます。

　　③ 工　期

● 工期は正確に年号と年月日を記入します。

● 自社が請け負った工事の工期を記入します。

● 工期2ヵ月以上の工事を取り上げること。（下請工事の場合であっても，受注してから労務，資機材等の調達期間を含めて最低2ヵ月以上かかる工事の記述が望ましい。）

● 施工量との整合性に注意します。（施工量が極端に多いのに工期が短いとか，施工量が極端に少ないのに工期が長い等）

```
┌─────────────────────────────────────────────────────────┐
│ （悪い例）                    （良い例）                  │
│ ● 1月～3月        ──→    ● 令和○年1月15日～令和○年3月20日 │
└─────────────────────────────────────────────────────────┘
```

④　工事金額又は請負代金額

契約上の金額を記入すること。（消費税を含んだものとする。）

● 施工量との整合性に注意します。（施工量が極端に多いのに金額が少ない
とか，施工量が極端に少ないのに金額が多い等）

```
┌─────────────────────────────────────────────────────────┐
│ （悪い例）              （良い例）                        │
│ ● 約1千万円    ──→    ● ￥10,500,000－                   │
└─────────────────────────────────────────────────────────┘
```

⑤　工事概要

（ア）工事内容及び工事数量（例：工種，種別，細別，規格，数量等）

● 工事の内容がおおむねイメージできるよう，元請，下請を明記し，主要な
工種や請け負った工事等を記述する。

```
┌─────────────────────────────────────────────────────────┐
│ （悪い例）                    （良い例）                  │
│ ● 庭園工事    ──→    ● A建設会社が施工する○○邸新築工事において，│
│                        下請業者として庭園の植栽工，地被工，花壇工，│
│                        石組工，池・噴水工等を施工するものである。 │
│ ● 公園工事    ──→    ● ○○市公園課発注の○○地区児童公園を整備す │
│                        る公共工事で，元請業者として既存樹木の移植 │
│                        工や，花壇工，遊戯施設工等を新設するもので │
│                        ある。                         等 │
└─────────────────────────────────────────────────────────┘
```

● 例にあるように，工種，種別，細別，規格，数量等をできるだけ具体的に
記述します。

● 特に使用した樹木名，規格，数量は，詳細に記述しましょう。

```
┌─────────────────────────────────────────────────────────┐
│ （悪い例）                    （良い例）                  │
│ ● 高木　5本   ──→    ● 移植工：高木（サンゴジュ H＝2.5mW＝0.8m）│
│   低木　10本          数量50本                           │
│                       高木（ツバキ H＝3.0mC＝0.15mW＝1.0m）│
│                       数量50本                           │
│                       低木（アオキ H＝1.0mW＝0.6m）      │
│                       数量50株                           │
│ ● 園路工     ──→    ● 園路工：インターロッキング舗装幅員3.5m │
│                       延長58m                            │
│                                                     等 │
└─────────────────────────────────────────────────────────┘
```

（イ）現場の状況，周辺状況（関連工事の有無及びその内容も含む）。
- この場合は，現場の状況及び周辺状況を明確に記述します。（関連工事があればその工事の内容も記述します。）

（悪い例）	（良い例）
● 元請会社は建築工事で下請の自社は造園工事である。 →	● 元請会社のA社は，○○ビルの新築工事を受注しており，屋上工事完了後に当社が緑化工事に着手する状況であった。 等

(3) 上記の工事現場における施工管理上のあなたの立場を記述しなさい。
- 工事現場での立場を記入します。会社での役職名は絶対に記入しない。
- 建設業法以外の法令による資格を記入しない。（例：作業主任者）

（悪い例）	（良い例）
● 現場主任 → 工事主任	等

(4) 上記工事の施工において，**課題があった管理項目名（工程管理又は品質管理）及びその課題の内容を具体的に記述**しなさい。

① 施工管理項目のうち「工程管理」，又は「品質管理」のどちらか1つを選んで記入しなさい。

施工管理項目　　工程管理

② ①で選んだ施工管理項目上の課題の内容を具体的に記述しなさい。

（悪い例）

　工期内に梅雨期が重なり，降雨により整地工に15日間の遅れが発生し，工程短縮及び後続工程調整が必要となった。また，工期中間点で設計変更が生じ，7日間工事が中断し，植栽工の重点管理が必要になった。

↓

（良い例）

　この工事は，河川敷にある公園整備工事であり，整地工は地盤改良を含めた大がかりな工事であった。契約工期は，梅雨期であり，降雨により想定外の15日間の遅れが基盤工から発生し，工程短縮及び後続工程調整が必要になった。また，工期中間点で設計変更が生じ，7日間工事が中断し，植栽工の重点管理が必要になった。さらに，先行作業である土木工事においても遅延が生じ，大型重機が錯綜する状況であり，当社施工範囲にも影響するため，工期内完成が危ぶまれ効率的な工程調整が技術的課題となった。

(5) (4)の課題に対し，あなたが**現場で実施した処置又は対策を具体的に記述**しなさい。

（悪い例）

① ネットワーク工程表によりフォローアップを随時行い，各作業間の取り合い調整及びフロートの確認を行うとともに，必要限度の作業員3名を増員し並びに掘削機械，整地機械を2台として並行作業を行う弾力的管理運営にて工程を進捗させた。

② 熟練者を中心に作業班を編成し，作業員の高度な技術力により，植栽工を進捗させ，手待ち，手戻りを防止して指定工期内に完成させた。以上の結果，今後の施工計画に反映できるデータの蓄積が図れ，合理化対策にも活用したい。

↓

（良い例）

① 工程会議にてネットワーク工程表によりフローアップを随時行い，各下請業者の意見を取り入れ取り合い調整及びフロートの確認を行うとともに，基盤工の並行作業により工程を進捗させた。

② 綿密な工程管理計画の立案により，作業責任者に指示をして，熟練者を中心に作業班を編成させ植栽工を進捗させ，手待ち，手戻りを防止させた。

以上の結果，当初懸念した梅雨による工程遅延が解消され，今後の工程管理計画に反映できるデータの蓄積を図り，合理化対策にも活用させたい。

第1章　施工経験記述

1. 工程管理

　工程管理とは定められた工期内に工事を完成させるために着工から完成までの合理的な時間管理をすることである。

　契約条件や現場条件に合わせた工程計画を組むことは当然であるが，施工中も現場の状況に適切に対処して効率的に工事が進み計画通り完成するよう管理する必要がある。

　したがって，工程管理は効率化や省力化のほか具体的な日数管理が求められるので，課題は具体的な日数を表現し，管理業務内容にも合理的に記述しなければならない。

【工程管理の題材例】

① 作業時間が限られている街路樹剪定工事や公園改修工事
② 早期完成が求められている工事
③ 天候不順や前工程作業の遅れなどで予定より遅延している工事
④ 狭い現場で作業人数に制限のある工事
⑤ 関連工事業者との錯綜により能率低下するおそれのある工事

【◎改善した文章◎について】

　実際の解答文に著者が手を加えた改善文を実例として示しています。
　◎改善した文章◎の直前の文章が実際の解答文です。

問題1　あなたが経験した**造園工事のうちから1つの工事を選び**，以下の(1)〜(5)について答えなさい。（**造園工事以外の記述は採点の対象になりません。**）

〔注意〕　記述した工事が，あなたが経験した工事でないことが判明した場合は失格となります。

(1)　工　事　名　○○公園整備工事

(2)　工事の内容

以下の①〜⑤について**明確に記述しなさい。**

①　施工場所　　○○県○○市○○町地内

②　（ア）発注者名又は注文者名

○○市公園課

（イ）**この工事における，あなたの所属する会社等の契約上の立場**

元請業者の場合

【元請（共同企業体を含む），下請（一次，二次下請等），発注者（注文者），その他（　　）】

③　工　　期　令和○年5月15日〜令和○年7月31日　約78日間

④　工事金額　¥12,800,000 -

⑤　工事概要

（ア）工事の内容を具体的に記述しなさい。

住宅街の中心部にある近隣公園の整備工事であり，約8km離れた産地卸売業者より，高木（クロガネモチ）80本，低木（アベリア）80本を搬入し，公園東側に移植し，南側敷地境界に擁壁工を築造し，ネットフェンスを張り，前面に園路工を設置するものであった。

（イ）工種，数量について具体的に記述しなさい。

移植工：高木（クロガネモチ　H=3.5m　C=0.25m　W=1.2m）　数量80株

　　　　低木（アベリア　　　　H=0.8m　　　　　　W=0.6m）　数量80本

園路工：カラーアスファルト舗装　　　　　　　　　　　　　数量150m²

擁壁工：鉄筋コンクリート擁壁工　H=1.0m　　　B=0.3m　　　L=50m

ネットフェンス張工：　　　　　　H=2.5m　　　　　　　　　L=80m

（ウ）現場の状況（関連工事の有無及びその内容も含む），周辺状況について具体的に記述しなさい。

　工事場所は住宅街の中心にある近隣公園の整備工事で，施工面積は，3,500 ㎡で移植に使う高木（クロガネモチ）80本，低木（アベリア）80本は，産地卸売業者から搬入し移植するものである。工事箇所の前面道路は，生活道路になっていて，通勤，通学時間帯は一般車両，歩行者の通行が非常に多い状態であった。

(3)　工事現場における**施工管理上のあなたの立場**

　　　　工事主任

(4)　上記工事の施工にあたり，以下の①，②について答えなさい。

　　　①　施工管理項目のうち，「工程管理」，又は「品質管理」のどちらか1つを選んで記入しなさい。

　　　　施工管理項目　　工程管理

　　　②　①で選んだ**施工管理項目上の課題を具体的に記述**しなさい。

　この工事は，供用している公園内の整備工事で，梅雨期も重なる工期内での移植工，園路工，擁壁工の施工を行うものであった。

　事前調査の結果，移植工の搬入先が約8 km離れた場所より高木（クロガネモチ）80株，低木（アベリア）80本を搬入するが，現場近くの交通量が非常に多く，片道50分を要することが判った。

　必要本数から5往復の運搬が必要となり，梅雨を含む工期内での移植工（掘取り→運搬→植付け→養生）の作業の効率化を課題とした。

(5)　(4)の②の課題に対し，**あなたが現場で実施した処置又は対策を具体的に記述しなさい。**

①　ネットワーク工程表を作成し，7日毎のフォローアップを行う事とした。

　　1つの大きな対策として，低木の移植工においては，各作業エリアのスペースも無理なく取れることから，擁壁工と並行作業を行うよう，作業責任者に指示をした。

②　また，作業班編成は，作業員の技術力や施工実績をベースにした班編成を行うよう職長に指示し，適材適所の人員配置にて効率化を図った

　　以上のように，全作業員の指揮，指導した結果，早期に遅れに対する処置ができ，効率良く遅延対策ができ，指定工期内に工事を完成させた。

（問題文省略）

⑴　工　事　名　　○○公園整備工事

⑵　工事の内容

　　以下の①〜⑤について**明確に記述**しなさい。

　　　①　施工場所　　○○県○○市○○町

　　　②　（ア）発注者名又は注文者名

　　　　　○○市公園課

　　　（イ）この工事における，あなたの所属する会社等の契約上の立場

下請業者の場合

　　　　　【元請（共同企業体を含む），下請（一次，二次下請等），発注者

　　　　　（注文者），その他（　　）】

　　　③　工　　　期　　令和○年 3 月20日〜令和○年 5 月10日　　約52日間

　　　④　工事金額　　￥9,800,000 −

　　　⑤　工事概要

　　　　（ア）工事の内容を具体的に記述しなさい。

　　この工事は，臨海の未供用地の公園内に，元請が法面整形した後，張芝を面積 A＝1,125㎡（法長4.5 m，延長 L＝250 m）施す一次下請工事であった。移植工として，高木（ウバメガシ）50本，低木（アオキ）50株を植栽し，公園中央部に園路を設け，東側敷地境界部に高さ1.0 m の擁壁を構築するものであった。

　　　　（イ）工種，数量について具体的に記述しなさい。

移植工：高木（ウバメガシ　H＝3.0 m　C＝0.15 m　W＝1.0 m）　数量50本

　　　　　低木（アオキ　　　H＝1.0 m　　　　　　　W＝0.7 m）　数量50株

園路工：カラーアスファルト舗装　　　　　　　　　　　　　　　数量100㎡

擁壁工：鉄筋コンクリート擁壁工　H＝1.0 m　　　B＝0.5 m　　L＝80 m

　　　　（ウ）現場の状況（関連工事の有無及びその内容も含む），周辺状況

　　　　　　　について具体的に記述しなさい。

　　工事前面道路は，国道であり頻繁に一般車両が通行し，近くの小学校の通学道路でもあり，通学時間帯は工事車両の通行規制がある状況であった。また，移植する高木（ウバメガシ）低木（アオキ）は，約 5 km 離れた消費地卸売業者から，現場に搬入される。

(3)　工事現場における**施工管理上のあなたの立場**

　　　　工事主任

(4)　上記工事の施工にあたり，以下の①，②について答えなさい。

　　　①　施工管理項目のうち，「工程管理」，又は「品質管理」のどちらか1
　　　つを選んで記入しなさい。

　　　　施工管理項目　工程管理

　　　②　①で選んだ**施工管理項目上の問題点を具体的に記述**しなさい。

　　この工事は，臨海の未供用地の公園内に，元請が法面整形した後，張芝を
面積A＝1,125㎡（法長4.5 m，延長L＝250 m）施す一次下請工事であっ
た。

　　元請との工程打合せにより，施工上，工期終盤の3月の施工に予定してい
たが，例年の雨天による施工不能日が10日ほど考えられた。また，雨天後も
ばっ気による養生を数日（5日）要し，直には着手できない状況から，施工
可能日＋余裕日＝50日間での作業効率向上を課題とした。

(5)　(4)の②の問題点に対し，あなたが**現場で実施した処置又は対策を具体的に
記述**しなさい。

①　元請との週間工程打合せを随時行い，材料搬入時期の遅れを起こさない
　　よう，注意を払った。

②　能率的な張り方を行うため，職長と芝の仮置き場所の位置決めを行っ
　　た。更に，職長には目串による作業の効率アップを図るための意見を各作
　　業員から聴き，良い方法を作業員全員に周知させた

③　雨天後すぐに取り掛かれるようにするため，作業責任者を指名し，元請
　　の法面整形後にブルーシートを全面に施させた。また，工事用車両や重機
　　の走行箇所には，こね返しを起こし作業がペースダウンしないよう，敷鉄
　　板を敷設するよう指示した。

（問題文省略）

⑴　工　事　名　都市公園年間管理業務

⑵　工事の内容

以下の①～⑤について**明確に記述**しなさい。

　　①　施工場所　〇〇県〇〇市〇〇町

　　②　（ア）発注者名又は注文者名

　　　　〇〇市公園管理課

　　（イ）この工事における，あなたの所属する会社等の契約上の立場

その他の場合

　　　　【元請（共同企業体を含む），下請（一次，二次下請等），発注者（注文者），その他（〇　　　）】

　　　　発注者からの直接請負

　　③　工　　　期　令和〇年4月1日～令和〇年3月30日　約1年間

　　④　工事金額　¥4,800,000-

　　⑤　工事概要

　　　　（ア）工事の内容を具体的に記述しなさい。

　　〇〇市が管理する公園10 ha について植栽の年間管理を行い，その一環として樹木の美観を保つための剪定・整枝・根上がり対策及び芝生の維持・再生として刈込み，除草，穴あけ，施肥等を行う。

　　　　（イ）工種，数量について具体的に記述しなさい。

敷地面積：10 ha

移植工：高木（クロガネモチ　　　H＝3.5 m　C＝0.3 m　W＝1.5 m）　数量50本

剪定工：高木（オオシマザクラ H＝3.0 m　C＝0.2 m　W＝1.6 m）　数量50本

　　　　低木（オオムラサキツツジ H＝1.0 m　　　　　　W＝0.5 m）　数量80本

張芝面積：コウライシバ　　　　　　　　　　　　　　　　　　　　　5,000 m²

　　　　（ウ）現場の状況（関連工事の有無及びその内容も含む），周辺状況
　　　　　　　について具体的に記述しなさい。

　　工事場所は近隣住民の憩いの場として，公園利用者が多く，周辺道路は通学道路であるが，歩道もなく道路幅員が狭いものであった。

　　高木は，4 m 以上のものが多く，一部，枯損枝，衰弱枝，徒長した枝も見受けられた。

(3) 工事現場における**施工管理上のあなたの立場**

     工事主任

(4) 上記工事の施工にあたり，以下の①，②について答えなさい。

    ① 施工管理項目のうち，「工程管理」，又は「品質管理」のどちらか1つを選んで記入しなさい。

    施工管理項目　工程管理

    ② ①で選んだ**施工管理項目上の問題点を具体的に記述**しなさい。

  公園内の年間管理業務の工事であったが，高木移植に関し，掘り取り場所が遠方（公園から60 km）であり，その箇所が狭い道幅（W＝3.5 m）にてラフテレーンクレーン（25 t）と運搬車（10 t）を位置づけなければならず，作業性に良くない条件であった。

  そこで，いかに供用箇所での移植（掘り取り，運搬，植付け）の各作業を日没までに行うかの能率的な作業が問題となった。

(5) (4)の②の問題点に対し，あなたが**現場で実施した処置又は対策を具体的に記述**しなさい。

  ① 施工日の実施に関し，掘り取り場所で第三者とのトラブル等による時間の浪費が無いよう，所轄警察署への道路使用許可申請による指導の下，実施日2カ月前からの迂回路の周知案内板等の設置と付近住家への工事お知らせチラシの配布を行った。

  ② 掘り取り場所での迅速性を上げるため，前日に高木が倒れない程度の素掘りを済ますよう作業指揮者を指名し，施工を指示させた。

  ③ 公園内では，植付けの作業を2班体制とし，1班に植穴掘りと支柱取付け，もう1班に施肥と植込み・水鉢の作業を分担させ，各班長に作業能率低下を生じさせないよう，指示を出させた。

（問題文省略）

(1) 工　事　名　○○公園整備工事

(2) 工事の内容

以下の①〜⑤について**明確に記述しなさい。**

① 施工場所　○○県○○市○○町

② （ア）発注者　(株) ○○土木工業

（イ）**この工事における，あなたの所属する会社等の契約上の立場**

下請業者の場合

【元請（共同企業体を含む）, 下請, 一次, 二次下請等）, 発注者
(注文者), その他 (　)】

③ 工　　　期　令和○年2月1日〜令和○年3月30日　約58日間

④ 工事金額　¥8,800,000 -

⑤ 工事概要

（ア）工事の内容を具体的に記述しなさい。

　工事場所は河川敷を埋め立てた地区公園で，近隣住民の憩いの場として公園利用者が多く，遊歩道に面しての植栽工は，約8km離れた産地卸売業者から高木（イチョウ）50株，低木（ウメモドキ）100株を搬入移植し，舗装工，ネットフェンスを張るものであった。

（イ）工種，数量について具体的に記述しなさい。

移植工：高木（イチョウ　　H＝3.5m　C＝0.18m　W＝1.2m）数量 50株

　　　　低木（ウメモドキ H＝1.0m　　　　　　　　　　W＝0.4m）数量100株

園路工：カラーアスファルト舗装　　　　　　　　　　　　　数量360m²

ネットフェンス工：　　　　　　H＝2.5m　　　　　　　　L＝120m

整地工：盛土工　　　　　　　　　　　　　　　　　　　　数量150m²

（ウ）現場の状況（関連工事の有無及びその内容も含む），周辺状況
について具体的に記述しなさい。

　工事場所は河川敷を埋め立てた地区公園で，近隣住民の憩いの場として公園利用者が多く，遊歩道に面しての植栽工は延長約120mあり，園路を先行作業として，植栽地は川側に客土を施し，地盤改良の必要があった。元請業者の土木造成工事が先行作業として，進捗していた。

(3) 工事現場における**施工管理上のあなたの立場**

　　　工事主任

(4) 上記工事の施工にあたり，以下の①，②について答えなさい。

　　　① 施工管理項目のうち，「工程管理」，又は「品質管理」のどちらか1
　　　つを選んで記入しなさい。

　　　施工管理項目　　工程管理

　　　② ①で選んだ**施工管理項目上の問題点を具体的に記述**しなさい。

　この工事場所は，河川敷を埋め立てた地区公園で，近隣住民の憩いの場と
して公園利用者が多く，遊歩道に面しての植栽工は，約 8 km 離れた産地卸
売業者から高木（イチョウ）50株，低木（ウメモドキ）100株を搬入移植
し，舗装工，ネットフェンスを張るものであった。

　事前調査の結果，数か所に湧水が発生し，軟弱地盤であり，また不測の降
雨により整地工に15日間の遅れが発生し，工程短縮及び後続工程調整が必要
となった。また，工期中間点で設計変更が生じ，5日間工事が中断し，植栽工
の重点管理が必要になった。

(5) (4)の②の問題点に対し，あなたが**現場で実施した処置又は対策を具体的に**
記述しなさい。

　① 元請業者の主任技術者と十分に話し合い，作業責任者に指示して，バー
　　チャートを逆算法により，工事完成期日から各部分工事の日程を定め，作
　　業班の調整を行い2班体制にし，並びに掘削機械，整地機械を2台として
　　並行作業を行う弾力的管理運営にて，整地工程の15日間の遅れを取り戻
　　し，進捗させた。

　② 職長に指示して，設計変更についての遅れは，熟練者を中心に作業班を
　　編成し，作業員の高度な技術力により，植栽工を10日間短縮進捗させ，手
　　待ち，手戻りを防止して，指定工期内に完成させた。

（問題文省略）

(1) 工 事 名　○○公園整備工事

(2) 工事の内容

以下の①〜⑤について**明確に**記述しなさい。

① 施工場所　○○県○○市○○町

② （ア）発注者　（株）○○土木工業

（イ）**この工事における，あなたの所属する会社等の契約上の立場**

下請業者の場合

【元請（共同企業体を含む），下請，（一次，二次下請等），発注者（注文者），その他（　）】

③ 工　　期　令和○年5月15日〜令和○年7月31日　約78日間

④ 工事金額　¥14,000,000−

⑤ 工事概要

（ア）工事の内容を具体的に記述しなさい。

　この工事は関東地方の宅地造成地内において，近隣公園の整備を行うものである。本工事はその第一工事として，元請業者の附帯工事の，下記の数量に基づき工事を施工するものである。工事区域以外は未整備で，工事区域は，3,000㎡である。クロガネモチは，約5km離れた産地卸売業者にて，溝掘式の根回しを行ったものを移植する。

（イ）工種，数量について具体的に記述しなさい。

植栽工：高木（クロガネモチ　H＝4.0m　C＝0.3m　W＝1.5m）数量 30株

　　　　低木（クルメツツジ　H＝0.5m　　　　　　W＝0.4m）数量120本

園路工：カラーアスファルト舗装　　　　　　　　　　　　　数量450m²

張芝工：コウライシバ　　　　　　　　　　　　　　　　　　580m²

（ウ）現場の状況（関連工事の有無及びその内容も含む），周辺状況について具体的に記述しなさい。

　この工事は関東地方の宅地造成地内において，近隣公園の整備を行うものである。本工事はその第一工事として上記の数量に基づき工事を施工するものである。工事区域以外は未整備で，先行作業として，元請業者の土木工事が行われていて，競合工事区域は，3,000㎡である。クロガネモチは，約5km離れた産地卸売業者にて，溝掘式の根回しを行ったものを移植する。

(3) 工事現場における**施工管理上のあなたの立場**

　　工事主任

(4) 上記工事の施工にあたり，以下の①，②について答えなさい。

　　① 施工管理項目のうち，「工程管理」，又は「品質管理」のどちらか1つを選んで記入しなさい。

　　施工管理項目　工程管理

　　② ①で選んだ**施工管理項目上の問題点を具体的に記述**しなさい。

　この工事は関東地方の宅地造成地内において，近隣公園の整備を行うものである。

　本工事はその第一工事として，元請業者の附帯工事の数量に基づき工事を施工するものである。工事区域以外は未整備で，工事区域は，3,000㎡である。

　事前調査の結果，梅雨期の工事であり，不測の長雨により工事着手に10日間遅れ，コスト面を考慮した工程短縮及びマイルストーン（管理日）毎の進度管理に留意する必要があった。そのため，整地工，地盤改良工から能率化を図ることが課題となった。

(5) (4)の②の問題点に対し，あなたが**現場で実施した処置又は対策を具体的に記述**しなさい。

　① 元請業者の主任技術者と十分に話し合い，作業責任者に指示をして，整地工及び地盤改良工の詳細工程表を適正な歩掛りで，平均施工速度により作成させ，余裕日数を考慮し，各作業班の調整を行い，並行作業を取入れ10日間の遅れを取り戻しさせた。

　② 職長に指示して，資機材の調達をタイミングよく行い，作業の手待ち，手戻りを防止し，並行作業の継続にて合理性を確保させ，前倒しにより早目に遅延処置をさせた。

　以上の結果，大幅な遅れもなく，工事が進捗し，当初の遅れにも係らず，予定工期内に無事工事が完成した。

（問題文省略）

⑴　工　事　名　○○公園整備工事

⑵　工事の内容
　　以下の①～⑤について**明確**に記述しなさい。
　　　①　施工場所　○○県○○市○○町
　　　②　（ア）発注者　（株）○○土木工業
　　　（イ）この工事における，あなたの所属する会社等の契約上の立場
下請業者の場合
　　　【元請（共同企業体を含む），下請，（一次，二次下請等），発注者
（注文者），その他（　　）】
　　　③　工　　期　令和○年 6 月 1 日～令和○年 8 月15日　約76日間
　　　④　工事金額又は請負金額　¥12,800,000 −
　　　⑤　工事概要
　　　（ア）工事の内容について具体的に記述しなさい。
　　住宅街の中心部にある街区公園の整備工事であり，敷地境界部に，高さ H
＝1.0 m の鉄筋コンクリート擁壁を構築し，その上にネットフェンスを張
り，根回しした高木，低木を植樹し，公園内の園路をカラーアスファルトに
改良するものである。
　　　（イ）工事数量について具体的に記述しなさい。
移植工：高木（サンゴジュ　H＝2.5 m　　　　　　　　W＝0.8 m）　数量50本
　　　　高木（ツバキ　　　H＝3.0 m　C＝0.15 m　W＝1.0 m）　数量30本
　　　　低木（アオキ　　　H＝1.0 m　　　　　　　　W＝0.7 m）　数量50株
園路工：カラーアスファルト舗装　　　　　　　　　　　　　　　数量150 m²
擁壁工：鉄筋コンクリート擁壁工　H＝1.0 m　　　B＝0.3 m　　L＝50 m
ネットフェンス張工：　　　　　　H＝2.5 m　　　　　　　　　　L＝80 m
　　　（ウ）現場の状況（関連工事の有無及びその内容も含む），周辺状況
　　　　　について具体的に記述しなさい。
　　先行作業として元請会社の土木造成工事があり，後続工程として当社の擁
壁工園路工があり，掘削残土を有効利用するものであった。また，約15 km
離れた産地卸売業者から高木，低木を搬入するため，作業の効率化を図るた
めの保管場所の確保が必要であった。工事箇所の前面道路は，生活道路にな

っていて，通勤，通学時間帯は一般車両，歩行者の通行が非常に多い状態で
あった。

(3) 工事現場における**施工管理上のあなたの立場**

　　　工事主任

(4) 上記工事の施工にあたり，以下の①，②について答えなさい。

　　① 施工管理項目のうち，「工程管理」，又は「品質管理」のどちらか1
　　　つを選んで記入しなさい。

　　　施工管理項目　工程管理

　　② ①で選んだ**施工管理項目上の問題点を具体的に記述**しなさい。

　　この工事は，元請業者の附帯工事で，住宅街にある街区公園の整備工事で
あった。

　　事前調査の結果，産地卸売業者が遠方のため，移植樹木の搬入に時間がか
かるため，現場内に保管する予定であった。元請業者の，先行作業の土木工
事が梅雨期の降雨の為に，作業休止日が10日間となり，場内整地後，移植樹
木の保管の予定ができず，後続工程の当社の植栽工程に影響し，指定工期内
の完工が危ぶまれる状態になった。

　　そのため，工程調整による植栽工程短縮が課題になった。

(5) (4)の②の問題点に対し，あなたが**現場で実施した処置又は対策を具体的に
記述**しなさい。

　　① 元請業者の主任技術者と十分に話し合い，植栽樹木搬入責任者に指示を
　　　して，搬入時期，保管場所の確保の打合せを綿密に行い，ネットワーク工
　　　程表によるフォローアップを行わせ，各作業の取り合い再調整及びフロー
　　　トの再計算をして，手待ち時間ロスの防止を図り，高木移植工と低木移植
　　　工を並行作業として，10日間の短縮をさせた。

　　② 職長に指示をして，作業員の技術力や施工実績をベースにした作業班を
　　　編成し，前倒しで擁壁工，園路工を進捗させ，資材搬入の合理化を図り，
　　　施工量を増大させ，擁壁工，園路工は予定工程で完成できた。

　　③ 以上のように，早期に遅れに対する処置をした結果，効率良く遅延対策
　　　ができ，指定工期内に工事を完成させることができた。

（問題文省略）

⑴　工　事　名　○○公園整備工事

⑵　工事の内容
　　以下の①～⑤について**明確に記述**しなさい。
　　　①　施工場所　○○県○○市○○町
　　　②　（ア）発注者　（株）○○土木工業
　　　（イ）この工事における，あなたの所属する会社等の契約上の立場
下請業者の場合
　　　　　【元請（共同企業体を含む），⎡下請⎤ ⎡一次⎤，二次下請等），発注者
　　　　　（注文者），その他（　）】
　　　③　工　　期　令和○年 5 月15日～令和○年 8 月15日　約93日間
　　　④　工事金額　¥13,000,000 -
　　　⑤　工事概要
　　　　　（ア）工事の内容を具体的に記述しなさい。
　　本工事は河川敷を埋め立てた近隣公園において，一部整備を行うもので，
移植工として，高木（ウバメガシ）80本，低木（アオキ）120株を植栽する
ものであった。遊歩道に面して植栽工，舗装工，ネットフェンスを張るもの
であった。
　　　　　（イ）工種，数量について具体的に記述しなさい。

移植工：高木（ウバメガシ　H＝3.0 m　C＝0.15 m　W＝1.0 m）数量　80本
　　　　低木（アオキ　　　H＝1.0 m　　　　　　　W＝0.7 m）数量 120株
園路工：カラーアスファルト舗装　　　　　　　　　　　　　　数量 450 m²
ネットフェンス工：　　　　H＝2.5 m　　　　　　　　　　　L＝120 m
整地工：盛土工　　　　　　　　　　　　　　　　　　　　　　数量 150 m³

　　　　　（ウ）現場の状況（関連工事の有無及びその内容も含む），周辺状況
　　　　　　　　について具体的に記述しなさい。
　　近隣住民の憩いの場として公園利用者が多く，遊歩道に面しての植栽予定
地は，整地基盤まで整備済みであるが，北東側のウバメガシの植栽地は，事
前の調査により，部分的に固結し，また，有効土層の範囲には良質な土壌の
中に粘質土が塊状あるいは部分的に層状に分布していることが確認されてい
た。ただし，下層地盤の排水性には問題はない。関連工事は元請業者の土木

工事が進捗していた。

(3)　工事現場における**施工管理上のあなたの立場**
　　　　工事主任

(4)　上記工事の施工にあたり，以下の①，②について答えなさい。
　　　①　施工管理項目のうち，「工程管理」，又は「品質管理」のどちらか1
　　　　つを選んで記入しなさい。
　　　　　施工管理項目　　工程管理
　　　②　①で選んだ**施工管理項目上の問題点を具体的に記述**しなさい。
　　　本工事は河川敷を埋め立てた近隣公園において，一部整備を行うもので，
　　移植工として，高木（ウバメガシ）80本，低木（アオキ）120株を植栽する
　　ものであった。
　　　事前調査の結果，工期内に梅雨期が重なり，降雨により整地工に15日間の
　　遅れが発生し，工程短縮及び後続工程調整が必要となった。また，工期中間
　　点で設計変更が生じ，5日間工事が中断し，移植工の重点管理が必要になっ
　　た。

(5)　(4)の②の問題点に対し，あなたが**現場で実施した処置又は対策を具体的に
記述**しなさい。
①　元請業者の主任技術者と十分に打合せを行い，作業責任者に指示して，
　　ネットワーク工程表によりフォローアップを随時行い，各作業間の取り合
　　い調整及びフロートの確認を行なわせるとともに，作業体制を調整し作業
　　班を2班にさせ並びに掘削機械，整地機械を2台として並行作業を行う弾
　　力的管理運営にて工程を進捗させ，10日間の短縮をさせた。
②　職長に指示をして，熟練者を中心に作業班を編成させ，作業員の高度な
　　技術力により，移植工を進捗させ，植栽保管場所を現場内に確保させ，資
　　材調達を円滑に手待ち，手戻りを防止して10日間の短縮が図れ，指定工期
　　内に完成させた。以上の結果，今後の施工計画に反映できるデータの蓄積
　　が図れ，合理化対策にも活用したい。

工程管理記述例 8

（問題文省略）

⑴ 工　事　名　○○公園整備工事

⑵ 工事の内容

以下の①～⑤**について明確に記述**しなさい。

① 施工場所　○○県○○市○○町

② （ア）発注者名又は注文者名

○○市公園課

（イ）この工事における，あなたの所属する会社等の契約上の立場

下請業者の場合

【元請（共同企業体を含む），下請（一次，二次下請等），発注者（注文者），その他（　　）】

③ 工　　期　令和○年 5 月15日～令和○年 7 月31日　約78日間

④ 工事金額　¥15,800,000－

⑤ 工事概要

（ア）工事の内容を具体的に記述しなさい。

閑静な住宅内における街区公園の整備工事であり，移植工として，高木（ウバメガシ）80本，低木（イヌツゲ）150株を公園周囲に移植植栽し，公園境界部に擁壁を設置し，その前面に園路工を設けるものであった。

（イ）工種，数量について具体的に記述しなさい。

移植工：高木（ウバメガシ　H＝3.0 m　C＝0.15 m　W＝1.0 m　数量80本
低木（イヌツゲ　H＝1.0 m　W＝0.3 m　数量150株
園路工：カラーアスファルト舗装　数量　450 m^2
擁壁工：鉄筋コンクリート擁壁工　H＝1.5 m　B＝1.0 m　L＝150 m

（ウ）現場の状況（関連工事の有無及びその内容も含む），周辺状況について具体的に記述しなさい。

工事箇所の前面道路は，生活道路になっていて，通勤，通学時間帯は多くの通行がある状態であった。敷地面積は，2,500㎡であるため，材料の保管場所を確保できる状況であり，関連工事として元請業者の土地造成工事が進捗していた。

(3) 工事現場における**施工管理上のあなたの立場**

　　　　工事主任

(4) 上記工事の施工にあたり，以下の①，②について答えなさい。

　　① 施工管理項目のうち，「工程管理」，又は「品質管理」のどちらか1つを選んで記入しなさい。

　　　　施工管理項目　　工程管理

　　② ①で選んだ**施工管理項目上の問題点を具体的に記述**しなさい。

　　この工事は，閑静な住宅内における街区公園の整備工事であった。

　　事前調査の結果，朝夕の通勤・通学時間帯は，工事箇所前面の道路がよく渋滞し，通学児童も多く，資機材搬入に支障を来す状態であった。

　　また，鉄筋コンクリート擁壁工が不測の降雨のため15日間遅れ，予定工期内に間に合わないおそれがあった。

　　そのため，擁壁工程の能率改善が技術的課題となった。

(5) (4)の②の問題点に対し，あなたが**現場で実施した処置又は対策を具体的に記述**しなさい。

　　① 工事責任者に指示し，元請業者のネットワーク工程表を基に，クリティカルパスである鉄筋工，型枠工および園路工を重点管理すると同時に，各作業の取り合い調整により並行作業を行わせ，合理化により施工量を増大させ，降雨による15日間の遅れを取り戻しさせた。

　　② 職長に指示し，随時，フォローアップを行わせ，日程短縮作業および資機材調達を円滑にするため，元請業者の監理技術者と打合せ，現場内に材料保管場所を確保させ，効率化を図らせた。

　　　結果，作業員全員に，早目に遅延処置をさせた結果，工期内に無事工事が完成できた。

工程管理記述例 9

（問題文省略）

⑴　工　事　名　　○○公園整備工事

⑵　工事の内容

以下の①〜⑤について**明確**に記述しなさい。

①　施工場所　　○○県○○市○○町

②　（ア）発注者名又は注文者名

（株）○○土木工業

（イ）**この工事における，あなたの所属する会社等の契約上の立場**

下請業者の場合

【元請（共同企業体を含む），⑦下請（⑦一次，二次下請等），発注者

（注文者），その他（　　）】

③　工　　期　　令和○年 5 月 1 日〜令和○年 7 月31日　約92日間

④　工事金額　　¥11,000,000 −

⑤　工事概要

（ア）工事の内容を具体的に記述しなさい。

　閑静な住宅内における街区公園の整備工事であり，移植工として，高木

（クロガネモチ）80株，低木（クルメツツジ）100本を公園周囲に移植植栽

し，公園境界部に擁壁を設置し，その前面に園路工480㎡を設けるものであ

った。

（イ）工種，数量について具体的に記述しなさい。

移植工：高木（クロガネモチ　H＝3.5 m　C＝0.3 m　W＝1.5 m　数量 80株

　　　　低木（クルメツツジ　H＝0.5 m　　　　　W＝0.4 m　数量100本

園路工：カラーアスファルト舗装　　　　　　　　　　　　　数量480㎡

擁壁工：鉄筋コンクリート擁壁工　H＝1.8 m　　　B＝0.5 m　　　L＝200 m

（ウ）現場の状況（関連工事の有無及びその内容も含む），周辺状況

について具体的に記述しなさい。

　近隣には小学校および病院があり，工事箇所周辺道路は，一般車両，歩行

者等通行量が非常に多い状態であった。敷地面積は，3,500㎡であるため，

材料の保管場所を確保できる状況であり，関連工事は元請業者の土地造成工

事が進捗していた。

⑶ 工事現場における**施工管理上のあなたの立場**

　　現場代理人

⑷ 上記工事の施工にあたり，以下の①，②について答えなさい。

　　① 施工管理項目のうち，「工程管理」，又は「品質管理」のどちらか1つを選んで記入しなさい。

　　施工管理項目　工程管理

　　② ①で選んだ**施工管理項目上の問題点を具体的に記述**しなさい。

　この工事は，閑静な住宅内における街区公園の整備工事であり，移植工として，高木（クロガネモチ）80株，低木（クルメツツジ）100本を公園周囲に移植植栽し，公園境界部に擁壁を設置し，その前面に園路工480㎡を設けるものであった。

　事前調査の結果，場内の整地工程が梅雨期と重なり，降雨およびトラフィカビリティの確保のため，整地工程に10日間の遅れが生じ，整地工並びに後続工程の工程調整が必要になった。

　そのため，移植工の能率低下防止を課題とした。

⑸ ⑷の②の問題点に対し，あなたが**現場で実施した処置又は対策を具体的に記述**しなさい。

　　① 作業責任者に指示をして，元請業者の監理技術者と綿密な打合せをさせ，排水を良好にするために，排水溝を設置させ，施工機械のトラフィカビリティを確保するために，砕石を薄層に敷くとともに，湿地ブルドーザを使用して整地工10日間の工程短縮を図らせ，進捗状況を報告させた。

　　② 後続工程のクロガネモチ植栽作業については，植栽作業員に指示し，現場場内に材料保管場所を確保させ，作業の効率化及び作業改善を図り手間待ち，手戻りを防ぎ工程を進捗させ，5日間の短縮をさせた。

　　③ 職長に指示をして，元請業者のネットワーク工程表を基に，詳細工程表を作成させ，1週間に1回フォローアップを行い，移植工を並行作業として，早期に遅れに対する処置をさせた結果，大幅な遅延もなく工事を完成できた。

工程管理記述例10 （問題文省略）

⑴ 工　事　名　○○公園整備工事

⑵　工事の内容

　　以下の①~⑤について**明確に記述**しなさい。

　　　①　施工場所　○○県○○市○○町

　　　②　（ア）発注者名又は注文者名

　　　（株）○○土木工業

　　　（イ）この工事における，あなたの所属する会社等の契約上の立場

下請業者の場合

　　　　　【元請（共同企業体を含む），下請（一次，二次下請等），発注者

　　　　　（注文者），その他（　　）】

　　　③　工　　期　令和○年10月20日~令和○年12月15日　約57日間

　　　④　工事金額　¥9,800,000-

　　　⑤　工事概要

　　　　　（ア）工事の内容を具体的に記述しなさい。

　　本工事は一部供用を開始している地区公園の未供用区域におけるビジターセンター新築工事に伴い，公園南側に高木（ケヤキ）20本，中木（トウネズミモチ）10本，低木（アオキ）30株を移植するものであった。また，公園東側に擁壁その前面に園路を設置するものである。

　　　　　（イ）工種，数量について具体的に記述しなさい。

移植工：高木（ケヤキ　　　　　　H＝3.0m　C＝0.12m　W＝1.0m）数量20本

　　　　中木（トウネズミモチ　H＝2.5m　　　　　　　W＝1.0m）数量10本

　　　　低木（アオキ　　　　　　H＝1.0m　　　　　　W＝0.7m）数量30株

園路工：カラーアスファルト舗装　　　　　　　　　　　　数量100m²

擁壁工：鉄筋コンクリート擁壁工　H＝1.0m　　　B＝0.5m　　　L＝80m

　　　　　（ウ）現場の状況（関連工事の有無及びその内容も含む），周辺状況

　　　　　　　について具体的に記述しなさい。

　　本工事は一部供用を開始している地区公園の未供用区域におけるビジターセンター新築工事に伴い，公園整備を行うもので，工事前面道路は，国道であり頻繁に一般車両が通行し，近くの小学校の通学道路でもあり，通学時間帯は工事車両の通行規制がある状況であった。先行作業として，土木工事が

行われていて労働力不足で遅れがちである。競合工事区域は，2,000㎡である。高木（ケヤキ），中木（トウネズミモチ），低木（アオキ）は，約10km離れた産地卸売業者にて，溝掘式の根回しを行ったものを移植する。

(3)　工事現場における**施工管理上のあなたの立場**
　　　工事主任

(4)　上記工事の施工にあたり，以下の①，②について答えなさい。
　　　①　施工管理項目のうち，「工程管理」，又は「品質管理」のどちらか1つを選んで記入しなさい。
　　　　施工管理項目　　工程管理
　　　②　①で選んだ**施工管理項目上の問題点を具体的に記述**しなさい。
　　本工事は一部供用を開始している地区公園の未供用区域におけるビジターセンター新築工事に伴い，公園南側に高木（ケヤキ）20本，中木（トウネズミモチ）10本，低木（アオキ）30株を移植するものであった。また，公園東側に擁壁築造し，その前面に園路を設置するものである。コンクリート擁壁工程時に掘削機械（小型バックホウ）が故障し，型枠工，鉄筋工に手待ちが生じ7日間工事が遅れ，工程短縮と後続工程の工程調整が必要であった。また，短期工期のため，作業員の技術レベルの向上を図り，人手不足のため作業効率の向上の確保が課題であった。

(5)　(4)の②の問題点に対し，あなたが**現場で実施した処置又は対策を具体的に記述**しなさい。
　　　①　元請業者の主任技術者と十分な打合せを行い，作業責任者に指示して，
　　　　取り急ぎリースにより小型バックホウを1台追加して2台借り，掘削作業
　　　　を工事始点，終点から進めるとともに，鉄筋工程，型枠工程の並行作業を
　　　　行い，工程を進捗させ，擁壁工程の7日間の短縮を図らせた。
　　　②　職長に指示して，ネットワーク工程表にて，フォローアップを行い，資
　　　　材調達の円滑化，植栽工程の並行作業により，作業標準の確立を図らせ遅
　　　　延処置をさせるとともに，日常の点検および社内検査を確実に行い，手直
　　　　し作業，手戻り作業の防止をさせた。以上の結果，下請業者の協力を得
　　　　て，合理的な作業改善が図れ，当初の遅れを取り戻し工期内に工事を完成
　　　　できた。

工程管理記述例11 (問題文省略)

⑴ 工　事　名　○○公園整備工事

⑵ 工事の内容

以下の①～⑤について**明確**に記述しなさい。

① 施工場所　○○県○○市○○町

② （ア）発注者名又は注文者名

(株) ○○土木工業

（イ）**この工事における，あなたの所属する会社等の契約上の立場**

下請業者の場合

【元請（共同企業体を含む），下請（一次，二次下請等），発注者（注文者），その他（　　）】

③ 工　　期　令和○年5月15日～令和○年7月31日　約78日間

④ 工事金額　¥15,800,000 −

⑤ 工事概要

（ア）工事の内容を具体的に記述しなさい。

　事前調査の結果，高木植栽予定地はヘドロ混じりの砂質土が2m以上の厚さで存在し，不透水層を形成しているため，有効土層を確保するための良質土による盛土を行い，移植工として，高木（ウバメガシ）80本，低木（イヌツゲ）150株を植栽し，公園北側境界部分に擁壁を築造し，前面に園路工を設けるものであった。

（イ）工種，数量について具体的に記述しなさい。

移植工：高木（ウバメガシ　H＝3.0m　C＝0.15m　W＝1.0m）　数量 80本

　　　　低木（イヌツゲ　　　H＝1.0m　　　　　　　W＝0.3m）　数量150株

園路工：カラーアスファルト舗装　　　　　　　　　　　　　　数量450㎡

擁壁工：鉄筋コンクリート擁壁工　H＝1.5m　　　B＝1.0m　　　L＝150m

（ウ）現場の状況（関連工事の有無及びその内容も含む），周辺状況について具体的に記述しなさい。

　閑静な住宅内における街区公園の整備工事であり，工事箇所の前面道路は，生活道路になっていて，近隣には小学校及び病院があり，通勤，通学時間帯は多くの通行がある状態で，資機材搬出入に影響が出る状況でもあった。先行作業として元請業者の土地造成工事が進捗していた。

(3) 工事現場における**施工管理上のあなたの立場**

　　　工事主任

(4) 上記工事の施工にあたり，以下の①，②について答えなさい。

　　　① 施工管理項目のうち，「工程管理」，又は「品質管理」のどちらか1
　　　つを選んで記入しなさい。

　　　施工管理項目　工程管理

　　　② ①で選んだ**施工管理項目上の問題点を具体的に記述しなさい。**

　この工事は，元請業者の附帯工事である住宅地内の街区公園の整備工事で
あり，公園周囲に高木（ウバメガシ）80本，低木（イヌツゲ）150株を植栽
し，北側境界部に擁壁を築造して前面に園路工を設けるものであった。

　事前調査の結果，高木植栽予定地が，ヘドロ混じりの砂質土で不透水層を
形成しており，良質土による地盤改良が必要であった。また，場内の整地工
程が梅雨期と重なり，降雨およびトラフィカビリティの確保のため，工程に
15日間の遅れが生じ，整地工程並びに後続植栽工程の工程調整が課題になっ
た。

(5) (4)の②の問題点に対し，あなたが**現場で実施した処置又は対策を具体的に
記述**しなさい。

　① 元請業者の主任技術者と十分に打合せ，地盤改良責任者に指示をして，
　　排水を良好にするために，暗渠排水溝，サンドマットを設置し，施工機械
　　のトラフィカビリティを確保するために，砕石を薄層に敷くとともに，湿
　　地ブルドーザを使用して，整地工の15日間の工程短縮を図らせた。

　② 後続工程のウバメガシ植栽作業については，植栽作業責任者に指示をし
　　て，並行作業により作業改善を図り，手間待ち，手戻りを防ぎ，工程を進
　　捗させ，15日間の短縮をさせた。

　③ 職長に指示をして，ネットワーク工程表にて，1週間に1回フォローア
　　ップを行い，早期に遅れに対する処置をさせた結果，大幅な遅延もなく工
　　事を完成できた。

工程管理記述例12

（問題文省略）

※以降，実際の解答文に著者が手を加えた改善文を実例として示します。

⑴　工　事　名　○○団地土地造成工事に伴う○○公園整備工事

⑵　⑴の工事の内容

　　以下の①～⑤について**明確に**記述しなさい。

　　　①　施工場所　○○県○○市○○町

　　　②　（ア）発注者名又は注文者名　株式会社○○建設

　　　　　（イ）**この工事における，あなたの所属する会社等の契約上の立場**
　　　　　【元請（共同企業体を含む），下請（一次，二次下請等，），発注者
　　　　　（注文者），その他（　）】（該当するものに丸印をする）

　　　③　工　　　期　平成○年9月1日～平成○年12月10日　約101日間

　　　④　工事金額又は請負代金額　￥12,600,000－

　　　⑤　工事概要

　　　　　（ア）工事の内容について具体的に記述しなさい。

　　団地内にある公園の整備工事であり，既設園路をカラーアスファルトに改
良し，公園北側に鉄筋コンクリート擁壁（高さ H＝1.5 m）を構築し，その
上にネットフェンス（H＝2.0 m）を張り，公園西側と南側に高木の植樹を
行い，その後低木，地被工を行うものであった。

　　　　　（イ）工事数量について具体的に記述しなさい。

移植工：高木（クロガネモチ H＝4.0 m　C＝0.21 m　W＝1.8 m）数量100本

　　　　　　低木（アベリア　　　H＝0.5 m　　　　　　W＝0.8 m）数量 80本

園路工：カラーアスファルト舗装　数量450 m²　張芝工（コウライシバ）250 m²

擁壁工：鉄筋コンクリート擁壁工 H＝1.5 m　　B＝0.3－0.8 m　　L＝150 m

ネットフェンス張工　　　　　　H＝2.0 m　　　　　　　　　　　L＝150 m

　　　　　（ウ）現場の状況（関連工事の有無及びその内容も含む），周辺状況
　　　　　　　について具体的に記述しなさい。

　　土木業者の土地造成工事が先行作業として進捗しており，また，住宅街に
おける現場でもあり，平日でも公園利用者が多く，近隣には小学校及び病院
があり，前面道路は，通学道路になっていた。

⑶　工事現場における**施工管理上のあなたの立場**

　　工事主任

⑷　上記工事の施工にあたり，「工程管理」又は「品質管理」上の課題を1つ

あげ，課題があった管理項目名及びその内容を具体的に記述しなさい。

① 課題があった管理項目名

施工管理項目　　工程管理

② ①で選んだ施工管理項目上の課題を具体的に記述しなさい。

短期工事であるうえに，降雨のために作業休止日が8日間となり，植栽基盤工に手間取り，植栽工の移植適期に合わすため，工程短縮及び工程調整に留意した。

◎改善した文章◎

現場事前調査の結果，擁壁基礎地盤は，高含水比の関東ローム地盤であり，地盤改良が必要であった。また，植栽基盤工も必要であった。

そのため，地盤改良に植栽基盤工を含めた作業標準の設定や，綿密な工程管理計画の立案が技術的課題となった。

(5) (4)の課題に対し，あなたが現場で実施した処置又は対策を具体的に記述しなさい。

① ネットワーク工程表にてフォローアップを行い，各作業間の取り合い再調整及びフロートの再計算を行い，地盤改良工と植栽基盤工を並行作業とした。

② 作業員の技術力や施工実績をベースにした作業班を編成し，前倒しに工程進捗させ，合理的に資材搬入を行い，手待ちを防止して施工量を増大させ，高木移植工も工期内に完成させた。

以上の結果，工期初期の遅れを取り戻し，その後は大幅遅延もなく，工程計画通りに工程進捗し，突貫工事もなく無事完成した。

◎改善した文章◎

① 工事着手前に立案した工程管理計画に基づき，地盤改良及び植栽基盤工は，石灰安定処理における石灰散布量（試験施工による散布量）50 kg/m² とし，まき出し厚さ25～30 cm，仕上がり厚さ20 cmとする作業標準にて，施工効率を向上させる。

② 降雨対策を綿密に行い，鉄筋工は協力会社の施工として，並行作業により施工量の増大を図る。

③ 適宜，ネットワーク工程表により，フォローアップを図り，早めに遅延処置を行う。

等，工程管理計画を立て着工した。その結果，当初懸念された軟弱関東ローム地盤の地耐力や良好な植栽基盤工が確保でき，工程遅延もなく無事竣工した。

（問題文省略）

(1) 工　事　名　　○○線道路改良工事に伴う緑化工事

(2) 工事の内容

以下の①〜⑤について**明確に記述**しなさい。

① 施工場所　　○○市○○町○○

② 発注者　　株式会社○○土木

③ 工　　期　　平成○年11月1日〜平成○年2月15日　（約107日間）

④ 工事金額　　￥11,330,000 −

⑤ あなたの所属する会社等の契約上の立場　　一次下請

⑥ 工事概要

（ア）工事の内容を具体的に記述しなさい。

　市道○○線における，道路改良工事に伴う歩道緑化工事であり，歩道幅員3mの所に平板舗装（500角）敷設，植桝を設置し，高木50本，低木80本を植樹するものである。

（イ）工種，数量について具体的に記述しなさい。

植栽工：高木（オオシマザクラ　　　H＝4.0m C＝0.21m W＝1.8m）50本

　　　　低木（オオムラサキツツジ H＝0.8m　　　　　　　W＝0.9m）80本

平板舗装工：透水平板　　　　　500角　　　　　　　　施工面積855 m²

（ウ）現場の状況（関連工事の有無及びその内容も含む），周辺状況について具体的に記述しなさい。

　元請土木業者の道路改良工事が先行作業として進捗しており，住宅街に隣接した現場でもあり，近隣には小学校及び病院があり，平日でも通行量が多く，通学道路になっていた。

(3) **工事現場における施工管理上のあなたの立場**

工事主任

(4) 上記工事の施工にあたり，以下の①，②について答えなさい。

① 施工管理項目のうち，「工程管理」，又は「品質管理」のどちらか1つを選んで記入しなさい。

施工管理項目　　工程管理

② ①で選んだ**施工管理項目上の問題点**を具体的に記述しなさい。

　降雨により作業休止日が10日間となり，ネットワーク工程表にてフォローアップを行い，クリティカルパス上の平板舗装工の見直し及び植栽工の前倒

し調整に留意した。

◎改善した文章◎

　　現場事前調査の結果，冬期間の工事となることから，外気温や降雨による工程への影響が懸念され，また，年末年始が工期初期にあたり，合理化施工の必要があった。そのため，元請業者との作業調整や，協力会社の施工能力を確保する工程管理計画の立案が技術的な課題となった。

(5)　(4)の②の問題点に対し，あなたが現場で実施した処置又は対策を具体的に記述しなさい。

①　フォローアップにより作業順序及び各作業間の取り合い再調整並びにフロート（余裕）の再計算を綿密に行い，平板舗装工，植桝工を並行作業とした。

②　工程進捗に伴う資材搬入の合理化を図り，手待ち，手戻りなどの損失時間を防止し，植栽工の施工量を増大した。

　　以上の結果，早めに遅延処置をしたため大幅な遅れとならず，円滑に工程が進捗し予定工期内に工事が完成した。

◎改善した文章◎

①　事前調査の結果を基に，元請業者の現場代理人，全作業員参加の工程会議を実施し，気象状況を鑑み，綿密なネットワーク工程表を作成し，協力業者との作業調整により，平板舗装工を並行作業とする。

②　近隣空地を借用し，資機材置場として手待ち，手戻り等のロスを防止する。

③　降雨後の工事着手を早めるため，養生シートを活用し，地盤の軟弱化を防止する。

④　ネットワーク工程表により，フォローアップを行い，早期に遅延処置をする。

　　等の工程管理計画を立て着工した。その結果，当初懸念した気象状況による工程遅延や，長期休暇による工事への影響もなく，工程が進捗し無事竣工した。

工程管理記述例14

（問題文省略）

⑴　工　事　名　○○線道路改良工事に伴う歩道緑化工事

⑵　工事の内容

　　以下の①～⑤について**明確に記述**しなさい。

　　　①　施工場所　○○市○○町○○

　　　②　発 注 者　○○土木株式会社

　　　③　工　　期　平成○年6月1日～平成○年8月10日　（約71日間）

　　　④　工事金額　¥11,330,000－

　　　⑤　あなたの所属する会社等の契約上の立場　一次下請

　　　⑥　工事概要

　　　　　（ア）工事の内容について具体的に記述しなさい。

　　住宅団地内の道路改良工事に伴う歩道緑化工事であり，歩道に沿ってネットフェンスを張り，インターロッキング舗装，植桝を新設し，根回しを行った高木・低木を移植施工するものである。

　　　　　（イ）工種，数量について具体的に記述しなさい。

植栽工：高木（クロガネモチ　H＝3.5 m　　C＝0.25 m　W＝1.2 m）　　　　100本

　　　　　低木（アベリア　　　H＝0.8 m　　　　　　　　W＝0.6 m）　　　　100本

ネットフェンス張工　　　　　H＝2.0 m　　　　　　　　　　　L＝115 m

歩道舗装工（インターロッキング舗装）　　　　　　　　施工面積320 m²

　　　　　（ウ）現場の状況（関連工事の有無及びその内容も含む），周辺状況
　　　　　　　について具体的に記述しなさい。

　　土木業者の道路改良工事が先行作業として進捗しており，住宅団地内の歩道が現場で，近隣には中学校及び病院があり，平日でも通行量が多く，通学道路になっていた。

⑶　工事現場における**施工管理上のあなたの立場**

　　工事主任

⑷　上記工事の施工にあたり，以下の①，②について答えなさい。

　　　①　施工管理項目のうち，「工程管理」，又は「品質管理」のどちらか1
　　　　つを選んで記入しなさい。

　　　　　施工管理項目　　　工程管理

　　　②　①で選んだ**施工管理項目上の問題点**を具体的に記述しなさい。

　　工期が梅雨期であり降雨のため歩道舗装工程が寸断され，工程調整を含め

た作業員の配員計画及び資機材の調達計画の見直し，並びにコストを考慮した並行作業の採用に留意した。

◎改善した文章◎

　現場事前調査の結果，沿道には大型スーパー，中学校，病院，住宅等があり，一般車両，歩行者の通行が多い状況であった。さらに，施工時間規制を含め綿密な工程管理体制が重要であった。

　そのため，協力会社との作業調整を含めた，綿密な工程管理計画の立案が，技術的課題となった。

(5)　(4)の②の問題点に対し，あなたが現場で実施した処置又は対策を具体的に記述しなさい。

①　工程会議を行い路盤工，インターロッキング舗装工の合理化を図るため各作業員の意見を取り入れ，養生シートの活用を図り，雨天日による遅延を短縮した。

②　植栽工程の短縮は移動式クレーンを1台リースにより賄い工事始点及び終点より並行作業を行い，10日間の短縮を図った。

③　バーチャート，工程出来高曲線図により，作業日程の把握及び作業進捗状況をつかみタイミングよく資機材の搬入を行い手待ち，手戻りを防止し低コストにて施工量を増大した。

　以上の結果，早めに遅延処置をしたため大幅な遅れとならず，円滑に工程が進捗し予定工期内に工事が完成した。

◎改善した文章◎

①　工事着手前に，立案した工程管理計画に基づき，地区集会により地域住民に対して，工事内容，工事期間，公衆災害防止対策を伝え，工事に対する理解と協力を得る。

②　路盤工，インターロッキング舗装については，協力会社に依頼し並行作業を可能とする。また，適宜当社の工程会議にて，総合工程表と詳細工程表の対比により，遅延処置を行う。

③　協力会社との作業間の連絡調整を綿密に行い，日報，旬報，月報により進捗状況を把握し，資機材調達を円滑に行い，手待ち，手戻りを防止する。

　等の綿密な工程管理計画を立て着工した。その結果，当初懸念された地域住民とのトラブルや施工時間規制による工程遅延もなく，無事竣工した。

施工経験記述

1. 工程管理

（問題文省略）

⑴　工　事　名　○○団地土地造成工事に伴う公園新設工事

⑵　工事の内容

　　以下の①〜⑤について**明確**に記述しなさい。

　　　①　施工場所　○○市○○町○○

　　　②　発 注 者　株式会社○○建設

　　　③　工　　期　平成○年6月1日〜平成○年12月10日　（約193日間）

　　　④　工事金額　￥12,600,000−

　　　⑤　あなたの所属する会社等の契約上の立場　一次下請

　　　⑥　工事概要

　　　　（ア）工事の内容について具体的に記述しなさい。

　　本工事は，○○地区における土地造成工事であり，付帯工事として公園を新設するものである。石積擁壁を構築しフェンスを張り，東側に砂場広場を設け，すべり台，スプリング遊具，鉄棒を設置し，植栽基盤工を行い，根回しした高木，低木を植栽後，張芝を施工するものである。

　　　　（イ）工種，数量について具体的に記述しなさい。

植栽工：高木（クロガネモチ H＝4.0m　　C＝0.21m　　W＝1.8m）　　100本

　　　　低木（アベリア　　　H＝0.5m　　　　　　　　W＝0.8m）　　 80本

石積擁壁工　　　　　　　　　H＝1.5m　　　　　　　　　　　　　L＝150m

ネットフェンス張工　　　　　H＝2.0m　　　　　　　　　　　　　L＝180m

砂場広場80㎡，すべり台1基，スプリング遊具3台，鉄棒一式

張芝工（コウライシバ）　　　　　　　　　　　　　　　　　　　　250㎡

　　　　（ウ）現場の状況（関連工事の有無及びその内容も含む），周辺状況
　　　　　　　について具体的に記述しなさい。

　　土木業者の土地造成工事が先行作業として進捗しており，大型重機，ダンプトラックが錯綜する状態で周辺道路は工事車両の通行路となっていた。近隣には小・中学校及び病院があり，前面道路は平日でも通行量が多く，通学道路にもなっていた。

⑶　工事現場における**施工管理上のあなたの立場**

　　工事主任

⑷　上記工事の施工にあたり，以下の①，②について答えなさい。

　　　①　施工管理項目のうち，「工程管理」，又は「品質管理」のどちらか1

つを選んで記入しなさい。

施工管理項目　　工程管理

②　①で選んだ**施工管理項目上の問題点を具体的に記述しなさい。**

　短期工事であるうえに，梅雨の降雨のために作業休止日が12日間となり，元請業者が施工する土地造成工事に遅れが生じ，当該公園工事着手が7日間遅れた。そのため，工程短縮及び工程調整に留意する必要が生じた。

◎改善した文章◎

　事前調査の結果，石積擁壁基礎地盤部に湧水があり，高含水比の粘性土であった。さらに，工程初期は，梅雨期でもあるため，降雨による工程遅延のおそれもあった。そのため，**元請業者との作業調整を含め，綿密な工程管理計画の立案が，技術的課題となった。**

(5)　(4)の②の問題点に対し，あなたが**現場で実施した処置又は対策を具体的に記述しなさい。**

①　ネットワーク工程表にてフォローアップを行い，各作業間の取り合い再調整及びフロートの再計算を行い，石積擁壁工を並行作業とした。

②　協力業者の労働力を確保し，熟練者を中心に作業班を編成し，工程進捗させ，資材の保管場所を確保し，手待ち，手戻りを防止し施工量を増大させた。

　以上の結果，工期初期の遅れを取り戻し，突貫工事もなく工程計画どおり工事が進捗し，無事竣工した。

◎改善した文章◎

①　工程管理計画に基づき，湧水対策，地盤改良は元請業者が実施し，植生基盤工として，元肥を施し仕上がり厚さを50cmとする作業標準により，施工効率を向上させ，アメダス等の気象情報により降雨対策を行う。

②　石積擁壁工は協力会社の労働力を借り，並行作業により施工量の増大を図る。

③　随時，ネットワーク工程表により，フォローアップを行い，早めに遅延処置を行う。

　等の工程管理計画を立て着工した。その結果，当初懸念された高含水比粘性土の改良が捗り，降雨対策も円滑に進み，工程遅延もなく無事竣工した。

工経験記述

1. 工程管理

（問題文省略）

(1) 工　事　名　○○地区土地造成工事に伴う児童公園新設工事

(2) 工事の内容

以下の①〜⑤について**明確に記述**しなさい。

　　① 施工場所　○○市○○町○○

　　② 発注者　株式会社○○土木工業

　　③ 工　期　平成○年6月1日〜平成○年8月20日　（約81日間）

　　④ 工事金額　¥11,330,000−

　　⑤ あなたの所属する会社等の契約上の立場　一次下請

　　⑥ 工事概要

　　（ア）工事の内容について具体的に記述しなさい。

　本工事は，○○地区における土地造成工事に伴う公園新設工事であり，土木元請業者が造成工事を施工し，当該公園における移植工，石積み擁壁工，遊具工，園路工，張芝工を施工するものである。

　　（イ）工種，数量について具体的に記述しなさい。

植栽工：高木（クロガネモチ H＝3.5 m　C＝0.25 m　W＝1.2 m）　　18本

　　　　低木（アベリア　　H＝0.8 m　　　　　W＝0.6 m）　　30本

石積み擁壁工　　　　　　　H＝1.0 m　　　B＝0.5 m　　　L＝138 m

ネットフェンス張工　　　　H＝2.0 m　　　　　　　　　　L＝155 m

園路工（カラーアスファルト）施工面積320 m²　張芝工（コウライシバ）250 m²

遊具工：サンドピット型砂場，すべり台1基，ブランコ1基，鉄棒一式，

　　　　スプリング遊具3台

　　（ウ）現場の状況（関連工事の有無及びその内容も含む），周辺状況について具体的に記述しなさい。

　土木元請業者の土地造成工事が先行作業で進捗しており，現場内は大型重機，ダンプトラックが輻輳する状態であった。周辺道路は近隣の小・中学校の通学道路でもあり，平日でも通行量が多く施工に支障をきたす状況であった。

(3) 工事現場における**施工管理上のあなたの立場**

工事主任

(4) 上記工事の施工にあたり，以下の①，②について答えなさい。

　　① 施工管理項目のうち，「工程管理」，又は「品質管理」のどちらか1

つを選んで記入しなさい。

施工管理項目　　工程管理

②　①で選んだ**施工管理項目上の問題点を具体的に記述**しなさい。

工期が梅雨期であり，降雨のため石積み擁壁工程が寸断され，短期集中形の工程であるため工程調整，作業員の配員計画及び資機材調達計画の見直し，並びにコストを考慮した協力業者の採用に留意した。

◎改善した文章◎

現場事前調査の結果，石積み擁壁基礎地盤及び植栽地盤は，高含水比の関東ローム地盤であり，地盤改良，植栽基盤改良工が必要であった。

そのため，地盤改良，植栽基盤改良を含めた作業標準の設定や綿密な工程管理計画の立案が技術的課題となった。

(5)　(4)の②の問題点に対し，あなたが**現場で実施した処置又は対策を具体的に**記述しなさい。

①　工程会議を行い地盤改良工，植栽基盤改良工の合理化を図るため各作業員の意見を取り入れ，地盤改良は専門業者に依頼し，植栽基盤改良工は，協力業者との並行作業とした。

②　資機材の保管場所を確保し，手待ち，手戻りを防止し，石積み擁壁工，遊具工を並行作業とし雨天日による遅延を短縮した。

③　ネットワーク工程表により，随時フォローアップを行い，遅延処置を前倒しで行った。

以上の結果，迅速に配員計画の見直し，資機材調達をしたため大幅な遅れとならず，円滑に工程が進捗し予定工期内に工事が完成した。

◎改善した文章◎

①　工程会議を行い，地盤改良工，植栽基盤改良工の合理化を図るために各作業員の意見を取り入れ，地盤改良は専門業者に依頼し，植栽基盤改良工は，協力業者との並行作業とする。

②　資機材の保管場所を確保し，手待ち，手戻りを防止し，石積み擁壁工，遊具工を並行作業とし，雨天日による遅延を短縮する。

③　ネットワーク工程表により，随時，フォローアップを行い，遅延処置を前倒しで行う。

等の工程管理計画を立て着工した。その結果，当初懸念した軟弱関東ロームの地耐力，植栽基盤が確保でき，無事竣工した。

工程管理記述例17

（問題文省略）

(1) 工　事　名　○○団地土地造成工事に伴う住宅団地公園工事

(2) 工事の内容

以下の①～⑤について**明確に記述**しなさい。

　　① 施工場所　○○県○○市○○町

　　② （ア）発注者　株式会社○○建設

　　　（イ）**この工事における，あなたの所属する会社等の契約上の立場**

　　　【元請（共同企業体を含む），下請（一次，二次下請等，），発注者

　　　（注文者），その他（　）】（該当するものに丸印をする）

　　③ 工　　期　平成○年6月1日～平成○年8月15日　約76日間

　　④ 工事金額又は請負金額　￥12,800,000－

　　⑤ 工事概要

　　　（ア）工事の内容について具体的に記述しなさい。

　団地にある住宅公園の新設工事であり，敷地境界部に，高さ H＝1.0 m の鉄筋コンクリート擁壁を構築し，その上にネットフェンスを張り，根回しした高木，低木を植樹し，遊具を設置して，園路をカラーアスファルトに改良するものである。

　　　（イ）工事数量について具体的に記述しなさい。

移植工：高木（サンゴジュ　　H＝2.5 m　　　　　　　　W＝0.8 m）　数量20本

　　　　高木（ツバキ　　H＝3.0 m　C＝0.15 m　W＝1.0 m）　数量10本

　　　　低木（アオキ　　H＝1.0 m　　　　　　　　W＝0.7 m）　数量30本

園路工：カラーアスファルト舗装　　　　　　　　　　　　数量50 m²

擁壁工：鉄筋コンクリート擁壁工 H＝1.0 m　　　B＝0.3 m　　　L＝50 m

ネットフェンス張工：　　　　　H＝2.5 m　　　　　　　L＝80 m

遊具：砂場30 m²，すべり台1基，ブランコ1基，スプリング遊具3台

　　　（ウ）現場の状況（関連工事の有無及びその内容も含む），周辺状況
　　　　　について具体的に記述しなさい。

　元請土木会社の土地造成工事が先行作業であり，敷地面積850 m²に当該公園工事を施工するものである。工事箇所の前面道路は，生活道路になっていて，通勤，通学時間帯は一般車両，歩行者の通行が非常に多い状態であった。

(3) 工事現場における**施工管理上のあなたの立場**

工事主任

(4) 上記工事の施工にあたり，以下の①，②について答えなさい。

① 施工管理項目のうち，「工程管理」，又は「品質管理」のどちらか1つを選んで記入しなさい。

施工管理項目　工程管理

② ①で選んだ**施工管理項目上の問題点を具体的に記述**しなさい。

造園工事と土木工事が出合帳場になり，土木工事が梅雨期の降雨の為に，作業休止日が15日間となり，指定工期内の完工が危ぶまれる状態になり，協力業者との綿密な工程短縮及び工程調整に留意した。

◎**改善した文章**◎

　現場事前調査の結果，工事場所の前面道路は交通量が多く，近隣の小学校，中学校の通学道路でもあり，資機材搬入出，残土処理等に支障をきたし，さらに，梅雨期の降雨による作業休止日もあり，他業者との工程調整が必要であった。そのため，工程管理計画の立案が技術的課題となった。

(5) (4)の②の問題点に対し，あなたが**現場で実施した処置又は対策**を具体的に記述しなさい。

① 工程会議により資材搬入時期，保管場所の確保の打合せを綿密に行い，ネットワーク工程表によるフォローアップを行い，各作業の配員計画，取り合い再調整及びフロートの再計算をして手待ち時間ロスの防止をした。

② 作業員の技術力や施工実績をベースに，熟練者を中心に作業班を編成し，前倒しで工程進捗させ，資材搬入の合理化を図り，施工量を増大させた。

　以上のように，早期に遅れに対する処置をした結果，効率良く遅延対策ができ，指定工期内に工事を完成させた。

◎**改善した文章**◎

① 資機材搬入出，残土処理，コンクリート打設等の作業時間帯はAM 10時からとし，隣接空地に，資機材の保管場所やコンクリートポンプ車を設置して，作業効率の向上を図るとともに，地元との調整を行い，工事に対する理解と協力を得る。

② 当社独自の週間工程会議を行い，工程出来高曲線図により予定工程と実施工程の対比を行い，早めに遅延処置を図る。

　等の工程管理計画を立て着工した。その結果，当初懸念された資機材搬出入，残土処理，コンクリートポンプ車設置等に対する障害が回避され，地元との調整も円滑に進み，無事竣工した。

（問題文省略）

(1) 工　事　名　○○線道路改良工事に伴う緑化工事

(2)　(1)の工事の内容

以下の①〜⑤について**明確に記述**しなさい。

①　施工場所　○○県○○市○○町

②　(ア) 発注者名又は注文者名　株式会社○○土木工業

(イ) **この工事における，あなたの所属する会社等の契約上の立場**

【元請（共同企業体を含む），下請（一次，二次下請等，），発注者（注文者），その他（　）】（該当するものに丸印をする）

③　工　　期　平成○年 9 月 1 日〜平成○年11月10日　約71日間

④　工事金額又は請負代金額　¥12,600,000 −

⑤　工事概要

(ア) 工事の内容について具体的に記述しなさい。

市道○○線における道路改良工事に伴う，中央分離帯の緑化工事と歩道の街路樹の工事である。中央分離帯に低木（アベリア）80本を植栽し，歩道に植え桝を設置し，高木（クロガネモチ）58本を植栽するものである。

(イ) 工事数量について具体的に記述しなさい。

移植工：高木（クロガネモチ　H＝4.0 m　C＝0.21 m　W＝1.8 m）　数量58本

　　　　低木（アベリア　　　　H＝0.5 m　　　　　　　W＝0.8 m）　数量80本

植桝工：58箇所　　　　　　　　　　　　　支柱工：二脚鳥居型　58箇所

(ウ) 現場の状況（関連工事の有無及びその内容も含む），周辺状況について具体的に記述しなさい。

市道の現場であり，元請土木業者の道路改良工事が先行作業として進捗しており，朝夕の通勤時間帯は交通量が多く，近隣には小学校及び病院があり，通学道路にもなっていた。

(3)　工事現場における**施工管理上のあなたの立場**

工事主任

(4)　上記工事の施工にあたり，「工程管理」又は「品質管理」上の課題を 1 つあげ，**課題があった管理項目名及びその内容を具体的に記述**しなさい。

①　課題があった管理項目名

施工管理項目　　工程管理

②　①で選んだ**施工管理項目上の課題を具体的に記述**しなさい。

短期工事であるうえに，工事規制があり作業開始時間がAM 9時よりPM 5時までとなり，資機材調達の合理化や，作業効率の向上及び元請土木業者，協力会社との工程調整に留意した。

◎改善した文章◎

　　事前調査の結果，市道○○線の交通量が非常に多く，工事規制があり作業時間は，AM 9時～PM 5時までとなった。さらに，元請土木業者の道路改良工事が進捗せず，当該植栽工事が着手できず，手戻りのない合理的かつ効率的な工程管理計画の立案が必要となった。

(5)　(4)の課題に対し，あなたが**現場で実施した処置又は対策を具体的に記述し**なさい。

① 　ネットワーク工程表にてフォローアップを行い，各作業間の取り合い再調整及びフロートの再計算を行い，中央分離帯植栽工と歩道植樹工を並行作業とした。

② 　協力会社の労働力を活用し，作業班を2班に編成し，前倒しに工程進捗させ，資材保管場所を確保し搬入の合理化を図り，手待ちを防止して施工量を増大させ，高木植栽工も工期内に完成させた。

　　以上の結果，工事規制による工期初期の遅れを取り戻し，その後は工程計画通りに工程進捗し，突貫工事もなく無事完成した。

◎改善した文章◎

① 　協力会社の労働力を活用して，並行作業を可能にし，日報，旬報により工事進行度合を把握する。

② 　ネットワーク工程表により各業者間の作業手順を明確にし，細部にわたって情報伝達を行い，またフォローアップにより，早期に遅延処置を行う。

③ 　中央分離帯植栽工及び歩道植栽工は，それぞれ作業班を2班とし，並行作業を取り入れ，資材保管場所を確保し，資機材調達を迅速にして，手待ち，手戻りを防止する。

　　等の綿密な工程管理計画を立て着工した。その結果，当初懸念された工事規制による工程遅延対策が円滑に進み，工事に対するトラブルもなく工程進捗し，無事工事が竣工した。

（問題文省略）

⑴　工　事　名　○○線道路改良工事に伴う緑化工事（その3）

⑵　工事の内容

　　以下の①〜⑤について**明確に記述**しなさい。

　　　　①　施 工 場 所　○○市○○町○○

　　　　②　発 注 者　株式会社○○建設工業

　　　　③　工　　　期　平成○年9月1日〜平成○年10月25日　（約55日間）

　　　　④　工事金額　￥7,350,000−

　　　　⑤　あなたの所属する会社等の契約上の立場　一次下請

　　　　⑥　工事概要

　　　　（ア）工事の内容について具体的に記述しなさい。

　　町道○○線における，道路改良工事に伴う中央分離帯及び歩道緑化工事であり，中央分離帯には低木（ツツジ）を植栽し，歩道に植え桝を78箇所設け，高木（オオシマザクラ）78本の植樹とプランター80箇所にパンジーを植える工事である。

　　　　（イ）工種，数量について具体的に記述しなさい。

植栽工：高木（オオシマザクラ H＝4.0 m　C＝0.21 m　W＝1.8 m）　　　78本

　　　　低木（ツツジ　　　　　　　H＝0.5 m　　　　　　　　W＝1.0 m）　　85本

プランター（パンジー）　　　　　　　　　　　　　　　　　　　　　80箇所

植桝工：78箇所　　　　　　　　　　　　　　　　支柱：二脚鳥居型　78箇所

　　　　（ウ）現場の状況（関連工事の有無及びその内容も含む），周辺状況
　　　　　　について具体的に記述しなさい。

　　町道の現場であり，元請土木業者の道路改良工事と並行して，中央分離帯と歩道に緑化工事を施工するものである。朝夕の通勤，通学時間帯は交通量が多く，公衆災害防止に留意する状況であった。

⑶　工事現場における**施工管理上のあなたの立場**

　　工事主任

⑷　上記工事の施工にあたり，以下の①，②について答えなさい。

　　　　①　施工管理項目のうち，「工程管理」，又は「品質管理」のどちらか1
　　　　　　つを選んで記入しなさい。

　　　　　　施工管理項目　　　工程管理

　　　　②　①で選んだ**施工管理項目上の問題点を具体的に**記述しなさい。

降雨により作業休止日が10日間となり，ネットワーク工程表にてフォローアップを行い，クリティカルパス上の高木植栽工程，低木の植栽工程の見直し及び前倒し調整に留意した。

◎改善した文章◎

　事前調査の結果，工事箇所は，歩行者，一般車両の通行量が予想以上に多く，工事実施に伴う騒音，振動，粉じん等の環境負荷や，交通渋滞にも影響する状態であった。そのため，作業時間帯は一部夜間となり，作業効率の低下や手待ち，手戻り等のロスを防ぐ必要があり，綿密な工程管理計画の立案が技術的課題となった。

(5)　(4)の②の問題点に対し，あなたが現場で実施した処置又は対策を具体的に記述しなさい。

①　フォローアップにより作業順序及び各作業間の取り合い再調整並びにフロート（余裕）の再計算を綿密に行い，中央分離帯植栽工，歩道緑化工を並行作業とした。

②　工程進捗に伴う資材搬入の合理化を図り，手待ち，手戻りなどの損失時間を防止し，施工量を増大した。

　以上の結果，早めに遅延処置をしたため大幅な遅れとならず，円滑に工程が進捗し予定工期内に工事が完成した。

◎改選した文章◎

①　協力業者による工程と，当社の工程の関連性を明確にするため，ネットワーク工程表に明記し，詳細工程表の対比を行うように指示し，工程遅延は早期に処置する。

②　資機材搬入を円滑に行うため，隣接空地を借用して活用し，作業効率を上げる。

③　夜間作業の暗騒音，暗振動を把握し，掘削作業は低騒音低振動型バックホウの使用や，排ガス規制車による過積載の禁止，過負荷の禁止，無駄なアイドリングの禁止等を徹底し，規制値内を確保し環境にも配慮する。

　等の綿密な工程管理計画を立て着工した。その結果，当初懸念された工事に対する苦情や環境悪化もなく，夜間作業による作業効率の低下対策も円滑に進み，無事工事が完成できた。

(問題文省略)

⑴ 工　事　名　○○河川改良工事に伴う河川敷公園整備工事

⑵ ⑴の工事の内容

以下の①～⑤について**明確**に記述しなさい。

① 施工場所　○○県○○市○○町

② （ア）発注者名又は注文者名　株式会社○○土木建設

（イ）この工事における，あなたの所属する会社等の契約上の立場
【元請（共同企業体を含む），○下請○一次，二次下請等，），発注者
（注文者），その他（　）】（該当するものに丸印をする）

③ 工　　期　平成○年10月１日～平成○年12月20日　約81日間

④ 工事金額又は請負代金額　￥12,600,000-

⑤ 工事概要

（ア）工事の内容について具体的に記述しなさい。

　河川敷にある公園の整備工事であり，既設遊歩道をカラーアスファルトに改良し，公園北側にブロック張擁壁（高さH＝1.5ｍ）を構築し，南側にネットフェンス（H＝2.0ｍ延長150ｍ）を張り，公園西側と南側に高木（クロガネモチ100本）の植樹を行い，後続作業として低木（アベリア80本），地被工（張芝工〈コウライシバ〉250㎡）を施工するものである。

（イ）工種数量について具体的に記述しなさい。

移植工：高木（クロガネモチ H＝4.0ｍ　C＝0.21ｍ　W＝1.8ｍ）数量100本
　　　　低木（アベリア　　H＝0.5ｍ　　　　　　　　W＝0.8ｍ）数量　80本
園路工：カラーアスファルト舗装　数量450㎡　張芝工（コウライシバ）250㎡
擁壁工：ブロック張擁壁工　　H＝1.5ｍ　　　　　　　　　　　　L＝150ｍ
ネットフェンス張工　　　　　H＝2.0ｍ　　　　　　　　　　　　L＝150ｍ

（ウ）現場の状況（関連工事の有無及びその内容も含む），周辺状況について具体的に記述しなさい。

　河川敷における現場であり，元請土木業者の護岸工事に並行して，河川敷公園の整備工事を施工するものである。近隣には小学校及び病院があり，平日でも公園利用者が多く，前面道路は，通学道路になっていた。

⑶ 工事現場における**施工管理上のあなたの立場**

工事主任

⑷ 上記工事の施工にあたり，「工程管理」又は「品質管理」上の課題を１つ

あげ，課題があった管理項目名及びその内容を具体的に記述しなさい。

① 課題があった管理項目名

　　施工管理項目　　工程管理

② ①で選んだ施工管理項目上の課題を具体的に記述しなさい。

　短期工事であるうえに，冬季施工となり，各工程における凍害防止，寒害防止の必要が生じ，元請土木業者の護岸工程の遅延も影響し，細部にわたる工程調整，工程短縮に留意する必要があった。

◎改善した文章◎

　事前調査の結果，工事箇所に近接して民家があり，影響調査のために工事着手が遅れ，さらに冬期間における気象状況により，稼働率低下のおそれがあった。そのため，合理化施工を含めた工程調整が必要となり，綿密な工程管理計画の立案が，技術的課題となった。

(5) (4)の課題に対し，あなたが現場で実施した処置又は対策を具体的に記述しなさい。

① ネットワーク工程表にてフォローアップを行い，各作業間の取り合い再調整及びフロートの再計算を行い，ブロック張擁壁工とフェンス張工を並行作業とした。

② 協力会社の作業員の技術力や，施工実績をベースにした作業班を編成し，前倒しに工程進捗させ，資機材搬入の合理化を図り，手待ちを防止して施工量を増大させ，高木植栽工，低木植栽工を完成させた。

　以上の結果，工期初期の遅れを取り戻し，その後は大幅な遅延もなく，工程計画通りに工程進捗し，突貫工事もなく無事完成した。

◎改善した文章◎

① 地域住民等には，地区集会やパンフレットを通じて，工事内容，公衆災害防止対策を伝え，土砂運搬や資機材搬出入等の作業時間帯を，午前9時〜午後1時までとして，工事に対する理解と協力を得る。

② 並行作業が可能な体制を組み，資機材調達を円滑に行い，降雨対策は水中ポンプ，養生シートを活用して手待ち，手戻りを防止する。

③ 作業手順書により，ブロック張擁壁工は熟練者を中心に行い，作業効率と施工精度を確保し，1週間毎にフォローアップを行い遅延処置を早期に行う。

　等の綿密な工程管理計画を立て着工した。その結果，当初懸念された民家への影響もなく，冬期間の気象状況による工程遅延を最小限に抑えることができ，無事工事が完工した。

第1章　施工経験記述

②. 品質管理

主な出題テーマ：品質管理

　品質管理とは設計図書に示されている工事物の規格（形状や強度等）を確保することである。しかし，造園工事の場合は構造物以外も取り扱うために，上記の規格の他に，樹木や自然石などの個性を活かした出来栄え，美観，おさまりなど景観に配慮した管理も含まれる。

　また植物には生命があり生育していくため，季節や生育状況に合わせた管理（剪定や施肥など）や植物を傷つけないことも含まれる。

【品質管理の題材例】

① 落葉樹の夏季植栽等不適期，不適樹の植栽工事

② 重粘土など不良土壌や風，日射が強いなど不適場所の植栽工事

③ 剪定や芝刈りなど植物を傷めるおそれのある植栽工事

④ 街路樹や利用者の多い公園など特に美観を要求される植栽工事

⑤ 遊具の設置や補修，園路舗装など構造物の規格を確保する工事

【◎改善した文章◎について】

　実際の解答文に著者が手を加えた改善文を実例として示しています。

　◎改善した文章◎の直前の文章が実際の解答文です。

問題1 あなたが経験した**造園工事**のうちから1つの工事を選び，以下の(1)～(5)について答えなさい。**（造園工事以外の記述は採点の対象になりません。）**

〔注意〕 記述した工事が，あなたが経験した工事でないことが判明した場合は失格となります。

---

(1) 工 事 名　○○公園整備工事

(2) 工事の内容

　　以下の①～⑤について**明確に記述**しなさい。

　　① 施工場所　○○県○○市○○町地内

　　② (ア) 発注者名又は注文者名

　　　　○○市公園課

　　　(イ) **この工事における，あなたの所属する会社等の契約上の立場**

元請業者の場合

　　　【元請 (共同企業体を含む)，下請 (一次，二次下請等)，発注者 (注文者)，その他 (　　)】

　　③ 工 　 期　令和○年10月20日～令和○年12月15日　約57日間

　　④ 工事金額　¥9,800,000－

　　⑤ 工事概要

　　　(ア) 工事の内容を具体的に記述しなさい。

　この工事は，部分供用中の近隣公園の未供用区域において，移植工として，高木 (ケヤキ) 20本，中木 (トウネズミモチ) 10本，低木 (アオキ) 30本を植栽し，施工面積0.5 haの公園北側境界部に擁壁を築造し，その前面に園路工を施すものであった。

　　　(イ) 工種，数量について具体的に記述しなさい。

移植工：高木 (ケヤキ　　　　　H＝3.0 m　C＝0.12 m　W＝1.0 m) 数量20本

　　　　　中木 (トウネズミモチ H＝2.5 m　　　　　　　　W＝1.0 m) 数量10本

　　　　　低木 (アオキ　　　　　H＝1.0 m　　　　　　　　W＝0.7 m) 数量30株

園路工：カラーアスファルト舗装　　　　　　　　　　　　　　数量100 m²

擁壁工：鉄筋コンクリート擁壁工　H＝1.0 m　　　B＝0.5 m　　　L＝80 m

　　　(ウ) 現場の状況 (関連工事の有無及びその内容も含む)，周辺状況

について具体的に記述しなさい。

事前調査により，工事区域のケヤキ，トウネズミモチ，アオキの植栽予定地は，粘質土が地表面から1.0 m以上厚く分布し，不透水層を形成していて，良質土による表土盛土が必要であった。また，移植樹木の仕入れ先が約10 km離れていて，運搬途中の樹木への乾燥によるダメージのおそれがあった。

(3) 工事現場における**施工管理上のあなたの立場**

　　工事主任

(4) 上記工事の施工にあたり，以下の①，②について答えなさい。

　　① 施工管理項目のうち，「工程管理」，又は「品質管理」のどちらか1つを選んで記入しなさい。

　　施工管理項目　品質管理

　　② ①で選んだ**施工管理項目上の課題を具体的に記述しなさい。**

この工事は，部分供用中の近隣公園の未供用区域において，移植工として，高木（ケヤキ）20本，中木（トウネズミモチ）10本，低木（アオキ）30本を植栽するものであった。

施工に先立ち，施工区域の植栽地盤を確認したところ，工事区域のケヤキ，トウネズミモチ，アオキの植栽予定地は，粘質土が地表面から1.0 m以上厚く分布し，不透水層を形成していて，根の活着に影響する恐れがあった。

そのため，根の伸長を図る良質土による表土盛土が必要であった。

そこで，現場地盤の土壌環境圧として，通気性が悪く固結土壌のため，土壌改良が課題になった。

(5) (4)の②の課題に対し，あなたが**現場で実施した処置又は対策を具体的に記述しなさい。**

　　① 土壌の通気性を改善する方法を検討し，現地盤に改良剤を混合する事とした。現場では作業者に指示をして，土壌改良剤は，黒曜石パーライトを1 m³に10%程度混合し，酸素不足を解消するための通気性を改善させた。

　　② 土壌の改良効果を発揮させる方法を検討し，植穴を大きくすることとした。現場では植栽作業員に指示をして，植付けは植穴の大きさを根元直径の4～6倍とし，遅効性肥料を施す場合は，分解時の熱の発生を避けるため，根に肥料が直接当たらないようにさせた。

以上の結果，土壌環境圧としての通気性が改善され，全ての樹木は枯損もなく，生育している。

品質管理記述例 2

（問題文省略）

⑴　工　事　名　〇〇公園整備工事

⑵　工事の内容

　　以下の①〜⑤について**明確に記述**しなさい。

　　　①　施工場所　〇〇県〇〇市〇〇町地内

　　　②　（ア）発注者名又は注文者名

　　　　　〇〇市公園課

　　　　（イ）この工事における，あなたの所属する会社等の契約上の立場

元請業者の場合

　　　　　【元請（共同企業体を含む），下請（一次，二次下請等），発注者
　　　　　（注文者），その他（　　）】

　　　③　工　　期　令和〇年 5 月15日〜令和〇年 7 月31日　約78日間

　　　④　工事金額　￥12,800,000 －

　　　⑤　工事概要

　　　　（ア）工事の内容を具体的に記述しなさい。

　　この工事は，住宅街の中心部にある近隣公園の整備工事であり，公園南側
に移植する高木（クロガネモチ）80本，低木（アベリア）80本は，約10 km
離れた産地卸売市場から搬入し，公園東側境界に擁壁を築造しフェンスを張
り，その前面に園路工として，カラーアスファルト舗装に改良するものであ
った。

　　　　（イ）工種，数量について具体的に記述しなさい。

移植工：高木（クロガネモチ　H＝3.5 m C＝0.25 m W＝1.2 m）　数量80本

　　　　低木（アベリア　　　　H＝0.8 m　　　　　　W＝0.6 m）　数量80本

園路工：カラーアスファルト舗装　　　　　　　　　　　　　　数量150 m²

擁壁工：鉄筋コンクリート擁壁工　H＝1.0 m　　　　B＝0.3 m　　　L＝50 m

ネットフェンス張工：H＝2.5 m　　　　　　　　　　　　　　　L＝80 m

　　　　（ウ）現場の状況（関連工事の有無及びその内容も含む），周辺状況
　　　　　　について具体的に記述しなさい。

　　事前調査により，工事区域のクロガネモチ，アベリアの植栽予定地は，粘
質土が地表面から1.5 m以上厚く分布し，不透水層を形成していて，良質土
による表土盛土が必要であった。また，移植樹木の仕入れ先が約10 km離れ

ていて，運搬途中の樹木への乾燥によるダメージのおそれがあった。工事箇所の前面道路は，生活道路になっていて，通勤，通学時間帯は一般車両，歩行者の通行が非常に多い状態であった。

(3) 工事現場における**施工管理上のあなたの立場**

　　　工事主任

(4) 上記工事の施工にあたり，以下の①，②について答えなさい。

　　　① 施工管理項目のうち，「工程管理」，又は「品質管理」のどちらか1
　　　つを選んで記入しなさい。
　　　施工管理項目　品質管理

　　　② ①で選んだ**施工管理項目上の問題点を具体的に**記述しなさい。

　　この工事は，住宅街の中心部にある近隣公園の整備工事であり，公園南側に移植する高木（クロガネモチ）80本，低木（アベリア）80本は，約10 km離れた産地卸売市場から搬入するものであった。

　　施工に先立ち，移植樹木運搬経路を確認したところ，交通量が多く，渋滞が頻繁に起こっていて，移植樹木の運搬時間が1時間以上かかるおそれがあり，運搬途中の樹木への乾燥によるダメージのおそれがあった。

　　そのため，樹木運搬時の乾燥防止及び低木（アベリア）と高木（クロガネモチ）の枯損防止に留意して活着させることが課題となった。

(5) (4)の②の問題点に対し，あなたが**現場で実施した処置又は対策を具体的に**記述しなさい。

　① 樹木の運搬時間短縮方法を検討し，朝夕の通勤時間帯は特に交通量が多
　　いため，比較的交通量の少ない10時以降とすることとした。運搬時は，作
　　業者に指示をして，使用樹木が常緑広葉樹であるため，蒸散抑制剤を散布
　　し，萎凋現象（おとろえしぼむこと）及び枯死を防止させた。

　② 更に運搬作業効率を検討し，現場保管場所を確保することとした。運搬
　　してきた移植樹木を，作業員に指示をして，現場空地を確保させ保管させ
　　た。

　③ 以上の結果，当初懸念した高木（クロガネモチ），低木（アベリア）の
　　運搬時の乾燥によるダメージを防止でき，すべての樹木を活着させること
　　ができた。

| 品質管理記述例 3 |

（問題文省略）

⑴　工　事　名　○○公園整備工事

⑵　工事の内容

　　　以下の①〜⑤について**明確**に記述しなさい。

　　　①　施工場所　○○県○○市○○町

　　　②　（ア）発注者名又は注文者名

　　　　　○○市公園課

　　　　（イ）**この工事における，あなたの所属する会社等の契約上の立場**

下請業者の場合

　　　　　【元請（共同企業体を含む），下請（一次，二次下請等），発注者

　　　　　（注文者），その他（　　　）】

　　　③　工　　　期　令和○年 9 月 1 日〜令和○年11月30日　約91日間

　　　④　工事金額　￥9,800,000 −

　　　⑤　工事概要

　　　　（ア）工事の内容を具体的に記述しなさい。

　　本工事は，一部供用を開始している近隣公園の未供用区域において，良質
土の植栽基盤を整備し，高木（オオシマザクラ）50本，低木（オオムラサキ
ツツジ）80本を植栽し，公園北側境界部分に擁壁工を築造し，その前面に園
路工を設置するものであった。

　　　　（イ）工種，数量について具体的に記述しなさい。

移植工：高木（オオシマザクラ　H＝4.0 m　C＝0.21 m　W＝1.8 m）数量50本

　　　　　低木（オオムラサキツツジ　　H＝0.8 m　　　　W＝0.9 m）数量80本

園路工：カラーアスファルト舗装　　　　　　　　　　　　　　数量260 m²

擁壁工：鉄筋コンクリート擁壁工　　　H＝1.5 m　　　B＝0.5 m　　　L＝80 m

張芝工：コウライシバ　　　　　　　　　　　　　　　　　　　350 m²

　　　　（ウ）現場の状況（関連工事の有無及びその内容も含む），周辺状況
　　　　　　　について具体的に記述しなさい。

　　先行作業として元請の造成工事があり，工事区域の植栽予定地は，粘質土
が地表面から 2 m 以上厚く分布し，不透水層を形成していて，良質土によ
る表土盛土が必要であった。また，移植樹木の仕入れ先が約20 km 離れてい
て，運搬途中の樹木への乾燥によるダメージのおそれがあった。

⑶　工事現場における**施工管理上のあなたの立場**

　　　工事主任

⑷　上記工事の施工にあたり，以下の①，②について答えなさい。

　　　①　施工管理項目のうち，「工程管理」，又は「品質管理」のどちらか1つを選んで記入しなさい。

　　　施工管理項目　品質管理

　　　②　①で選んだ**施工管理項目上の問題点を具体的に記述**しなさい。

　本工事は，一部供用を開始している近隣公園の未供用区域において，良質土の植栽基盤を整備し，高木（オオシマザクラ）50本，低木（オオムラサキツツジ）80本を植栽し，整地後，張芝を施工するものであった。

　工事に先立ち現場を確認したところ，工事区域の植栽予定地は，粘質土が地表面から2m以上厚く分布し，不透水層を形成していて，地盤表面の凹凸も目立っていて，良質土による表土盛土が必要であった。

　そのため，土壌の物理的状態の改善を課題とした。

⑸　⑷の②の問題点に対し，あなたが**現場で実施した処置又は対策を具体的に記述**しなさい。

①　粘性土であるため透水性及び通気性改善方法を検討し，表土盛土工は，先行作業の土木造成工事から発生した衣土を流用することとした。現場では，作業者に指示をして現場地盤は粘性土で透水性が悪いため，黒曜石パーライトを10%程度混入させ，土壌改良剤として施し，透水性及び通気性を改善させた。

②　表面排水の向上方法を検討し，園路と芝生地の境界の排水路へ向けて片流れ勾配をつけることとした。現場では，作業班長に指示をして，勾配計測担当者を決めて3%の勾配が付いているか確認させて状況を報告させた。

　以上の結果，土壌の物理的状態の改善をすることが出来た。

（問題文省略）

⑴ 工　事　名　○○公園整備工事

⑵ 工事の内容

以下の①〜⑤について**明確**に記述しなさい。

① 施工場所　○○県○○市○○町地内

② （ア）発注者名又は注文者名

（株）○○建設

（イ）この**工事**における，**あなたの所属する会社等の契約上の立場**

下請業者の場合

【元請（共同企業体を含む），下請（一次，二次下請等），発注者（注文者），その他（　　）】

③ 工　　期　令和○年5月1日〜令和○年7月31日　約92日間

④ 工事金額　¥11,000,000−

⑤ 工事概要

（ア）工事の内容を具体的に記述しなさい。

本工事は，臨海埋立地にある街区公園の整備工事で高木（クロガネモチ）80株，低木（クルメツツジ）100本を，約10km離れた産地卸売業者から搬入し，公園東側の境界部分に擁壁を築造し，園路工をカラーアスファルトに改良するものであった。

（イ）工種，数量について具体的に記述しなさい。

移植工：高木（クロガネモチ　H=3.5m　C=0.3m　W=1.5m）数量　80株

低木（クルメツツジ　H=0.5m　　　　　W=0.4m）数量100本

園路工：カラーアスファルト舗装　　　　　　　　　　　　数量480m²

擁壁工：鉄筋コンクリート擁壁工　H=1.8m　　　B=0.5m　　　L=200m

（ウ）現場の状況（関連工事の有無及びその内容も含む），周辺状況について具体的に記述しなさい。

先行作業として元請会社の土木造成工事があり，後続工程として当社の擁壁工，園路工があり，掘削残土を有効利用するものであった。また，約10km離れた産地卸売業者から高木，低木を搬入するため，作業の効率化を図るための保管場所の確保が必要であった。工事箇所の前面道路は，生活道路になっていて，通勤，通学時間帯は一般車両，歩行者の通行が非常に多い状態で

あった。

(3) 工事現場における**施工管理上のあなたの立場**

　　工事主任

(4) 上記工事の施工にあたり，以下の①，②について答えなさい。

　　① 施工管理項目のうち，「工程管理」，又は「品質管理」のどちらか1
　　つを選んで記入しなさい。

　　施工管理項目　品質管理

　　② ①で選んだ**施工管理項目上の問題点を具体的に記述**しなさい。

　本工事は，臨海埋立地にある街区公園の整備工事で高木（クロガネモチ）
80株，低木（クルメツツジ）100本を，約10km離れた産地卸売業者から搬
入し，公園東側の境界部分に擁壁を築造し，園路工をカラーアスファルトに
改良するものであった。

　事前調査の結果，工事場所は臨海埋立地であり，埋め立て後期間が経過し
ておらず，クロガネモチ，クルメツツジの生育に塩害を与える可能性があ
り，枯損防止のために処置が必要であった。

(5) (4)の②の問題点に対し，あなたが**現場で実施した処置又は対策を具体的に
記述**しなさい。

① 地盤改良責任者に指示をして，元請業者の監理技術者と綿密な打合せを
　させ，しゅんせつ土壌のため，測定値 pH 8.0～9.0 の強アルカリ性の砂質
　土であったので発酵樹皮，ピートモス等有機物の混合する土壌改良を決定
　して施工させ，植穴を大きめにさせた。

② 作業責任者に指示して，掘り取り時の蒸散抑制剤散布，上鉢のかき取
　り，根巻きを行い，枯損防止をさせた。

③ 植栽作業員に指示をして，根鉢の埋め戻しは幹巻き後，水極めを行い，
　根の位置は浅植えとし南側を樹表として立て入れ，支柱取り付け部分は杉
　皮を巻き，防腐剤2回塗りの丸太にて取り付けを行わせた。以上の結果，
　塩害もなく所定の枯損防止を図ることができた。

（問題文省略）

⑴　工　事　名　　○○公園整備工事

⑵　工事の内容

以下の①〜⑤について**明確に記述**しなさい。

①　施工場所　　○○県○○市○○町

②　（ア）発注者

（株）○○建設

（イ）この工事における，あなたの所属する会社等の契約上の立場

下請業者の場合

【元請（共同企業体を含む），下請（一次，二次下請等,），発注者
（注文者），その他（　）】

③　工　　　期　　令和○年 5 月15日〜令和○年 8 月15日　約93日間

④　工事金額又は請負金額　　¥13,000,000 −

⑤　工事概要

（ア）工事内容について具体的に記述しなさい。

　河川敷にある公園の整備工事であり，整地工は地盤改良を含めた大がかり
なもので，植樹帯は延長350 m と長く，それに伴う園路をカラーアスファル
ト舗装に改良するものである。また，民地に沿って擁壁を構築し，その上に
ネットフェンスを張るものであった。

（イ）工事数量について具体的に記述しなさい。

移植工：高木（ウバメガシ　H＝3.0 m　C＝0.15 m　W＝1.0 m）	数量80本
高木（ツバキ　　　H＝3.0 m　C＝0.15 m　W＝1.0 m）	数量30本
低木（アオキ　　　H＝1.0 m　　　　　　　W＝0.7 m）	数量50株
園路工：カラーアスファルト舗装	数量865 m²
擁壁工：鉄筋コンクリート擁壁工　H＝1.0 m　　B＝0.3 m　　L＝　78 m
ネットフェンス張工：　　　　　　H＝2.5 m　　　　　　　　L＝186 m

（ウ）現場の状況（関連工事の有無及びその内容も含む），周辺状況
について具体的に記述しなさい。

　先行作業として元請会社の野球場・テニス場造成工事があり，工事箇所周
辺は，公園利用者が平日でも多い状態であった。また，河川敷の工事である
ため，周囲は建物がなく，風雨が強い環境であり，地盤の軟弱化による影響

も懸念する現場であった

(3)　工事現場における**施工管理上のあなたの立場**
　　　工事主任

(4)　上記工事の施工にあたり，以下の①，②について答えなさい。
　　　①　施工管理項目のうち，「工程管理」，又は「品質管理」のどちらか1
　　　つを選んで記入しなさい。
　　　施工管理項目　品質管理
　　　②　①で選んだ**施工管理項目上の問題点を具体的に記述**しなさい。
　　この工事は，○○川の河川敷にある公園の整備工事で，整地工は，地盤改
良を含めた延長350 mの施工量で大がかりなものであった。
　　事前調査の結果，植栽工程が植栽適期より若干時期が遅れる上に，現場地
盤の土壌環境圧として，通気性が悪い固結粘性土壌であり，透水性が悪く，
土層構造が悪いため，土壌環境圧の改善及び移植における運搬距離があるた
め，枯損防止に留意し，移植後の樹木の活着養生方法が技術的課題であっ
た。

(5)　(4)の②の問題点に対し，あなたが**現場で実施した処置又は対策を具体的に
記述**しなさい。
　　①　作業責任者に指示をして，元請業者の監理技術者と綿密な打合せをし
　　　て，根回しものが入手できないため，根鉢を大きめに取り，枝抜きを強め
　　　にし，葉のしごきを行った上に蒸散抑制剤を十分に散布し，幹巻きにより
　　　樹温を緩和し水分蒸散量の抑制を図る施工方法を決定させ，実施させた。
　　②　植栽作業員に指示をして，土壌改良剤として，パーライト系（黒曜石）
　　　により透水性を改善し，バーク堆肥により土壌団粒化の促進を図り，植え
　　　穴を大きめに掘り，良質の客土を用いて遅効性肥料が根に当らないように
　　　埋め戻すようにした。
　　③　活着を図るために剪定整枝を剪定作業員に指示し，支柱作業員に，二脚
　　　鳥居型支柱により振れを防止させ，新根の成長を促した。結果，通気性，
　　　透水性が改善でき，その後の生育は順調である。

（問題文省略）

(1) 工　事　名　○○公園整備工事

(2) 工事の内容

以下の①～⑤について**明確に**記述しなさい。

① 施工場所　○○県○○市○○町地内

② （ア）発注者名又は注文者名

（株）○○土木工業

（イ）この工事における，あなたの所属する会社等の契約上の立場

下請業者の場合

【元請（共同企業体を含む），下請（一次，二次下請等），発注者

（注文者），その他（　　）】

③ 工　　期　令和○年 5 月15日～令和○年 7 月31日　約78日間

④ 工事金額　￥15,800,000 －

⑤ 工事概要

（ア）工事の内容を具体的に記述しなさい。

　本工事は，関東地方にある近隣公園の未供用区域の一部区域約3,500 m²の整備工事を行うものであり，約20 km離れた産地卸売業者から高木（ウバメガシ）80本，低木（イヌツゲ）150株を搬入し，公園南側に植栽して，北側境界部に擁壁を築造して，その前面に園路工をカラーアスファルトで改良するものである。

（イ）工種，数量について具体的に記述しなさい。

移植工：高木（ウバメガシ　H＝3.0 m　C＝0.15 m　W＝1.0 m）　数量 80本
　　　　低木（イヌツゲ　　H＝1.0 m　　　　　　　　W＝0.3 m）　数量150株

園路工：カラーアスファルト舗装　　　　　　　　　　　　　　数量450 m²

擁壁工：鉄筋コンクリート擁壁工　H＝1.5 m　　　B＝1.0 m　　　L＝150 m

（ウ）現場の状況（関連工事の有無及びその内容も含む），周辺状況について具体的に記述しなさい。

　先行作業として元請会社の土木造成工事があり，後続工程として当社の擁壁工園路工があり，掘削残土を有効利用するものであった。また，約20 km離れた産地卸売業者から高木，低木を搬入するため，作業の効率化を図るための保管場所の確保が必要であった。工事箇所の前面道路は，生活道路にな

っていて，通勤，通学時間帯は一般車両，歩行者の通行が非常に多い状態であった。

(3)工事現場における**施工管理上のあなたの立場**

　　　工事主任

(4)　上記工事の施工にあたり，以下の①，②について答えなさい。

　　　①　施工管理項目のうち，「工程管理」，又は「品質管理」のどちらか1つを選んで記入しなさい。

　　　　　施工管理項目　品質管理

　　　②　①で選んだ**施工管理項目上の問題点を具体的に記述**しなさい。

　本工事は，関東地方にある近隣公園の未供用区域の一部区域約3,500㎡の整備工事を行うものであった

　事前調査の結果，約20km離れた産地卸売業者から高木（ウバメガシ）80本，低木（イヌツゲ）150株を搬入し，公園南側に植栽する工程において，移植計画に基づく高木（ウバメガシ）の移植適期が短いため，掘取り，運搬，植込みの一連の作業における，枯損防止のための技術力確保が課題になった。

(5)　(4)の②の問題点に対し，あなたが**現場で実施した処置又は対策を具体的に記述**しなさい。

　　①　元請の監理技術者と打合せを綿密に行い，植栽責任者に指示をして，大量の移植のため，熟練者を中心に作業班を編成し掘取り前の灌水を行い，枝おろし，枝しおりを適切にさせた。また，高木の鉢径は，根元直径の4～6倍，および植え穴容量0.6㎥を適正に算出させた。

　　②　作業責任者に指示をして，樹木の運搬方法は風や日射を防ぐためシートで覆い，蒸散抑制剤を使用させ，蒸散防止をした。

　　③　作業員に指示をして，植付けは水極めを行い付近の風致に応じて見栄えよく「表」「裏」を確かめて植え込みさせた。以上の結果，当初懸念した技術力を発揮でき枯損防止を確保した。

品質管理記述例 7

（問題文省略）

(1) 工　事　名　○○公園整備工事

(2) 工事の内容

以下の①〜⑤について**明確**に記述しなさい。

① 施工場所　○○県○○市○○町地内

② （ア）発注者名又は注文者名

（株）○○土木工業

（イ）**この工事における，あなたの所属する会社等の契約上の立場**

下請業者の場合

【元請（共同企業体を含む），下請（一次，二次下請等），発注者（注文者），その他（　　）】

③ 工　　期　令和○年5月20日〜令和○年8月10日　約83日間

④ 工事金額　￥9,800,000−

⑤ 工事概要

（ア）工事の内容を具体的に記述しなさい。

本工事は，関東地方の既成市街地にある運動公園において，その一部区域の整備を行うものであり，公園南側に高木（ウバメガシ）50本，低木（アオキ）50株を植栽し，公園西側境界部に擁壁工を築造し，その前面に園路工を設置するものであった。

（イ）工種，数量について具体的に記述しなさい。

移植工：高木（ウバメガシ　H＝3.0m　C＝0.15m　W＝1.0m）　数量 50本

　　　　低木（アオキ　　　 H＝1.0m　　　　　　　 W＝0.7m）　数量 50株

園路工：カラーアスファルト舗装　　　　　　　　　　　　　　数量100m²

擁壁工：鉄筋コンクリート擁壁工　H＝1.0m　　　B＝0.5m　　　L＝80m

（ウ）現場の状況（関連工事の有無及びその内容も含む），周辺状況について具体的に記述しなさい。

先行作業として元請会社の土木造成工事があり，後続工程として当社の擁壁工，園路工があり，掘削残土を有効利用するものであった。また，約10km離れた産地卸売業者から高木，低木を搬入するため，作業の効率化を図るための保管場所の確保が必要であった。工事箇所の前面道路は，生活道路になっていて，通勤，通学時間帯は一般車両，歩行者の通行が非常に多い状態で

あった。

(3)　工事現場における**施工管理上のあなたの立場**

　　　工事主任

(4)　上記工事の施工にあたり，以下の①，②について答えなさい。

　　①　施工管理項目のうち，「工程管理」，又は「品質管理」のどちらか1つを選んで記入しなさい。

　　　施工管理項目　品質管理

　　②　①で選んだ**施工管理項目上の問題点を具体的に記述**しなさい。

　本工事は，関東地方の既成市街地にある運動公園において，その一部区域の整備を行うものであり，公園南側に高木（ウバメガシ）50本，低木（アオキ）50株を植栽し，公園西側境界部に擁壁工を築造し，その前面に園路工を設置するものであった。

　事前調査の結果，ウバメガシ植栽予定地は，現場地盤の土壌環境圧として，部分的に土壌が固結し，また，地表下40〜50cm辺りに粘質土が良質土壌の中に部分的に層状に分布していて，通気性が悪く固結土壌のため，土壌改良に重点を置く必要があった。そのため，作業標準に基づく植栽工の枯損防止が課題であった。

(5)　(4)の②の問題点に対し，あなたが**現場で実施した処置又は対策を具体的に記述**しなさい。

　①　元請業者の主任技術者と綿密な打合せを行い，植栽責任者に指示をして，土壌改良剤は，体積率20%のパーライト系の真珠岩系を採用し，酸素不足を解消するための通気性を改善させた。

　②　作業員に指示をして，植付けは植穴の底をやや高めにし，植穴容量を0.7m³として，遅効性肥料を施す場合は，分解時の熱の発生を避けるため，根に肥料が直接当たらないようにさせた。

　③　職長に指示をして，活着を重点に考慮した剪定整枝を行い，鳥居型支柱により振れを防ぎ，新根の伸長を促進させた。以上の結果，土壌の物理的性質が改善でき，移植樹木を全て活着させることができた。

（問題文省略）

(1) 工 事 名　○○公園整備工事

(2) 工事の内容

以下の①〜⑤について**明確に**記述しなさい。

① 施工場所　○○県○○市○○町地内

② （ア）発注者名又は注文者名

（株）○○土木工業

（イ）**この工事における，あなたの所属する会社等の契約上の立場**

下請業者の場合

【元請（共同企業体を含む），下請（一次，二次下請等），発注者
（注文者），その他（　　　）】

③ 工　　期　令和○年2月1日〜令和○年3月30日　約58日間

④ 工事金額　¥8,800,000 -

⑤ 工事概要

（ア）工事の内容を具体的に記述しなさい。

工事場所は河川敷を埋め立てた部分供用中の近隣公園で，未供用区域にお
いて移植樹木の植栽地盤を良質土に改良後，遊歩道に面しての植栽工を施
し，舗装工はカラーアスファルトに改良し，民地との境界部分にネットフェ
ンスを張るものであった。

（イ）工種，数量について具体的に記述しなさい。

| 移植工：高木（イチョウ　　H=3.5 m　C=0.18 m　W=1.2 m）　数量 50株 |
| 低木（ウメモドキ　H=1.0 m　　　　　　　　W=0.4 m）　数量100株 |
| 園路工：カラーアスファルト舗装　　　　　　　　　　　　　数量360 m² |
| ネットフェンス工：　　　　　　　H=2.5 m　　　　　　　　L=120 m |
| 整地工：盛土工　　　　　　　　　　　　　　　　　　　　　数量150 m² |

（ウ）現場の状況（関連工事の有無及びその内容も含む），周辺状況
について具体的に記述しなさい。

事前調査により，工事区域のイチョウ，ウメモドキの植栽予定地は，粘質
土が地表面から1.5 m以上厚く分布し，不透水層を形成していて，良質土に
よる表土盛土が必要であった。また，移植樹木の仕入れ先が約15 km離れて
いて，運搬途中の樹木への乾燥によるダメージのおそれがあった。工事箇所

の前面道路は，生活道路になっていて，通勤，通学時間帯は一般車両，歩行者の通行が非常に多い状態であった。

(3) 工事現場における**施工管理上のあなたの立場**

　　　工事主任

(4) 上記工事の施工にあたり，以下の①，②について答えなさい。

　　　① 施工管理項目のうち，「工程管理」，又は「品質管理」のどちらか1つを選んで記入しなさい。

　　　　　施工管理項目　品質管理

　　　② ①で選んだ**施工管理項目上の問題点を具体的に記述**しなさい。

　　この工事は，河川敷を埋め立てた部分供用中の近隣公園で，未供用区域において移植樹木の植栽地盤を良質土に改良後，遊歩道に面しての植栽工を施し，舗装工はカラーアスファルトに改良し，民地との境界部分にネットフェンスを張るものであった。

　　事前調査の結果，植栽予定地は，粘性土で土壌が固結しており，透水性を改善する必要があった。また，産地卸売業者が約20 kmと遠方にあるため，植栽工における運搬時の乾燥防止を完全に行い，冬期間における，植付け時の枯損防止が課題となった。

(5) (4)の②の問題点に対し，あなたが**現場で実施した処置又は対策を具体的に記述**しなさい。

　　① 元請業者の主任技術者と十分に話し合い，植栽運搬責任者に指示をして，運搬距離が20 kmの遠距離になるため，掘り上げた鉢の土をよく締め込み，根巻きを確実に行い，直根の切り直しやコールタールを塗り乾燥防止をし，幹の縄巻き，蒸散抑制剤の散布をさせ，乾燥防止，損傷防止をさせた。

　　② 作業責任者に指示をして，土壌環境圧として固結土壌であり透水性が悪いため，黒曜石パーライトを土壌改良剤として体積率20％を施し，透水性の向上を図り，バーク堆肥は直接根に当たらないようにして水極めをさせた。

　　③ 以上の結果として，運搬時の乾燥防止及び植栽時の枯損防止を確実に実施させ，移植樹木を活着させることができた。

（問題文省略）

(1) 工　事　名　○○公園整備工事

(2) 工事の内容

以下の①～⑤について**明確**に記述しなさい。

　　① 施工場所　○○県○○市○○町地内

　　② （ア）発注者名又は注文者名

　　（株）○○土木工業

（イ）この工事における，あなたの所属する会社等の契約上の立場

下請業者の場合

【元請（共同企業体を含む），下請（一次，二次下請等），発注者（注文者），その他（　　）】

　　③ 工　　　期　令和○年 5 月15日～令和○年 7 月31日　約78日間

　　④ 工事金額　￥14,000,000 －

　　⑤ 工事概要

　　（ア）工事の内容を具体的に記述しなさい。

　この工事は，河川敷にある総合公園整備工事であり，植栽地盤整地工は地盤改良工を含めた大がかりな工事が必要で，高木（クロガネモチ）30株，低木（クルメツツジ）120本を植栽後，敷地面積580 m²に張芝工を施し，遊歩道としてカラーアスファルトに改良するものである。

　　（イ）工種，数量について具体的に記述しなさい。

植栽工：高木（クロガネモチ　H＝4.0 m　C＝0.3 m　W＝1.5 m）数量 30株

　　　　低木（クルメツツジ　H＝0.5 m　　　　　　W＝0.4 m）数量120本

園路工：カラーアスファルト舗装　　　　　　　　　　　　数量450 m²

張芝工：コウライシバ　　　　　　　　　　　　　　　　　580 m²

　　（ウ）現場の状況（関連工事の有無及びその内容も含む），周辺状況について具体的に記述しなさい。

　事前調査により，工事区域のクロガネモチ，クルメツツジの植栽予定地は，粘質土が地表面から2.0 m以上厚く分布し，不透水層を形成していて，良質土による表土盛土が必要であった。また，移植樹木の仕入れ先が約10 km離れていて，運搬途中の樹木への乾燥によるダメージのおそれがあった。工事箇所の前面道路は，生活道路になっていて，通勤，通学時間帯は一般車

両，歩行者の通行が非常に多い状態であった。

(3) 工事現場における**施工管理上のあなたの立場**

　　　工事主任

(4) 上記工事の施工にあたり，以下の①，②について答えなさい。

　　① 施工管理項目のうち，「工程管理」，又は「品質管理」のどちらか1

　　つを選んで記入しなさい。

　　　施工管理項目　品質管理

　　② ①で選んだ**施工管理項目上の問題点を具体的に**記述しなさい。

　　この工事は，河川敷にある総合公園整備工事であり，植栽地盤整地工は地

盤改良工を含めた大がかりな工事が必要で，高木（クロガネモチ）30株，低

木（クルメツツジ）120本を植栽後，敷地面積580 m²に張芝工を施し，遊歩

道としてカラーアスファルトに改良するものである。事前調査の結果，現場

地盤の土壌環境圧として，固結土壌であり地表面から2.0 m以上厚く分布

し，透水性が悪く，土層構造が悪いため，透水性の向上が必要であった。ま

た，移植における樹木の運搬距離があるため，枯損防止に留意し，活着の向

上が課題であった。

(5) (4)の②の問題点に対し，あなたが**現場で実施した処置又は対策を具体的に**

記述しなさい。

　　① 元請業者の主任技術者と設計図書にて，十分に打合せ，作業責任者に指

　　示をして，土壌改良剤として，パーライト系（黒曜石）により透水性を改

　　善し，バーク堆肥により土壌団粒化の促進を図らせ，植栽地盤及び張芝施

　　工地盤を大幅に改善させた。

　　② 樹木運搬責任者に指示をして，運搬準備として直根の切り直し，幹の縄

　　巻き，枝おろし，枝おりを完全に行い，運搬時は蒸散抑制剤を散布し，枯

　　損防止を確実に実施させた。

　　以上の結果，大幅な地盤改良ができ，樹木の枯損防止が図れ，全樹木，張

芝が活着し，その後の生育は順調である。

品質管理記述例10

（問題文省略）

(1) 工　事　名　○○公園整備工事

(2) 工事の内容

　　以下の①〜⑤について**明確に記述**しなさい。

　　　① 施工場所　○○県○○市○○町地内

　　　② （ア）発注者名又は注文者名

　　　　（株）○○土木工業

　　　（イ）**この工事における，あなたの所属する会社等の契約上の立場**

下請業者の場合

　　　【元請（共同企業体を含む），下請（一次，二次下請等），発注者（注文者），その他（　　）】

　　　③ 工　　　期　令和○年5月15日〜令和○年7月31日　約78日間

　　　④ 工事金額　¥15,800,000 −

　　　⑤ 工事概要

　　　（ア）工事の内容を具体的に記述しなさい。

　　閑静な住宅内における街区公園の整備工事であり，公園東側に高木（クロガネモチ）80株，低木（アベリア）100本を植栽し，公園西側境界部に擁壁を構築して，前面にカラーアスファルトにて舗装を改良するものであった。

　　　（イ）工種，数量について具体的に記述しなさい。

移植工：高木（クロガネモチ　H＝3.5 m　C＝0.25 m　W＝1.2 m）数量 80株

　　　　低木（アベリア　　　H＝0.8 m　　　　　　　　W＝0.6 m）数量100本

園路工：カラーアスファルト舗装　　　　　　　　　　　　　　数量480 m²

擁壁工：鉄筋コンクリート擁壁工　H＝1.5 m　B＝0.2 − 0.8 m　L＝120 m

フェンス工：　　　　　　　　　　H＝1.5 m　　　　　　　　L＝120 m

　　　（ウ）現場の状況（関連工事の有無及びその内容も含む），周辺状況について具体的に記述しなさい。

　　事前調査により，工事区域のクロガネモチ，アベリアの植栽予定地は，粘質土が地表面から2.0 m以上厚く分布し，不透水層を形成していて，良質土による表土盛土が必要であった。また，移植樹木の仕入れ先が約10 km離れていて，運搬途中の樹木への乾燥によるダメージのおそれがあった。工事箇所の前面道路は，生活道路になっていて，通勤，通学時間帯は一般車両，歩

行者の通行が非常に多い状態であった。

(3)　工事現場における**施工管理上のあなたの立場**
　　　工事主任

(4)　上記工事の施工にあたり，以下の①，②について答えなさい。
　　　①　施工管理項目のうち，「工程管理」，又は「品質管理」のどちらか1
　　　つを選んで記入しなさい。
　　　　　施工管理項目　品質管理
　　　②　①で選んだ**施工管理項目上の問題点を具体的に記述**しなさい。
　　この工事は，閑静な住宅内における街区公園の整備工事であり，公園東側
に高木（クロガネモチ）80株，低木（アベリア）100本を植栽し，公園西側
境界部に擁壁を構築して，前面にカラーアスファルトにて舗装を改良するも
のであった。
　　事前調査により，工事区域のクロガネモチ，アベリアの植栽予定地は，粘
質土が地表面から2.0 m以上厚く分布し，不透水層を形成していて，良質土
による表土盛土が必要であった。また，移植樹木の仕入れ先が約10 km離れ
ていて，運搬途中の樹木への乾燥によるダメージのおそれがあった。そのた
め，移植樹木の枯損防止に留意するとともに，掘取り，運搬，植込みの一連
の作業における技術力確保が課題であった。

(5)　(4)の②の問題点に対し，あなたが**現場で実施した処置又は対策を具体的に
記述**しなさい。
①　元請業者の主任技術者と，設計図書にて十分に話し合い，作業責任者に
　　指示をして，大量の移植のため，熟練者を中心に作業班を編成させ，掘取
　　り前の灌水を行い，枝おろし，枝おりを適切にさせた。また，高木の鉢径
　　根元直径の4〜6倍および植え穴容量0.8 m³を適正に算出させ，運搬方法
　　は風や日射を防ぐためシートで覆い，蒸散抑制剤を使用し，蒸散防止，萎
　　凋現象を防止させた。
②　作業員に指示をして，体積率20％の黒曜石パーライト及びバーク堆肥に
　　より土壌改良を図らせ，客土による植付け後，発根のために鳥居型支柱を
　　堅固に設け，風などによる振れを防止し，細根の折損を防ぎ，活着の促進
　　を図らせた。
③　以上の結果，当初懸念した高木（クロガネモチ），低木（アベリア）の

移植適期のズレをカバーでき，技術力を発揮して，すべての樹木を活着させることができた。

※以降，実際の解答文に著者が手を加えた改善文を実例として示します。

(1) 工　事　名　〇〇公園整備工事

(2) 工事の内容

(1)の工事について，以下の①〜⑤について**明確に記述**しなさい。

　　　① 施工場所　〇〇県〇〇市〇〇町

　　　② （ア）この工事の契約上の発注者名又は注文者名

　　　　　発注者名　〇〇市公園課

　　　　　（イ）この工事における，あなたの所属する会社等の契約上の立場

　　　　　【元請**（共同企業体を含む），下請（一次，二次下請等），発注者**

　　　　　（注文者），その他（　　　）】（該当するものに丸印をする）

　　　③ 工　　　期　平成〇年5月1日〜平成〇年7月31日　約92日間

　　　④ 工事金額又は請負代金額　￥11,000,000 -

　　　⑤ 工事概要

　　　　　（ア）工事の内容について具体的に記述しなさい。

　当該工事は，近隣住民の防災避難場所として，公園整備を行うものである。擁壁構築後，盛土を行い，比較的防火力に富む高木（クロガネモチ）低木（クルメツツジ）を公園周囲に移植し，避難通路としての園路を整備するものである。

　　　　　（イ）工事数量について具体的に記述しなさい。

移植工：高木（クロガネモチ H=3.5 m　C=0.3 m　W=1.5 m）数量　80本

　　　　低木（クルメツツジ H=0.5 m　　　　　　W=0.4 m）数量 100本

園路工：カラーアスファルト舗装　　　　　　　　　　　　数量280 m²

擁壁工：鉄筋コンクリート擁壁工 H=1.8 m　　　B=0.5 m　　　L=50 m

整地工：盛土工　　　　　　　　　　　　　　　　　　　数量350 m²

　　　　　（ウ）現場の状況（関連工事の有無及びその内容も含む），周辺状況について具体的に記述しなさい。

　工事場所は近隣住民の憩いの場として，公園利用者が多く，周辺道路は通学道路であるが，歩道もなく道路幅員が狭いものであった。

(3) 工事現場における**施工管理上のあなたの立場**

　工事主任

(4) 上記工事の施工にあたり，**課題があった管理項目名（工程管理又は品質管**

理）及び，その課題の内容を具体的に記述しなさい。

① 施工管理項目のうち，「工程管理」，又は「品質管理」のどちらか1つを選んで記入しなさい。

施工管理項目名　　品質管理

② ①で選んだ施工管理項目上の課題の内容を具体的に記述しなさい。

工事箇所が臨海埋立地のため，また，埋め立て後期間が経過しておらずクロガネモチに塩害を与える可能性があり，植栽工における活着率の向上及び作業標準の確立に留意した。

◎改善した文章◎

　　工事箇所が臨海埋立地のため，また，埋め立て後期間が経過しておらずクロガネモチに塩害を与える可能性があり，植栽工における活着率の向上及び作業標準の確立等品質管理計画の立案が課題となった。

(5)　(4)の課題に対し，あなたが現場で実施した処置又は対策を具体的に記述しなさい。

① しゅんせつ土壌の為，測定値 pH 8.0～9.0 の強アルカリ性の砂質土であったので，発酵樹皮，ピートモス等有機物の混合する土壌改良を施した。

樹木の植付けはあらかじめ設計図書に従い位置出しを行い，植穴は幹の根元直径 4～6 倍として底中心部を高めにした。

② 移植計画に基づき熟練者を適正配置し，根鉢の埋め戻しは，幹巻き後，水極めを行い，根の位置は浅植えとし南側を樹表として立入れ，掘取り，運搬，植込みの一連作業を能率良く行い，附近の風致に応じ「表」「裏」を確かめて植え込みをした。

以上の結果，枯損もなく活着率の向上が図れ，所定の品質を得られた。

◎改善した文章◎

① しゅんせつ土壌は，pH 測定値8.0～9.0の強アルカリ性砂質土の為，発酵樹皮，ピートモス等有機物を混合する土壌改良を施す。樹木の植付けはあらかじめ設計図書に従い位置出しを行い，植穴は幹の根元直径 4～6 倍として底中心部を高めにする。

② 移植計画に基づき熟練者を適正配置し，根鉢の埋め戻しは，幹巻き後，水極めを行い，根の位置は浅植えとし南側を樹表として立入れ，掘取り，運搬，植込みの一連作業を能率良く行い，附近の風致に応じ「表」「裏」を確かめて植え込みをする。

等の品質管理計画を綿密に立て着工した。その結果，当初懸念されたアルカリ土壌も改善され枯損もなく品質を確保することができた。

（問題文省略）

⑴　工　事　名　○○川河川改良工事に伴う○○公園整備工事

⑵　工事の内容

　⑴の工事について，以下の①〜⑤について**明確に記述**しなさい。

　　①　施工場所　　○○県○○市○○町

　　②　（ア）この工事の契約上の発注者名又は注文者名

　　　　発注者名　　株式会社○○土木

　　　　（イ）この工事における，あなたの所属する会社等の契約上の立場

　　　　【元請（共同企業体を含む），下請（一次，二次下請等），発注者

　　　　（注文者），その他（　　）】（該当するものに丸印をする）

　　③　工　　　期　　平成○年5月15日〜平成○年8月15日　約93日間

　　④　工事金額又は請負代金額　　￥13,000,000−

　　⑤　工事概要

　　　　（ア）工事の内容について具体的に記述しなさい。

　河川敷にある公園整備工事であり，整地工は地盤改良工を含めた大がかり
な工事であった。高木（ウバメガシ）80本，低木（アオキ）120本を園路
（延長158m）に沿って植栽するものである。

　　　　（イ）工事数量について具体的に記述しなさい。

植栽工：高木（ウバメガシ　　H＝3.0m　C＝0.15m　W＝1.0m）　数量　80本

　　　　低木（アオキ　　　　H＝1.0m　　　　　　W＝0.7m）　数量120本

園路工：カラーアスファルト舗装　　　　　　　　　　　　数量　450m²

ネットフェンス張工：　　　　H＝2.5m　　　　　　　　　L＝120m

整地工：盛土工　　　　　　　　　　　　　　　　　　　　数量550m³

　　　　（ウ）現場の状況（関連工事の有無及びその内容も含む），周辺状況
　　　　　　　について具体的に記述しなさい。

　先行作業として，土木工事のグランド造成工事が進捗しており，大型重機
が錯綜し稼動する状態であった。また，工事箇所周辺は，平日でも公園利用
者が多い状態であった。

⑶　工事現場における**施工管理上のあなたの立場**

　工事主任

⑷　上記工事の施工にあたり，**課題があった管理項目名（工程管理又は品質管**
　理）及び，その課題の内容を具体的に記述しなさい。

　　① 施工管理項目のうち，「工程管理」，又は「品質管理」のどちらか1
つを選んで記入しなさい。
　　　施工管理項目名　　品質管理
　　② ①で選んだ施工管理項目上の課題の内容を具体的に記述しなさい。
植栽適期より若干時期が遅れる上に，現場地盤の土壌環境圧として，通気
性が悪い固結土壌であり透水性が悪く，土層構造が悪いため，透水性の向上
及び移植における運搬距離があるため，枯損防止に留意した。

◎改善した文章◎

　　植栽適期より若干時期が遅れる上に，現場地盤の土壌環境圧として，通気
性が悪い固結土壌であり透水性が悪く，土層構造が悪いため，透水性の向上
及び移植における運搬距離があるため，枯損防止等の品質管理計画の立案が
技術的課題となった。

(5) (4)の課題に対し，あなたが現場で実施した処置又は対策を具体的に記述し
なさい。

① 根回しものが入手できないため，根鉢を大きめに取り，枝抜きを強めに
　し，葉のしごきを行った上に蒸散抑制剤を十分に散布し，幹巻きにより樹
　温を緩和し水分蒸散量の抑制を図った。

② 土壌改良剤として，パーライト系（黒曜石）により透水性を改善し，オ
　レフィン系により土壌団粒化の促進を図り，植え穴を大きめに掘り，良質
　の客土を用いて遅効性肥料が根に当らないように埋め戻した。

③ 活着を図るために剪定整枝を行い，二脚鳥居型支柱により振れを防ぎ，
　新根の成長を促した結果，通気性，透水性が改善でき，その後の生育は順
　調である。

◎改善した文章◎

① 根回しものが入手できないため，根鉢を大きめに取り，枝抜きを強めに
　し，葉のしごきを行った上に蒸散抑制剤を十分に散布し，幹巻きにより樹
　温を緩和し水分蒸散量の抑制を図る。

② 土壌改良剤として，パーライト系（黒曜石）により透水性を改善し，オ
　レフィン系により土壌団粒化の促進を図り，植え穴を大きめに掘り，良質
　の客土を用いて遅効性肥料が根に当らないように埋め戻しを行う。

③ 活着を図るために剪定整枝を行い，二脚鳥居型支柱により振れを防ぎ，
　新根の成長を促す。

　　等品質管理計画を綿密に立て着工した。その結果，通気性，透水性が改善
でき，その後の生育は順調で所定の品質を確保できた。

品質管理記述例13

（問題文省略）

⑴　工　事　名　○○墓苑整備工事

⑵　工事の内容

以下の①～⑤について**明確**に記述しなさい。

①　施工場所　○○県○○市○○町

②　（ア）この工事の契約上の発注者名又は注文者名

注文者名　○○寺住職

（イ）この工事における，あなたの所属する会社等の契約上の立場

【元請（共同企業体を含む），下請（一次，二次下請等），発注者（注文者），その他（　　）】（該当するものに丸印をする）

③　工　　期　平成○年6月1日～平成○年8月15日　約76日間

④　工事金額又は請負代金額　￥12,800,000 −

⑤　工事概要

（ア）工事の内容について具体的に記述しなさい。

　郊外にあるお寺の墓苑整備工事であり，擁壁構築後，園路を築造し高木，低木を植樹するものである。「憩い」と「ゆとり」をテーマに自然とのコミュニケーションを活かす工事である。

（イ）工種数量について具体的に記述しなさい。

移植工：高木（サンゴジュ　　H＝2.5 m　　　　　　　　　W＝0.8 m）　数量50本

　　　　高木（ヤブツバキ　　H＝3.0 m　C＝0.15 m　W＝1.0 m）　数量30本

　　　　低木（アオキ　　　　H＝1.0 m　　　　　　　　　W＝0.7 m）　数量50本

園路工：カラーアスファルト舗装　　　　　　　　　　　　　数量150 m²

擁壁工：鉄筋コンクリート擁壁工 H＝1.0 m　　　　　B＝0.3 m　　　　L＝50 m

ネットフェンス張工：　　　　　H＝2.5 m　　　　　　　　　　L＝80 m

（ウ）現場の状況（関連工事の有無及びその内容も含む），周辺状況について具体的に記述しなさい。

　工事箇所は，山の斜面を活用した墓苑のため，土木業者の墓苑造成工事が先行しており，出合い帳場となり大型重機が輻輳する状態であった。また，工事前面道路は，生活道路になっていて通勤，通学時間帯は一般車両，歩行者の通行が非常に多い状態でもあった。

⑶　工事現場における**施工管理上のあなたの立場**

工事主任

(4) 上記工事の施工にあたり，**課題があった管理項目名（工程管理又は品質管理）及び，その課題の内容を具体的に記述**しなさい。

    ① 施工管理項目のうち，「工程管理」，又は「品質管理」のどちらか1つを選んで記入しなさい。

    施工管理項目名　　<u>品質管理</u>

    ② ①で選んだ**施工管理項目上の課題の内容を具体的に記述**しなさい。

高木（サンゴジュ），（ヤブツバキ）の移植適期及び低木（アオキ）の植栽適期より，契約工期上夏季となり，若干適期をはずすため，生育サイクルを考慮して枯損防止に留意した。

◎改善した文章◎

高木（サンゴジュ），（ヤブツバキ）の移植適期及び低木（アオキ）の植栽適期より，契約工期上夏季となり，若干適期をはずすため，生育サイクルを考慮した枯損防止等品質管理計画の立案が技術的課題となった。

(5) (4)の課題に対し，あなたが**現場で実施した処置又は対策を具体的に記述**しなさい。

① 根回しものが入手出来ないので，作業員に指示し，根鉢を大きめに取り，枝抜きを強めにし，さらに葉のしごきを行った後，蒸散抑制剤を散布し，萎凋現象及び枯死を防止させた。

② 幹巻きを十分に行って樹温を緩和し，水分蒸散量の抑制も図り，植栽時に十分に灌水を行うとともに，マルチングを行って地温を緩和し，水分の蒸発を抑え，発根のために鳥居型支柱を堅固に設け，風などによる振れを防止し，活着の促進を図った。

③ 設計意図を現地に反映させるため，職長に指示し，綿密に施工図面を作成し，それに基づき配植を行った。

以上の結果，当初懸念した移植適期のズレをカバーでき，その後の生育は順調である。

◎改善した文章◎

① **根回しものが入手出来ないので，根鉢を大きめに取り，枝抜きを強めにし，さらに葉のしごきを行った後，蒸散抑制剤を散布し，萎凋現象及び枯死を防止する。**

② **幹巻きを十分に行って樹温を緩和し，水分蒸散量の抑制も図り，植栽時に十分に灌水を行うとともに，マルチングを行って地温を緩和し，水分の蒸発を抑え，発根のために鳥居型支柱を堅固に設け，風などによる振れを防止し，活着の促進を図る。**

③ 設計意図を現地に反映させるため，綿密に施工図面を作成し，それに基づき配植を行い，「憩い」と「ゆとり」の確保を行う。

　等の品質管理計画を綿密に立て着工した。その結果，当初懸念された移植適期のずれをカバーでき，その後の生育は順調で，設計意図も反映できた。

品質管理記述例14

（問題文省略）

⑴　工　事　名　○○寺霊園整備工事

⑵　工事の内容

　⑴の工事について，以下の①～⑤について**明確**に記述しなさい。

　　①　施工場所　○○県○○市○○町

　　②　（ア）この工事の契約上の発注者名又は注文者名

　　　　発注者名　○○寺住職

　　　　（イ）この工事における，あなたの所属する会社等の契約上の立場

　　　　【元請（共同企業体を含む），下請（一次，二次下請等），発注者
　　　　（注文者），その他（　　　）】（該当するものに丸印をする）

　　③　工　　　期　平成○年4月15日～平成○年7月31日　約108日間

　　④　工事金額又は請負代金額　￥25,800,000－

　　⑤　工事概要

　　　　（ア）工事の内容について具体的に記述しなさい。

　山の斜面に霊園の造成を行い，それに続く園路を築造するため擁壁工を構築し，緑陰として高木（モチノキ）50本，低木（キリシマツツジ）100本を移植する工事である。現場事前調査の結果，酸性土壌であり，大規模な土壌改良が必要であった。

　　　　（イ）工事数量について具体的に記述しなさい。

移植工：高木（モチノキ　　　H＝3.5m　C＝0.21m　W＝1.2m）数量　50本

　　　　低木（キリシマツツジ　H＝0.6m　　　　　　　W＝0.5m）数量100本

園路工：カラーアスファルト舗装　　　　　　　　　　　　　　数量220m²

擁壁工：鉄筋コンクリート擁壁工H＝1.8m　　　B＝0.2-1.5m　　L＝150m

カラーフェンス張工：　　　　　H＝1.5m　　　　　　　　　　L＝150m

　　　　（ウ）現場の状況（関連工事の有無及びその内容も含む），周辺状況
　　　　　　　について具体的に記述しなさい。

　霊園造成工事については土木業者が，先行作業として施工中であり，並行作業として当社の擁壁工，園路工を行うものである。資材搬入路は，山土のためトラフィカビリティの確保ができず，土木業者と協力して改良を行う状況であった。

⑶　工事現場における**施工管理上のあなたの立場**

　工事主任

(4) 上記工事の施工にあたり，**課題があった管理項目名（工程管理又は品質管理）及び，その課題の内容を具体的に記述**しなさい。

　　① 　施工管理項目のうち，「工程管理」，又は「品質管理」のどちらか1つを選んで記入しなさい。

　　　施工管理項目名　　　品質管理

　　② 　①で選んだ**施工管理項目上の課題の内容を具体的に記述**しなさい。

樹木の掘取り及び長距離運搬になるために萎凋（いちょう）現象の防止並びに鉄筋コンクリート擁壁工における出来形管理に留意した。

◎改善した文章◎

　樹木の掘取り及び長距離運搬になるために萎凋（いちょう）現象の防止並びに鉄筋コンクリート擁壁工における出来形管理等品質管理計画の立案が技術的課題となった。

(5) (4)の課題に対し，あなたが**現場で実施した処置又は対策を具体的に記述**しなさい。

　① 　掘取り時に必要とする鉢の土量は，工程進捗及び労力に影響するため，鉢径は根元直径の3〜5倍とし，高木は樽巻き，低木は揚巻きを施した。

　② 　運搬前に直根の乾燥防止及び幹の縄巻き，枝おろし，枝しおりを施し，蒸散抑制剤を使用して運搬時は，風や日射を防ぐためシートを覆った。

　③ 　擁壁工は，鉄筋のかぶり，あきを組立図に基づき確保し，コンクリートの打継ぎ目を防止するため，締固め要員を適正配置し，所定の湿潤養生期間（5日間）を確保した。

　以上の結果，樹木は活着率がよく，鉄筋コンクリート擁壁も規格を確保した。

◎改善した文章◎

　① 　掘取り時に必要とする鉢の土量は，工程進捗及び労力に影響するため，鉢径は根元直径の3〜5倍とし高木は樽巻き，低木は揚巻きを施す。

　② 　運搬前に直根の乾燥防止及び幹の縄巻き，枝おろし，枝しおりを施し，蒸散抑制剤を使用して，運搬時は風や日射を防ぐためシートを覆う。

　③ 　擁壁工は，鉄筋のかぶり，あきを組立図に基づき確保し，コンクリートの打継ぎ目を防止するため，締固め要員を適正配置し，所定の湿潤養生期間（5日間）を確保する。

　等の品質管理計画を綿密に立て着工した。以上の結果，樹木は活着率がよく，鉄筋コンクリート擁壁も品質規格を確保することができた。

品質管理記述例15

(問題文省略)

(1) 工 事 名　○○線道路整備工事に伴う緑化工事

(2) 工事の内容

(1)の工事について，以下の①〜⑤について**明確に記述**しなさい。

　　① 施工場所　○○県○○市○○町

　　② （ア）発注者名　株式会社○○土木工業

　　　 （イ）**この工事における，あなたの所属する会社等の契約上の立場**

　　　　【元請（共同企業体を含む），(下請)(一次，二次下請等,)，発注者

　　　　（注文者），その他（　）】(該当するものに丸印をする)

　　③ 工　　期　平成○年5月10日〜平成○年7月31日　約83日間

　　④ 工事金額又は請負代金額　¥15,800,000−

　　⑤ 工事概要

　　　 （ア）工事の内容について具体的に記述しなさい。

　　元請会社の道路整備工事に基づく，中央分離帯及び歩道における植樹工事，歩道改良工事であった。

　　　 （イ）工事数量について具体的に記述しなさい。

移植工：高木（スズカケノキ　H＝3.5m　C＝0.18m　W＝1.0m）数量 80本

　　　　　低木（キリシマツツジ H＝0.5m　　　　　　　 W＝0.4m）数量150本

歩道工：コンクリート平板舗装　　　　　　　　　　　　　　数量650m²

　　　 （ウ）現場の状況（関連工事の有無及びその内容も含む），周辺状況について具体的に記述しなさい。

　　元請会社の道路工事と並行しての作業であり，工事箇所の道路は，生活道路になっていて，特に通勤，通学時間帯は，一般車両，歩行者が頻繁に通行し，中央分離帯部分の工事時及び歩道部分の工事に合わせた交通規制，安全対策が必要な状態であった。

(3) 工事現場における**施工管理上のあなたの立場**

　　工事主任

(4) 上記工事の施工にあたり，**課題があった管理項目名（工程管理又は品質管理）**及び，その課題の内容を具体的に記述しなさい。

　　　① 施工管理項目のうち，「工程管理」，又は「品質管理」のどちらか1つを選んで記入しなさい。

　　　　　施工管理項目名　　品質管理

②　①で選んだ**施工管理項目上の課題の内容を具体的に記述しなさい。**
植栽計画に基づく作業標準の確立及び植栽適期が高木と低木により違ううえに，設計意図を反映した配植に留意した。

◎改善した文章◎

植栽計画に基づく作業標準の確立及び植栽適期が高木と低木により違ううえに，設計意図を反映した配植等，品質管理計画の立案が技術的課題となった。

(5)　(4)の課題に対し，あなたが**現場で実施した処置又は対策を具体的に記述し**なさい。

①　設計意図は設計図面や仕様書から読取り施工図面を作成し，植穴，植付け前の養生，立込み，埋め戻し，支柱掛けの一連作業を，熟練者を中心にした作業班にて行った。

②　植穴は，大きめに掘り，良質の客土を用いて植付け，十分なマルチングを行い，風を防ぎ，整枝・剪定，葉のしごき，根の切り直し，蒸散抑制剤の散布，発根促進剤の散布等養生を綿密に行った。以上の対策により枯損もなく，活着率もよく良好である。

◎改善した文章◎

①　設計意図を設計図面や仕様書から読み取り，また施工図面を作成し，植穴，植付け前の養生，立込み，埋め戻し，支柱掛けの一連作業を，熟練者を中心にした作業班にて行う。

②　植穴は，大きめに掘り，良質の客土を用いて植付け，十分なマルチングを行い，風を防ぎ，整枝・剪定，葉のしごき，根の切り直し，蒸散抑制剤の散布，発根促進剤の散布等養生を綿密に行う。

等の品質管理計画の立案を綿密に立て着工した。以上の対策により枯損もなく，活着率もよく良好である。

（問題文省略）

(1) 工　事　名　○○線道路改良工事に伴う緑化工事

(2) 工事の内容

　(1)の工事について，以下の①〜⑤について**明確**に記述しなさい。

　　① 施工場所　○○県○○市○○町

　　② （ア）この工事の契約上の発注者名又は注文者名

　　　　　発注者名　株式会社○○建設工業

　　　　（イ）**この工事における，あなたの所属する会社等の契約上の立場**

　　　　　【元請（共同企業体を含む），⃝下請 ⃝一次，二次下請等），発注者
　　　　　（注文者），その他（　　　）】（該当するものに丸印をする）

　　③ 工　　　期　平成○年5月15日〜平成○年7月31日　約78日間

　　④ 工事金額又は請負代金額　￥15,800,000 –

　　⑤ 工事概要

　　　　（ア）工事の内容について具体的に記述しなさい。

　本工事は県道○○線を拡幅し，片側に歩道（インターロッキング舗装幅員
3.5 m）を築造後，緑化工事として高木（イチョウ）を80本植栽する工事で
ある。

　　　　（イ）工事数量について具体的に記述しなさい。

歩道工：インターロッキング舗装　　　　　　　　　　　　　A＝485 m²

植桝工：　　　　　　　　　　　　　　　　　　　　　　　　　80箇所

植栽工：高木（イチョウ　　　H＝3.0 m　C＝0.3 m　W＝1.5 m）　数量80本

　　　　（ウ）現場の状況（関連工事の有無及びその内容も含む），周辺状況
　　　　　　　について具体的に記述しなさい。

　道路拡幅工事及び歩車境界ブロック設置工事までは，土木業者が先行作業
として施工し，後続作業としてインターロッキング舗装，植桝工，植栽工を
当社が施工するものであった。当該道路は近くの小，中学校の通学道路でも
あり歩行者，一般車両の通行量が多い状況であった。

(3) 工事現場における**施工管理上のあなたの立場**

　工事主任

(4) 上記工事の施工にあたり，**課題があった管理項目名（工程管理又は品質管理）及び，その課題の内容を具体的に記述しなさい。**

　　① 施工管理項目のうち，「工程管理」，又は「品質管理」のどちらか1

つを選んで記入しなさい。

　施工管理項目名　　品質管理

②　①で選んだ**施工管理項目上の課題の内容を具体的に記述しなさい。**

　事前調査の結果，施工場所は高含水比の粘性土であり，歩道路床の支持力の確保及び植栽基盤の改良が必要であり，公共事業として欠陥のない信頼度の高いものとする必要があった。

◎**改善した文章**◎

　事前調査の結果，施工場所は高含水比の粘性土であり，歩道路床の支持力の確保及び植栽基盤の改良が必要であり，公共事業として欠陥のない信頼度の高いものとするため綿密な品質管理計画の立案が技術的課題となった。

(5)　(4)の課題に対し，あなたが**現場で実施した処置又は対策を具体的に記述し**なさい。

①　植桝下層部は，酸性土壌でもあるため石灰肥料により中和を図り，植物質肥料を元肥とした。

②　高木納入時に規格を確認し，チェックシートに明記する。インターロッキング舗装については，基準高，幅，厚さ，横断勾配，平たん性について，各検査頻度に基づき実測し，品質管理写真を撮る。

③　植穴は，大きめに掘り，良質の客土を用いて植付け，十分なマルチングを行い，風を防ぎ，整枝・剪定，葉のしごき，根の切り直し，蒸散抑制剤の散布，発根促進剤の散布等養生を綿密に行った。

　以上の対策により枯損もなく，活着率もよく良好である。

◎**改善した文章**◎

①　植桝下層部は，酸性土壌でもあるため石灰肥料により中和を図り，植物質肥料を元肥として施す。

②　高木納入時に規格を確認し，チェックシートに明記する。インターロッキング舗装については，基準高，幅，厚さ，横断勾配，平たん性について，各検査頻度に基づき実測し，品質管理写真を撮る。

③　植穴は，大きめに掘り，良質の客土を用いて植付け，十分なマルチングを行い，風を防ぎ，整枝・剪定，葉のしごき，根の切り直し，蒸散抑制剤の散布，発根促進剤の散布等養生を綿密に行う。

　等の品質管理計画を綿密に立て着工した。その結果，当初懸念された軟弱地盤が改善され，発注者の要求品質を確保し樹木の枯損もなく活着し，美観も得ることができた。

品質管理記述例17 （問題文省略）

(1) 工　事　名　○○マンション新築に伴う屋上緑化工事

(2) 工事の内容

(1)の工事について，以下の①～⑤について**明確に記述**しなさい。

    ① 施工場所　○○県○○市○○町

    ② （ア）この工事の契約上の発注者名又は注文者名

    発注者名　○○建設株式会社

    （イ）この工事における，あなたの所属する会社等の契約上の立場

    【元請（共同企業体を含む），⟨下請⟩⟨一次⟩，二次下請等），発注者

    （注文者），その他（　　）】（該当するものに丸印をする）

    ③ 工　　期　平成○年1月15日～平成○年3月20日　約65日間

    ④ 工事金額又は請負代金額　￥18,000,000-

    ⑤ 工事概要

    （ア）工事の内容について具体的に記述しなさい。

本工事は，共同住宅新築に伴う屋上緑化工事で，防水工，防根工，排水工を行った後，人口軽量土壌工法にて中・低木を植栽するものである。

    （イ）工事数量について具体的に記述しなさい。

防水工（防根工）：FRPエポキシ防水　　　　　　　　　　A＝280 m²

人工軽量土壌工：パーライト人工土壌厚　0.3 m　　　　施工面積280 m²

植栽工：中木（キンモクセイ H＝2.0 m　C＝0.15 m W＝1.0 m）　数量10本

    低木（ツツジ　　　　 H＝1.0 m　　　　　 W＝1.0 m）　数量20本

グランドカバー：コウライシバ　　　　　　　　　　施工面積280 m²

    （ウ）現場の状況（関連工事の有無及びその内容も含む），周辺状況
    について具体的に記述しなさい。

屋上躯体工事までは，元請建設業者が先行作業として施工し，後続作業として当社の屋上緑化工事を施工するものである。施工場所は，屋上であるため防風対策，防水，防根，排水に細心の注意を払う必要があった。

(3) 工事現場における**施工管理上のあなたの立場**　工事主任

(4) 上記工事の施工にあたり，**課題があった管理項目名（工程管理又は品質管理）及び，その課題の内容を具体的に記述**しなさい。

    ① 施工管理項目のうち，「工程管理」，又は「品質管理」のどちらか1
    つを選んで記入しなさい。施工管理項目名　　　品質管理

②　①で選んだ**施工管理項目上の課題の内容を具体的に記述**しなさい。

　屋上緑化に見合った防水工，防根工（耐根）を考慮し，防水工は FRP と
エポキシ防水の採用を決定し，乾燥防止対策として保水パネルによる給水の
均質化を保つようにした。また，人工軽量土壌に培養土を混合したものを使
用して，樹木の枯損防止を図ること等，欠陥のない信頼度の高いものとする
ことが技術的課題であった。

◎改善した文章◎

　　事前調査の結果，施工場所は新築建築物の屋上で pH 値が強アルカリであ
り，屋上緑化に見合った防水工，防根工（耐根）を考慮し，防水工は FRP
とエポキシ防水の採用を決定し，乾燥防止対策として保水パネルによる給水
の均質化を保つようにする。また，人工軽量土壌に培養土を混合したものを
使用して，樹木の枯損防止を図ること等，欠陥のない信頼度の高いものとす
るため綿密な品質管理計画の立案が技術的課題となった。

(5)　(4)の課題に対し，あなたが**現場で実施した処置又は対策を具体的に記述**し
なさい。

①　押えコンクリート後，土留めとして見切り材を植栽地外周に配置し，植
　栽の根腐れや植栽地が冠水しないよう排水処理を確実にする。

②　防水工，防根シートは確実に行い，保水パネルを排水層に設置し，人工
　軽量土壌に培養土を混合して所定の厚さをチェックシートに明記する。

③　着手前及び完成写真，施工状況写真，使用材料写真，品質管理写真を撮
　り，風倒防止の支保，防風を考慮した植栽，マルチング材の敷設をする。
　等の作業標準を設定して工事を着工した。

　その結果，当初懸念した防風，防水・防根，排水等の対策が良好に機能
し，活着を図ることができた。

◎改善した文章◎

①　押えコンクリート後，土留めとして見切り材を植栽地外周に配置し，植
　栽の根腐れや植栽地が冠水しないよう排水処理を確実にする。

②　**防水工，防根シートは確実に行い，保水パネルを排水層に設置し，人工
　軽量土壌に培養土を混合して所定の厚さをチェックシートに明記する。**

③　**着手前及び完成写真，施工状況写真，使用材料写真，品質管理写真を撮
　り，風倒防止の支保，防風を考慮した植栽，マルチング材の敷設をする。**

　**等の作業標準を設定し品質管理計画を綿密に立て着工した。その結果，当
初懸念された防風，防水・防根，排水等の対策が良好に機能し，樹木の枯損
もなく活着し，美観も図ることができた。**

（問題文省略）

(1) 工　事　名　　○○線道路改良工事に伴う緑化工事

(2) 工事の内容

　　以下の①〜⑤について**明確に**記述しなさい。

　　　　①　施工場所　　○○市○○町○○

　　　　②　発注者　　　株式会社○○土木

　　　　③　工　　期　　平成○年11月 1 日〜平成○年 2 月15日　　（約107日間）

　　　　④　工事金額　　￥11,330,000 −

　　　　⑤　あなたの所属する会社等の契約上の立場　　一次下請

　　　　⑥　工事概要

　　　　　　（ア）工事の内容を具体的に記述しなさい。

　市道○○線における，道路改良工事に伴う歩道緑化工事であり，歩道幅員
3 mの所に平板舗装（500角）敷設，植桝を設置し，高木50本，低木80本を
植樹するものである。

　　　　　　（イ）工種，数量について具体的に記述しなさい。

植栽工：高木（オオシマザクラ　　　H＝4.0 m　C＝0.21 m　W＝1.8 m）50本

　　　　低木（オオムラサキツツジ H＝0.8 m　　　　　　　W＝0.9 m）80本

平板舗装工：透水平板　500角　　　　　　　　　　　施工面積855 m²

　　　　　　（ウ）現場の状況（関連工事の有無及びその内容も含む），周辺状況
　　　　　　　　　について具体的に記述しなさい。

　元請土木業者の道路改良工事が先行作業として進捗しており，また，住宅
街に隣接した現場で，近隣には小学校及び病院があり，平日でも通行量が多
く，通学道路になっていた。

(3) 工事現場における**施工管理上のあなたの立場**

　工事主任

(4) 上記工事の施工にあたり，以下の①，②について答えなさい。

　　　　①　施工管理項目のうち，「工程管理」，又は「品質管理」のどちらか 1
　　　　　つを選んで記入しなさい。

　　　　　施工管理項目　　品質管理

　　　　②　①で選んだ**施工管理項目上の問題点を具体的に記述**しなさい。

　現場事前調査の結果，施工場所は，粘性土で一部湧水もあり軟弱地盤であ
った。さらに施工期間は，年末年始を含む冬期であり，植栽基盤の地盤改良

が必要になり，綿密な品質管理計画の立案が，技術的課題となった。

◎改善した文章◎

　　現場事前調査の結果，施工場所は，粘性土で一部湧水もあり軟弱地盤であった。さらに施工期間は，年末年始を含む冬期でもあり，植栽基盤の改良及び冬期植栽における寒害防止が必要になり，綿密な品質管理計画の立案が，技術的課題となった。

⑸　⑷の②の問題点に対し，あなたが現場で実施した処置又は対策を具体的に記述しなさい。

①　品質改善会議は，設計図書に示された品質規格値を満足させるため，植栽基盤の改良，移植樹の受入れ検査，インターロッキング舗装の横断勾配，平たん性等，工事の進め方や作業標準を決定し，全ての作業員に周知徹底を図った。

②　施工中に測定した各記録の整理等，検査要員を適正に配置すること等品質管理計画を立て着工した。その結果所定の品質を確保することができた。

◎改善した文章◎

①　植栽基盤の地耐力を回復させるため，軟弱粘性土に石灰系安定処理材を使用し，pH 値の改善も図り，壺状客土工法により改良を行う。

②　検査要員により，インターロッキング舗装の横断勾配，平たん性及び移植樹の受入れ検査内容に基づく検査方法により，施工管理記録及び観察，実測により検査する。

③　過去の施工実績を参考に，移植樹の寒害防止を綿密に行い，工事写真を撮り品質検査基準との対比を行い，チェックシートに明記する。

　　等の綿密な品質管理計画を立て着工した。その結果，当初懸念された軟弱地盤が改善され，移植樹の寒害防止も的確に処理でき，発注者の要求品質を確保することができた。

品質管理記述例19

（問題文省略）

⑴　工　事　名　○○線道路改良工事に伴う歩道緑化工事

⑵　工事の内容

以下の①～⑤について**明確に記述**しなさい。

　　①　施工場所　○○市○○町○○

　　②　発 注 者　○○土木株式会社

　　③　工　　期　平成○年6月1日～平成○年8月31日　（約92日間）

　　④　工事金額　¥11,330,000-

　　⑤　あなたの所属する会社等の契約上の立場　一次下請

　　⑥　工事概要

　　　（ア）工事の内容について具体的に記述しなさい。

　住宅団地内の道路改良工事に伴う歩道緑化工事であり，歩道に沿ってネットフェンスを張り，インターロッキング舗装，植桝を新設し，根回しを行った高木・低木を移植施工するものである。

　　　（イ）工種，数量について具体的に記述しなさい。

植栽工：高木（クロガネモチ H＝3.5 m　C＝0.25 m　W＝1.2 m）　　　　100本

　　　　低木（アベリア　　　H＝0.8 m　　　　　　　W＝0.6 m）　　　　100本

ネットフェンス張工　　　　　　H＝2.0 m　　　　　　　　　　　L＝115 m

歩道舗装工（インターロッキングブロック舗装）　　　　施工面積320 m²

植桝工：200箇所　　　　　　　　　　支柱工：二脚鳥居型支柱　100箇所

　　　（ウ）現場の状況（関連工事の有無及びその内容も含む），周辺状況について具体的に記述しなさい。

　土木業者の道路改良工事が先行作業として進捗しており，住宅団地内の歩道が現場で，近隣には中学校及び病院があり，平日でも通行量が多く，通学道路になっていた。

⑶　工事現場における**施工管理上のあなたの立場**

工事主任

⑷　上記工事の施工にあたり，以下の①，②について答えなさい。

　　①　施工管理項目のうち，「工程管理」，又は「品質管理」のどちらか1つを選んで記入しなさい。

　　　施工管理項目　　品質管理

　　②　①で選んだ**施工管理項目上の問題点を具体的に記述**しなさい。

　　植栽工における活着率の向上及び作業標準の確立，並びに歩道舗装工にお
けるインターロッキングブロックの横断勾配，平たん性の確保に留意した。

◎改善した文章◎

　　現場事前調査の結果，植栽基盤は強アルカリ性であり活着率の向上，枯損
防止のため改良の必要があり，短期工事でもあるため植桝工，支柱工，歩道
舗装工の作業標準の確立や品質規格値の周知徹底に留意した。

(5)　(4)の②の問題点に対し，あなたが**現場で実施した処置又は対策を具体的に**
記述しなさい。

①　樹木の植付けはあらかじめ設計図書に従い位置出しを行い，植穴は幹の
　根元直径 4 ～ 6 倍とし，底中心部を高めにし，現場地盤は地下水位が高く
　透水性が悪いため，頁岩の焼成物を土壌改良剤として施し，排水効果を高
　めた。

②　移植計画に基づき熟練者を適正配置し，掘取り，運搬，植込みの一連作
　業を能率良く行い，付近の風致に応じ「表」「裏」を確かめて植込みをし
　た。

③　インターロッキングブロックの横断勾配，平たん性等を実測し，チェッ
　クシートに明記する。

　　以上の結果により，当初懸念した活着率は良好で，舗装の供用性も良好で
ある。

◎改善した文章◎

①　品質改善会議は，全作業員にて実施し，強アルカリ性土壌については，
　酸性肥料（硫安）にて全面施肥し改良を図ることを決定し，全作業員に周
　知徹底を図る。

②　植桝工，支柱工，歩道舗装工についても，設計図書に基づき規格値を確
　認し，二脚鳥居型支柱の組立及び植桝寸法の確認，歩道横断勾配，平たん
　性等を実測によりチェックシートに明記し，工事写真を撮る。

③　元請土木業者との作業調整を綿密に行い，品質規格値を得るための品質
　検査期間，養生期間を確保する。

　　等の綿密な品質管理計画を立て着工した。その結果，当初懸念された植栽
基盤の改良が円滑に進み，作業標準の確立が図れ，所定の品質規格値も確保
できた。

（問題文省略）

(1) 工　事　名　　○○団地土地造成工事に伴う公園新設工事

(2) 工事の内容

以下の①〜⑤について**明確に**記述しなさい。

① 施工場所　　○○市○○町○○

② 発　注　者　　株式会社○○建設

③ 工　　期　　平成○年6月1日〜平成○年9月30日　　約122日間

④ 工事金額　　¥12,600,000−

⑤ あなたの所属する会社等の契約上の立場　　一次下請

⑥ 工事概要

（ア）工事の内容について具体的に記述しなさい。

　本工事は，○○団地における土地造成工事の付帯工事として公園を新設するものである。石積擁壁を構築しフェンスを張り，東側に砂場広場を設け，すべり台，スプリング遊具，鉄棒を設置し，植栽基盤工を行い，根回しした高木，低木を植栽後，張芝を施工するものである。

（イ）工種，数量について具体的に記述しなさい。

植栽工：高木（クロガネモチ H=4.0 m　C=0.21 m　W=1.8 m）　　　100本

　　　　低木（アベリア　　H=0.5 m　　　　　W=0.8 m）　　　80本

石積擁壁工　　　　　　　　　H=1.5 m　　　　　　　　　L=150 m

ネットフェンス張工　　　　　H=2.0 m　　　　　　　　　L=180 m

砂場広場80 m²，すべり台1基，スプリング遊具3台，鉄棒一式

張芝工（コウライシバ）　　　　　　　　　　　　　　　　　250 m²

（ウ）現場の状況（関連工事の有無及びその内容も含む），周辺状況について具体的に記述しなさい。

　土木業者の土地造成工事が先行作業として進捗しており，大型重機，ダンプトラックが錯綜する状態で周辺道路は工事車両の通行路となっていた。近隣には小・中学校及び病院があり，前面道路は平日でも通行量が多く，通学道路にもなっていた。

(3) 工事現場における**施工管理上のあなたの立場**

工事主任

(4) 上記工事の施工にあたり，以下の①，②について答えなさい。

① 施工管理項目のうち，「工程管理」，又は「品質管理」のどちらか1

つを選んで記入しなさい。

施工管理項目　　品質管理

② ①で選んだ施工管理項目上の問題点を具体的に記述しなさい。

高木（クロガネモチ）の移植及び低木（アベリア）の植栽は，契約工期上夏季となり，若干適期をはずすため，生育サイクルを考慮した枯損防止に留意した。

◎改善した文章◎

　事前調査の結果，石積擁壁基礎地盤部に湧水があり，高含水比の粘性土であった。さらに，工程初期は，梅雨期でもあるため，植栽基盤の改良が必要であった。また，遊具設置における設計規格値の確保も必要であり，そのため，綿密な品質管理計画の立案が，技術的課題となった。

(5) (4)の②の問題点に対し，あなたが現場で実施した処置又は対策を具体的に記述しなさい。

① 根回しものが入手出来ないので，根鉢を大きめに取り，枝抜きを強めにし，さらに葉のしごきを行った後，蒸散抑制剤を散布し，萎凋（いちょう）現象及び枯死を防止した。

② 幹巻きを十分に行って樹温を緩和し，水分蒸散量の抑制も図り，植栽時に十分に灌水（かんすい）を行うとともに，マルチングを行って地温を緩和し，水分の蒸発を抑え，発根のために鳥居型支柱を堅固に設け，風などによる振れを防止し，活着の促進を図った。

③ 設計意図を現地に反映させるため，綿密に施工図面を作成し，それに基づき配植を行った。

　以上の結果，当初懸念した移植適期のズレをカバーでき，その後の生育は順調である。

◎改善した文章◎

① 全作業員における品質改善会議を実施し，植栽基盤工の改良工法を検討し，石灰肥料により，基盤地耐力及びpH値の改善を図る。

② 石積擁壁工は，丁張りにより高さ，勾配，延長等施工精度を確保し，チェックシートに明記し，工事写真を撮る。

③ 遊具については，設計図書に基づき規格値を作業員に周知徹底し，施工状況写真，完成写真等を撮る。植栽工についても，施工図により配植し，見栄え良く植栽する。

　等の綿密な品質管理計画を立て着工した。その結果，当初懸念された軟弱地盤や植栽基盤の改良が円滑に進み，作業標準も確立でき，発注者の要求品質を確保できた。

品質管理記述例21

(問題文省略)

(1) 工　事　名　○○地区土地造成工事に伴う児童公園新設工事

(2) 工事の内容

　　　以下の①〜⑤について**明確に記述**しなさい。

　　　　　① 施工場所　○○市○○町○○

　　　　　② 発 注 者　株式会社○○土木工業

　　　　　③ 工　　期　平成○年6月1日〜平成○年9月10日　（約102日間）

　　　　　④ 工事金額　¥11,330,000−

　　　　　⑤ あなたの所属する会社等の契約上の立場　一次下請

　　　　　⑥ 工事概要

　　　　　（ア）工事の内容について具体的に記述しなさい。

　　本工事は，○○地区における土地造成工事に伴う公園新設工事であり，土木元請業者が造成工事を施工し，当該公園における移植工，石積み擁壁工，遊具工，園路工，張芝工を施工するものである。

　　　　　（イ）工種，数量について具体的に記述しなさい。

植栽工：高木（クロガネモチ H=3.5 m　　C=0.25 m　　W=1.2 m）　　18本

　　　　低木（アベリア　　　H=0.8 m　　　　　　　　W=0.6 m）　　30本

石積み擁壁工　　　　　　　H=1.0 m　　　　B=0.5 m　　　　　　L=138 m

ネットフェンス張工　　　　H=2.0 m　　　　　　　　　　　　　　L=155 m

園路工（カラーアスファルト）施工面積320 m²　　張芝工（コウライシバ）250 m²

遊具工：サンドピット型砂場，すべり台1基，ブランコ1基，鉄棒一式

　　　　スプリング遊具3台

　　　　　（ウ）現場の状況（関連工事の有無及びその内容も含む），周辺状況について具体的に記述しなさい。

　　土木元請業者の土地造成工事が先行作業で進捗しており，現場内は大型重機，ダンプトラックが輻輳する状態であった。周辺道路は近隣の小・中学校の通学道路でもあり，平日でも通行量が多く施工に支障をきたす状況であった。

(3) 工事現場における**施工管理上のあなたの立場**

　　工事主任

(4) 上記工事の施工にあたり，以下の①，②について答えなさい。

　　　　　① 施工管理項目のうち，「工程管理」，又は「品質管理」のどちらか1

つを選んで記入しなさい。

施工管理項目 　品質管理

② ①で選んだ施工管理項目上の問題点を具体的に記述しなさい。

現場事前調査の結果，以下について品質の作り込みに留意した。

1）石積擁壁工における基礎地盤が軟弱であるため，改良が必要であった。

2）植栽基盤のpH値が強酸性であるため中和を図る必要があった。

◎改善した文章◎

　本工事は，○○地区における土地造成工事であり，それに付帯して児童公園工事を施工するものである。

　現場事前調査の結果，石積み擁壁基礎地盤及び植栽地盤は，高含水比の関東ローム地盤であり，地盤改良，植栽基盤改良工が必要であった。そのため，地盤改良，植栽基盤改良を含めた品質作業標準の設定や綿密な品質管理計画の立案が技術的課題となった。

(5) (4)の②の課題に対し，あなたが現場で実施した処置又は対策を具体的に記述しなさい。

① 　使用樹木は常緑広葉樹であるため蒸散抑制剤を散布し，萎凋(いちょう)現象及び枯死を防止した。

② 　植栽基盤の改良は，石灰肥料により，酸性地盤を中和するとともに，軟弱地盤の強化を図った。

③ 　発根のために，二脚鳥居型支柱を堅固に設け，風等による振れを防止し，活着の促進を図った。

　以上の結果，軟弱地盤の改良が図れ，供用後も活着率は良好で，周辺の風致に見合った見栄えを確保できた。

◎改善した文章◎

① 　品質改善会議を行い地盤改良工，植栽基盤改良工の合理化を図るため各作業員の意見を取入れ，地盤改良は専門業者に依頼し，植栽基盤改良工は，協力業者との並行作業として品質作業標準を確保する。

② 　石積み擁壁工は丁張りにより施工精度を確保し，遊具工は施工図により品質規格値を確保するとともに，チェックシートに明記し，施工状況写真，完成写真を撮る。

③ 　ヒストグラム，工程能力図，$\overline{X}$-R管理図により随時品質確認し，是正処置を行う。

　等の綿密な品質管理計画を立て着工した。その結果，当初懸念された擁壁基礎地盤の地耐力，植栽基盤の改良が確保でき，無事竣工した。

近年の出題傾向は工程管理と品質管理です。安全管理の記述については，参考程度に読むようにして下さい。ずっと出題はされていませんでしたが，今後，出題される可能性もあります。

第1章　施工経験記述

3. 安全管理

安全管理記述例1 〔参考〕

※以降，実際の解答文に著者が手を加えた改善文を実例として示します。

> **問題1** あなたが経験した**主な造園工事**のうち，工事の施工管理において「**安全管理**」又は「**品質管理**」上の課題があった工事を1つ選び，その工事に関する以下の設問(1)～(5)について答えなさい。**（造園工事以外の記述は採点の対象となりません。）**
>
> 〔注意〕 記述した工事が，あなたが経験した工事でないことが判明した場合は失格となります。

(1) 工　事　名　○○公園整備工事（例：○○公園整備工事など）

(2) (1)の工事の内容　以下の①～⑤について**明確に**記述しなさい。

  ① 施工場所　○○県○○市○○町

  ② （ア）発注者名又は注文者名　○○市公園課

  （イ）**この工事における，あなたの所属する会社等の契約上の立場**
  【元請】（共同企業体を含む），下請（一次，二次下請等），発注者（注文者），その他（　）】（該当するものに丸印をする）

  ③ 工　　期　平成○年9月1日～平成○年12月10日　約101日間

  ④ 工事金額又は請負代金額　￥13,230,000 -

  ⑤ 工事概要　（ア）工事内容について具体的に記述しなさい。

　団地内にある公園の整備工事であり，既設園路をカラーアスファルトに改良し，公園北側に鉄筋コンクリート擁壁（高さ H＝1.5 m）を構築し，その上にネットフェンス（H＝2.0 m）を張り，公園西側と南側に高木の植樹を行い，その後低木移植工，地被工を行うものであった。

　　　　　（イ）工事数量について具体的に記述しなさい。

移植工：高木（クロガネモチ H＝4.0 m　C＝0.21 m　W＝1.8 m）数量100本
　　　　　低木（アベリア　　　H＝0.5 m　　　　　　W＝0.8 m）数量80本

園路工：カラーアスファルト舗装　数量450 m²　張芝工（コウライシバ）250 m²

擁壁工：鉄筋コンクリート擁壁工 H＝1.5 m　B＝0.3-0.8 m　L＝150 m

ネットフェンス張工　　　　　H＝2.0 m　　　　　　　L＝150 m

　　　　　（ウ）現場の状況（関連工事の有無及びその内容も含む），周辺状況について具体的に記述しなさい。

　住宅街における現場であり，平日でも公園利用者が多く，近隣には小学校

及び病院があり，前面道路は通学道路になっていた。

(3) 工事現場における**施工管理上のあなたの立場**　工事主任

(4) 上記工事の施工にあたり，「**安全管理**」又は「**品質管理**」上の課題を１つあげ，課題があった管理項目名及びその内容を具体的に記述しなさい。

　　① 課題があった管理項目名　施工管理項目　　安全管理

　　② ①で選んだ**施工管理項目上の課題**を具体的に記述しなさい。

　工事現場は，住宅街の中心部の工事であり，公園利用者が多く，工事による事故や災害防止及び周辺住民への迷惑防止に留意した。

◎改善した文章◎

　事前調査の結果，工事箇所の近隣には，小学校，病院，住宅等があり，工事車両による公衆災害防止に留意する必要があった。また，現場は狭く，作業が錯綜すると労働災害発生のおそれもあった。そのため，工事実施に伴う公衆災害防止，労働災害防止に留意する必要があり，安全管理計画の立案が，技術的課題になった。

(5) (4)の課題に対し，あなたが**現場で実施した処置又は対策**を具体的に記述しなさい。

　① 資材搬出入時間帯は，通勤，通学時間を避け交通の円滑化を図るとともに，迷惑駐車やアイドリングを防止した。

　② 機械器具は，低騒音，低振動型を使用し，車両系建設機械の施工時は誘導員を配置した。

　③ 現場周辺は常に整理整頓をして，清掃を励行し，美観に問題が発生しないようにするとともに，周辺住民を優先した作業を心がけた。

　以上の結果，工事期間内はトラブルもなく無事故，無災害で完成できた。

◎改善した文章◎

　① 地域住民等には，地区集会やパンフレットを通じて，工事内容，公衆災害防止対策を伝え，土砂運搬や資機材搬出入等の作業時間帯を，午前９時〜午後１時までとして，工事に対する理解と協力を得る。

　② 作業手順書により，責任と権限の明確化を図り，安全朝礼においてその日の作業手順，作業間の連絡調整や危険箇所の明示，安全点検者の選任による作業場所の巡視，安全管理活動の定着を図るため，安全施工サイクル活動の実施を行い，ヒューマンエラーを防止する。

　③ 移動式クレーン作業時における合図者の選任と誘導員の配置を徹底し，関係者以外は立入禁止とする。

　等の綿密な安全管理計画を立て着工した。その結果，当初懸念された公衆災害や労働災害が発生せず無事完工した。

（問題文省略）

(1) 工 事 名　○○団地土地造成工事に伴う○○公園整備工事

(2) 工事の内容

　　以下の①〜⑤について**明確**に記述しなさい。

　　　① 施工場所　○○県○○市○○町

　　　② （ア）発注者　株式会社○○建設工業

　　　　 （イ）**この工事における，あなたの所属する会社等の契約上の立場**

　　　　　【元請（共同企業体を含む），⦅下請⦆⦅一次⦆，二次下請等，），発注者

　　　　　（注文者），その他（　）】（該当するものに丸印をする）

　　　③ 工 期　平成○年6月1日〜平成○年8月15日　約76日間

　　　④ 工事金額又は請負金額　￥13,440,000−

　　　⑤ 工事概要

　　　　 （ア）工事の内容について具体的に記述しなさい。

　　住宅街の中心部にある公園の整備工事であり，敷地境界部に，高さH＝1.0 mの鉄筋コンクリート擁壁を構築し，その上にネットフェンスを張り，根回しした高木，低木を植樹し，公園内の園路をカラーアスファルトに改良するものである。

　　　　 （イ）工事数量について具体的に記述しなさい。

移植工：高木（サンゴジュ　　H＝2.5 m　　　　　　　　　W＝0.8 m）　　数量50本

　　　　高木（ツバキ　　　　H＝3.0 m　C＝0.15 m　W＝1.0 m）　　数量30本

　　　　低木（アオキ　　　　H＝1.0 m　　　　　　　　　W＝0.7 m）　　数量50本

園路工：カラーアスファルト舗装　　　　　　　　　　　　　　　数量150 m²

擁壁工：鉄筋コンクリート擁壁工 H＝1.0 m　　　　B＝0.3 m　　　　L＝50 m

ネットフェンス張工：　　　　　　　H＝2.5 m　　　　　　　　　L＝80 m

　　　　 （ウ）現場の状況（関連工事の有無及びその内容も含む），周辺状況

　　　　　　について具体的に記述しなさい。

　　先行作業として元請会社の土木造成工事があり，工事箇所の前面道路は，生活道路になっていて，通勤，通学時間帯は一般車両，歩行者の通行が非常に多い状態であった。

(3) 工事現場における**施工管理上のあなたの立場**

　　工事主任

(4) 上記工事の施工にあたり，以下の①，②について答えなさい。

① 施工管理項目のうち，「安全管理」，又は「品質管理」のどちらか1つを選んで記入しなさい。

施工管理項目　　安全管理

② ①で選んだ施工管理項目上の問題点を具体的に記述しなさい。

　工事現場は，近隣住民の憩いの場として，公園利用者が多く，工事による事故や災害防止に留意し，特に資機材搬出入時における，通学道路通行は慎重に行う必要があった。

◎改善した文章◎

　現場事前調査の結果，工事箇所は，住宅に隣接しており，朝夕の通勤通学時間帯は，一般車両，歩行者の交通量が多く，さらに狭隘な作業場所に重機が輻輳するため，公衆災害防止，労働災害防止が必要であった。そのため，綿密な安全管理計画の立案が，技術的課題であった。

(5) (4)の②の問題点に対し，あなたが現場で実施した処置又は対策を具体的に記述しなさい。

① 安全朝礼にて運転者も含め全作業員に，その日の作業手順及び危険箇所の明示を行い，周知徹底するとともに，作業員相互監視による連携を推進した。

② 工事箇所は安全施設により，完全に区分するとともに，掘削機械，移動式クレーンには，誘導者，合図者を選任し，細心の注意を払った。

③ 資機材搬出入は，通学時間帯を避けて行うようにするとともに，工事箇所出入口には，交通誘導員を配置し，周辺道路では通行速度を徐行運転とした。以上の結果，工事期間内は無事故，無災害であり無事工事が完成できた。

◎改善した文章◎

① 安全管理計画に基づき，全作業員参加の安全朝礼を実施し，その日の作業手順や危険箇所の明示を行い，周知徹底を図る。

② 安全施工サイクル活動の励行により，作業者の安全に対する自覚を促し，参加意識を高めヒューマンエラーを防止し，公衆災害防止，労働災害防止を図る。

③ 作業時間帯を考慮し，通勤通学時間帯は，土砂の搬出入や資機材搬出入を禁止し，交通誘導員は，歩行者，一般車両に対して各2名配置する。

　等綿密な安全管理計画を立て着工した。その結果，当初懸念した公衆災害防止対策が円滑に進み，交通渋滞もなく，建設機械による労働災害防止も図れ，無事工事が竣工した。

安全管理記述例3

(1) 工　事　名　　○○地区土地造成工事に伴う○○公園整備工事

(2) 工事の内容

以下の①〜⑤について**明確に記述**しなさい。

① 施工場所　　○○市○○町○○

② 発注者　　　株式会社○○土木工業

③ 工　期　　　平成○年9月1日〜平成○年11月30日　（約91日間）

④ 工事金額　　￥11,550,000－

⑤ あなたの所属する会社等の契約上の立場　一次下請

⑥ 工事概要

（ア）工事の内容について具体的に記述しなさい。

閑静な新興住宅街における現場であり，鉄筋コンクリート擁壁工（H＝1.0 m 延長105 m）を構築後，切・盛土を施し，園路（幅員2.0 m 延長160 m）を新設して，公園周辺に高木（オオシマザクラ50本），低木（オオムラサキツツジ80本）を植栽するものである。

（イ）工種，数量について具体的に記述しなさい。

植栽工：高木（オオシマザクラ H＝4.0 m　C＝0.21 m　　W＝1.8 m）　　50本

　　　　低木（オオムラサキツツジ H＝0.8 m　　　　　　W＝0.9 m）　　80本

鉄筋コンクリート擁壁工　　　　H＝1.0 m　　　　B＝0.5 m　　　　L＝105 m

ネットフェンス張工　　　　　　H＝2.0 m　　　　　　　　　　　　L＝115 m

園路工（カラーアスファルト）施工面積320 m²　張芝工（コウライシバ）250 m²

（ウ）現場の状況（関連工事の有無及びその内容も含む），周辺状況について具体的に記述しなさい。

先行作業として，土木業者の造成工事が進捗しており，土木造成工事の発生土を当該公園の盛土材に流用する工事内容であった。また，原地盤は高含水の粘性土でもあり，肥沃な土壌とするためには地盤改良が必要であった。

(3) 工事現場における**施工管理上のあなたの立場**

工事主任

(4) 上記工事の施工にあたり，以下の①，②について答えなさい。

① 施工管理項目のうち，「安全管理」，又は「品質管理」のどちらか1つを選んで記入しなさい。

施工管理項目　　安全管理

② ①で選んだ**施工管理項目上の問題点を具体的に記述**しなさい。

土木工事との並行作業の為に，複数作業による労働災害防止及び資材搬出入時における工事車両による騒音，振動，交通事故等，周辺住民への迷惑防止及び公衆災害防止に留意する必要があった。

◎改善した文章◎

事前調査の結果，工事箇所は，住宅が密集しており工事実施に伴う公衆災害防止が必要であり，さらに作業場が狭く，錯綜するため労働災害防止に留意する必要もあった。そのため，**安全管理計画の立案が技術的な課題**であった。

⑸ ⑷の②の問題点に対し，あなたが**現場で実施した処置又は対策を具体的に記述**しなさい。

① 土木工事の監理技術者と綿密な工程の打合せを行うとともに，地域住民の集会にて，公園工事の内容と説明を行い，工事に対する理解と協力を確保し，通勤時間帯における工事車両の通行を規制し，交通渋滞の緩和を図り，迷惑駐車や無駄なアイドリングを防止した。

② 施工機械・工具は低騒音，低振動型を使用し，施工時は誘導員を配置して事故を防止した。また，工事車両出入口には，交通誘導員を配置し，第三者を優先した誘導を行った。

③ 現場周辺は常に整理整頓をして，毎日の作業終了時には清掃をした結果，地域住民からの苦情もない上に公衆災害もなく，無事工事が完成した。

◎改善した文章◎

① 地域住民には，町集会により工事内容や，公衆災害防止方法を伝え理解と協力を得る。

② 公災防に基づき，工事始点，終点に交通誘導員を配置し，一般車両，歩行者の誘導を行う。また，工事看板，工事標識，防護柵，保安灯，回転灯等を設置し工事箇所の明示をし，低騒音低振動型施工機械により施工を実施し，残土処理は過積載を禁止して，シートを張る。

③ 安全朝礼，安全施工サイクル活動を励行し，安全に対する作業員の自覚を促し，労働災害防止を図る。

等の安全管理計画を立て着工した。その結果，当初懸念された公衆災害もなく，交通バリアフリー法を遵守して，無事完工できた。

（問題文省略）

(1) 工　事　名　○○団地土地造成工事に伴う○○公園整備工事

(2) 工事の内容

以下の①〜⑤について**明確に記述**しなさい。

① 施工場所　○○県○○市○○町

② （ア）発注者　○○土木株式会社

（イ）**この工事における，あなたの所属する会社等の契約上の立場**

【元請（共同企業体を含む），⬭下請⬭ ⬭一次⬭，二次下請等，），発注者（注文者），その他（　）】（該当するものに丸印をする）

③ 工　　期　平成○年 6 月 1 日〜平成○年 8 月15日　約76日間

④ 工事金額又は請負金額　¥12,600,000 -

⑤ 工事概要

（ア）工事の内容について具体的に記述しなさい。

住宅街の中心部にある公園の整備工事であり，敷地境界部に高さ H＝1.0 m の鉄筋コンクリート擁壁を構築し，その上にネットフェンスを張り，根回しした高木，低木を植樹し，公園内の園路をカラーアスファルトに改良するものである。

（イ）工事数量について具体的に記述しなさい。

移植工：高木（クロガネモチ H＝3.0 m　C＝0.3 m　W＝1.5 m）　数量 80本

低木（クルメツツジ H＝0.5 m　　　　　　　W＝0.4 m）　数量100本

園路工：カラーアスファルト舗装　　　　　　　　　　　数量280 m²

擁壁工：鉄筋コンクリート擁壁工 H＝1.0 m　　B＝0.3 m　　L＝50 m

ネットフェンス張工：　　　　H＝2.5 m　　　　　　　L＝80 m

整地工：盛土工　　　　　　　　　　　　　　　　　　数量350 m³

（ウ）現場の状況（関連工事の有無及びその内容も含む），周辺状況について具体的に記述しなさい。

元請会社の土木造成工事が先行作業として施工中であり，工事箇所の前面道路は，生活道路になっていて，通勤，通学時間帯は一般車両，歩行者の通行が非常に多い状態であった。

(3) 工事現場における**施工管理上のあなたの立場**　　工事主任

(4) 上記工事の施工にあたり，以下の①，②について答えなさい。

① 施工管理項目のうち，「安全管理」，又は「品質管理」のどちらか 1

つを選んで記入しなさい。

施工管理項目　　安全管理

② ①で選んだ**施工管理項目上の問題点を具体的に記述**しなさい。

統計的に作業開始時の事故が多いため，作業員全員参加による安全朝礼の励行および全作業員の安全に対する自覚の強化による，労働災害防止に留意した。

◎改善した文章◎

事前調査の結果，工事箇所の前面道路は，生活道路になっていて，通勤，通学時間帯は多くの通行がある状態であった。また，統計的に作業開始時の事故が多いため，作業員全員参加による安全朝礼の励行および全作業員の安全に対する自覚の強化等，安全管理計画の立案が技術的課題となった。

(5) (4)の課題に対し，あなたが**現場で実施した処置又は対策を具体的に記述**しなさい。

① 安全朝礼は，ダンプトラックの運転手も含め全員参加で行い，その日の作業手順や心がまえおよび注意点を周知徹底するとともに，安全体操を取り入れ，その日の作業員の体調により配置替えをした。

② 安全対策として工事用施工機械，仮設用設備の安全点検の励行および安全ミーティングにより作業員一人一人の意見を取り入れ，労働意欲を高め労働災害防止をした。

◎改善した文章◎

① 安全朝礼は，ダンプトラックの運転手も含め全員参加で行い，その日の作業手順や心がまえおよび注意点を周知徹底するとともに，安全体操を取り入れ，その日の作業員の体調により配置替えを行う。

② 安全対策として工事用施工機械，仮設用設備の安全点検の励行および安全ミーティングにより作業員の意見を取り入れ，労働意欲を高め，ヒューマンエラーを防止する。

等の安全管理計画を立て着工した。その結果，当初懸念した作業開始時の労働災害を防止し，無事故にて工事を竣工した。

⑴　工　事　名　○○公園整備工事

⑵　工事の内容

以下の①〜⑤について**明確**に記述しなさい。

① 施工場所　○○市○○町○○

② 発 注 者　○○市公園課

③ 工　　期　平成○年9月1日〜平成○年11月30日　（約91日間）

④ 工事金額　¥13,650,000−

⑤ あなたの所属する会社等の契約上の立場　元請

⑥ 工事概要

（ア）工事の内容について具体的に記述しなさい。

団地内にある公園の整備工事であり，整地工は地盤が臨海埋立地であったため，地盤改良を含めた大がかりなもので，まず，植樹帯を地ごしらえし，それに伴い園路をカラーアスファルト舗装にするものである。また，坂道に沿って擁壁高さH＝1.0mを構築し，その上にネットフェンスを張るものである。

（イ）工種，数量について具体的に記述しなさい。

植栽工：高木（オオシマザクラ H＝4.0m　　C＝0.21m　　W＝1.8m）　　50本

　　　　低木（オオムラサキツツジ H＝0.8m　　　　　　　W＝0.9m）　　80本

鉄筋コンクリート擁壁工　　　　H＝1.0m　　　　　　B＝0.5m　　　　　L＝115m

ネットフェンス張工　　　　　　H＝2.0m　　　　　　　　　　　　　　L＝115m

園路工（カラーアスファルト）施工面積320㎡　張芝工（コウライシバ）250㎡

地ごしらえ：客土工　　　　　　　　　　　　　　　　　　　数量450㎥

（ウ）現場の状況（関連工事の有無及びその内容も含む），周辺状況について具体的に記述しなさい。

工事場所の公園は，近隣住民の憩いの場として利用者が多く，周辺道路は通学道路ではあるが，歩道のない道路幅員が狭いものであった。

⑶　工事現場における**施工管理上のあなたの立場**

工事主任

⑷　上記工事の施工にあたり，以下の①，②について答えなさい。

① 施工管理項目のうち，「安全管理」，又は「品質管理」のどちらか1つを選んで記入しなさい。

　　　施工管理項目　　　安全管理
　②　①で選んだ**施工管理項目上の問題点を具体的に記述**しなさい。
　新規入場者に対しての安全教育の徹底及び作業者の安全に対するレベルの向上に重点を置き，労働災害防止，公衆災害防止に留意する必要があった。

◎改善した文章◎

　事前調査の結果，近隣には小学校及び病院があり，工事箇所周辺道路は，一般車両，歩行者等通行量が非常に多い状態で，資機材搬出入に影響がでる状況でもあった。また，新規入場者に対しての安全教育の徹底および作業者の安全に対するレベルの向上に重点を置き，労働災害防止，公衆災害防止等，安全管理計画の立案が課題であった。

⑸　⑷の課題に対し，あなたが**現場で実施した処置又は対策を具体的に記述**しなさい。

①　安全朝礼を行い作業始業時の事故防止をすると同時に，その日の作業内容や進め方と安全との関係，並びに作業上特に危険な箇所の明示と対策などの安全教育を新規入場者に周知徹底した。

②　安全ミーティングを随時行い作業員一人一人の意見を取り入れ安全意識の高揚と労働意欲を高め，資機材搬出入時および機械作業時は誘導員を配置し，一般車両，児童を優先した作業を行った。

◎改善した文章◎

①　安全朝礼を行い作業始業時の事故防止をすると同時に，その日の作業内容や進め方と安全との関係，並びに作業上特に危険な箇所の明示と対策などの安全教育を新規入場者に周知徹底する。

②　安全ミーティングを随時行い作業員一人一人の意見を取り入れ安全意識の高揚と労働意欲を高め，ヒューマンエラーを防止し，資機材搬出入時および機械作業時は誘導員を配置し，一般車両，児童を優先した作業を行う等の綿密な安全管理計画を立て着工した。その結果，当初懸念した新規入場者に対しての教育が徹底でき，無事故にて工事が竣工した。

（問題文省略）

(1) 工　事　名　○○川河川整備工事に伴う○○公園整備工事

(2) 工事の内容

以下の①〜⑤について**明確に記述**しなさい。

　　　①　施工場所　○○市○○町○○

　　　②　発注者　株式会社○○土木

　　　③　工　　期　平成○年9月1日〜平成○年12月10日　（約101日間）

　　　④　工事金額　￥13,125,000 -

　　　⑤　あなたの所属する会社等の契約上の立場　一次下請

　　　⑥　工事概要

　　　（ア）工事の内容について具体的に記述しなさい。

　河川敷にある公園の整備工事である。整地工は地盤改良を含めた大がかり
なもので，植樹帯は延長218mと長く，それに伴う園路をカラーアスファル
ト舗装に改良し，鉄筋コンクリート擁壁を構築後，ネットフェンスを張る工
事である。

　　　（イ）工種，数量について具体的に記述しなさい。

植栽工：高木（エノキ	H=4.0m	C=0.21m	W=1.8m）	50本
高木（シロダモ	H=3.0m	C=0.15m	W=1.5m）	30本
低木（サツキツツジ	H=1.0m		W=0.5m）	80株

鉄筋コンクリート擁壁工　　　　H=1.0m　　　　　B=0.5m　　　　　L=138m

ネットフェンス張工　　　　　　H=2.0m　　　　　　　　　　　　　　L=138m

園路工（カラーアスファルト）施工面積345m²　張芝工（コウライシバ）350m²

　　　（ウ）現場の状況（関連工事の有無及びその内容も含む），周辺状況
　　　　　　について具体的に記述しなさい。

　先行作業として，土木工事業者の野球場・テニスコート等の造成工事が進
行しており，工事箇所は大型重機が錯綜し，工事周辺道路は頻繁に大型ダン
プトラックが通行する状態であった。

(3) 工事現場における**施工管理上のあなたの立場**

　工事主任

(4) 上記工事の施工にあたり，以下の①，②について答えなさい。

　　　①　施工管理項目のうち，「安全管理」，又は「品質管理」のどちらか1
　　　　つを選んで記入しなさい。

　　施工管理項目　　安全管理
　②　①で選んだ**施工管理項目上の問題点を具体的に**記述しなさい。
　工事現場の公園は近隣住民の憩いの場として利用者が多く，周辺道路は歩道のない通学道路で，工事による事故防止，資機材搬出入時の公衆災害防止に留意する必要があった。

◎改善した文章◎

　事前調査の結果，工事現場の公園は近隣住民の憩いの場として利用者が多く，また，周辺道路は歩道のない通学道路で，工事による事故防止，資機材搬出入時の公衆災害防止等，綿密な安全管理計画の立案が課題となった。

(5)　(4)の課題に対し，あなたが**現場で実施した処置又は対策を具体的に**記述しなさい。

①　安全朝礼にて，全作業員にその日の作業手順及び危険箇所の明示を徹底するとともに，作業員相互監視による連携を推進した。

②　工事箇所は安全施設により完全に区分すると同時に，掘削機械，整地機械，トラッククレーンには誘導者，合図者を配置して細心の注意を払った。

③　現場巡視はチェックシートにて行い，不安定な状態での作業を改善し，通学時間帯を避けて残土処理，資機材搬出入を行い，交通誘導員を出入口に配置させて万全を期した。

　以上の結果，事故もなく無事工事が完成した。

◎改善した文章◎

①　安全朝礼にて，全作業員にその日の作業手順及び危険箇所の明示を，周知徹底するとともに，作業員相互監視による連携を推進し，ヒューマンエラーを防止する。

②　工事箇所は安全施設により完全に区分すると同時に，掘削機械，整地機械，トラッククレーンには誘導者，合図者を配置して細心の注意を払う。

③　現場巡視はチェックシートにて行い，不安定な状態での作業を改善し，通学時間帯を避けて残土処理，資機材搬出入を行い，交通誘導員を出入口に配置させて万全を期する。

　等の綿密な安全管理計画を立て着工した。以上の結果，事故もなく無事工事が竣工した。

安全管理記述例 7

（問題文省略）

(1) 工　事　名　　○○団地土地造成工事に伴う○○公園整備工事

(2) 工事の内容

以下の①～⑤について**明確に記述**しなさい。

　　① 施工場所　　○○市○○町○○

　　② 発注者　　　株式会社○○土木

　　③ 工　期　　　平成○年6月1日～平成○年10月10日　（約132日間）

　　④ 工事金額　　¥14,700,000 −

　　⑤ あなたの所属する会社等の契約上の立場　一次下請

　　⑥ 工事概要

　　　（ア）工事の内容について具体的に記述しなさい。

　住宅地における現場であり，鉄筋コンクリート擁壁を構築後，盛土工及び客土工を施し，園路を整備して中木アオキ100本，低木サツキ100本を植栽するものである。

　　　（イ）工種，数量について具体的に記述しなさい。

植栽工：中木（アオキ　　　H＝2.5m　C＝0.15m　W＝1.0m）　　　　100本

　　　　低木（サツキ　　　H＝0.8m　　　　　　　W＝0.6m）　　　　100本

鉄筋コンクリート擁壁工　　H＝1.0m　　　B＝0.5m　　　　　　L＝150m

ネットフェンス張工　　　　H＝2.0m　　　　　　　　　　　　　L＝150m

園路工（カラーアスファルト）施工面積250㎡　張芝工（コウライシバ）450㎡

　　　（ウ）現場の状況（関連工事の有無及びその内容も含む），周辺状況について具体的に記述しなさい。

　現場の状況は，土木工事業者による造成工事があり，梅雨による降雨のために遅延状態であった。そのため，後続工程である当社の造園工事が着手できない状況でもあり，工程計画の見直しが必要であった。

(3) 工事現場における**施工管理上のあなたの立場**

工事主任

(4) 上記工事の施工にあたり，以下の①，②について答えなさい。

　　① 施工管理項目のうち，「安全管理」，又は「品質管理」のどちらか1つを選んで記入しなさい。

　　　施工管理項目　　安全管理

　　② ①で選んだ**施工管理項目上の問題点**を具体的に記述しなさい。

工事箇所前面道路は，交通量が多く，また近隣に小学校があり通学路となっているため，工事による事故防止及び公園利用者の公衆災害防止に留意する必要があった。

◎改善した文章◎

　　事前調査の結果，工事箇所前面道路は，交通量が多く，また近隣に小学校があり通学路となっているため，工事による事故防止及び公園利用者の公衆災害防止等，安全管理計画の立案が技術的課題となった。

(5)　(4)の課題に対し，あなたが現場で実施した処置又は対策を具体的に記述しなさい。

①　学校関係者と協議した結果，通学時間帯は工事車両の通行を規制するとともに，工事箇所に仮囲いを設け，工事車両出入口に交通誘導員を配置し，一般車両，歩行者を優先した誘導を行った。

②　遊歩道部分には，バリケード，防護柵を設置し完全に区分するとともに，施工機械には誘導員を配置し公衆災害を防止した。

③　安全朝礼，安全ミーティングにて，その日の作業手順や危険箇所の明示を周知徹底し，作業員の安全に対する自覚を高めた結果，無事工事が完成できた。

◎改善した文章◎

①　学校関係者と協議した結果，通学時間帯は工事車両の通行を規制するとともに，工事箇所に仮囲いを設け，工事車両出入口に交通誘導員を配置し，一般車両，歩行者を優先した誘導を行う。

②　遊歩道部分には，バリケード，防護柵を設置し完全に区分するとともに，施工機械には誘導員を配置し公衆災害を防止する。

③　安全朝礼，安全ミーティングにて，その日の作業手順や危険箇所の明示を周知徹底し，作業員の安全に対する自覚を高め，ヒューマンエラーを防止する。

　　等，綿密な安全管理計画を立て着工した。その結果，無事竣工した。

（問題文省略）

(1) 工　事　名　○○マンション新築工事に伴う○○公園整備工事

(2) 工事の内容

以下の①〜⑤について**明確に記述**しなさい。

① 施工場所　○○市○○町○○

② 発注者　株式会社○○建設

③ 工　　期　平成○年9月1日〜平成○年12月10日　（約101日間）

④ 工事金額　￥12,600,000 −

⑤ あなたの所属する会社等の契約上の立場　一次下請

⑥ 工事概要

（ア）工事の内容について具体的に記述しなさい。

　鉄筋コンクリート擁壁を構築し，園路を整備するとともに，地ごしらえを行い根回しした高木（モッコク），低木（サツキ）を植栽し，広場部分に張芝（コウライシバ）を施工するものである。

（イ）工種，数量について具体的に記述しなさい。

植栽工：高木（モッコク　　H＝4.0 m　C＝0.21 m　W＝1.8 m）　　　　50本

　　　　低木（サツキ　　　H＝0.5 m　　　　　　　　W＝0.8 m）　　　　80本

鉄筋コンクリート擁壁工　　H＝1.5 m　　　　B＝0.3−0.8 m　　　　L＝50 m

ネットフェンス張工　　　　H＝2.0 m　　　　　　　　　　　　　　L＝50 m

園路工（カラーアスファルト）施工面積150 m²　張芝工（コウライシバ）200 m²

（ウ）現場の状況（関連工事の有無及びその内容も含む），周辺状況について具体的に記述しなさい。

　現場周辺はマンションの建築工事が進捗しており，付帯工事として当社の造園工事があり，周辺道路は工事関係車両が頻繁に通行する状況であった。また，近隣には病院，小・中学校もあり通勤，通学時間帯は通行量が非常に多い状況でもあった。

(3) 工事現場における**施工管理上のあなたの立場**

工事主任

(4) 上記工事の施工にあたり，以下の①，②について答えなさい。

① 施工管理項目のうち，「安全管理」，又は「品質管理」のどちらか1つを選んで記入しなさい。

施工管理項目　　安全管理

② ①で選んだ施工管理項目上の問題点を具体的に記述しなさい。

新興住宅街における公園整備工事であり，平日でも利用者が多く，公園利用者への迷惑防止及び公衆災害防止並びに労働者の安全に対するレベルの向上に留意した。

◎改善した文章◎

現場事前調査の結果，平日でも利用者が多く，公園利用者への迷惑防止及び公衆災害防止並びに労働者の安全に対するレベルの向上等，綿密な安全管理計画の立案が課題となった。

(5) (4)の課題に対し，あなたが現場で実施した処置又は対策を具体的に記述しなさい。

① 公園利用者へのあいさつは必ず行い，日頃からコミュニケーションをとり，現場周辺を清掃するとともに，作業開始前にツールボックスミーティングを行い，危険作業の注意点，作業手順を作業員に周知徹底し，作業員の意見を取り入れ安全に対する意識の高揚を図り，迷惑防止についても注意を促した。

② 歩道に面して作業を行うため，防護柵の設置，工事看板，工事標識を設置し，工事に対する注意を促し，工事車両出入口に誘導員を配置し，施工機械にも誘導員を配置して万全を尽くした。

以上の結果，無事故，無災害で工事が完成した。

◎改善した文章◎

① 公園利用者へのあいさつは必ず行い，日頃からコミュニケーションをとり，現場周辺を清掃するとともに，作業開始前にツールボックスミーティングを行い，危険作業の注意点，作業手順を作業員に周知徹底し，作業員の意見を取り入れ安全に対する意識の高揚を図り，ヒューマンエラーを防止し，公園利用者への迷惑防止についても注意を促す。

② 歩道に面して作業を行うため，防護柵の設置，工事看板，工事標識を設置し，工事に対する注意を促し，工事車両出入口に誘導員を配置し，施工機械にも誘導員を配置して万全を尽くす等綿密な安全管理計画を立て着工した。その結果，無事故，無災害で工事が完成できた。

（問題文省略）

⑴ 工　事　名　○○公園整備工事（例：○○公園整備工事など）

⑵ ⑴の工事の内容

以下の①〜⑤について**明確に記述**しなさい。

① 施工場所　○○県○○市○○町

② （ア）発注者名又は注文者名　○○市公園課

（イ）**この工事における，あなたの所属する会社等の契約上の立場**
【元請】（共同企業体を含む），下請（一次，二次下請等，），発注者
（注文者），その他（　）】（該当するものに丸印をする）

③ 工　　期　平成○年 9 月 1 日〜平成○年12月10日　約101日間

④ 工事金額又は請負代金額　￥12,180,000 –

⑤ 工事概要

（ア）工事の内容について具体的に記述しなさい。

　団地内にある公園の整備工事であり，既設園路をカラーアスファルトに改良し，公園北側に鉄筋コンクリート擁壁（高さ H＝1.5 m）を構築し，その上にネットフェンス（H＝2.0 m）を張り，公園西側と南側に高木の植樹を行い，その後低木移植工，地被工を行うものであった。

（イ）工事数量について具体的に記述しなさい。

移植工：高木（クロガネモチ H＝4.0 m　C＝0.21 m　W＝1.8 m）　数量100本

　　　　低木（アベリア　　　　H＝0.5 m　　　　　　W＝0.8 m）　数量80本

園路工：カラーアスファルト舗装　数量450 m²　張芝工（コウライシバ）250 m²

擁壁工：鉄筋コンクリート擁壁工 H＝1.5 m　B＝0.3〜0.8 m　　　 L＝150 m

ネットフェンス張工　　　　　　H＝2.0 m　　　　　　　　　　 L＝150 m

（ウ）現場の状況（関連工事の有無及びその内容も含む），周辺状況について具体的に記述しなさい。

　住宅街における現場であり，平日でも公園利用者が多く，近隣には小学校及び病院があり，前面道路は通学道路になっていた。

⑶ 工事現場における**施工管理上のあなたの立場**

工事主任

⑷ 上記工事の施工にあたり，「**安全管理**」又は「**品質管理**」上の課題を 1 つあげ，課題があった**管理項目名及びその内容**を具体的に記述しなさい。

① 課題があった管理項目名

　　　　　施工管理項目　　安全管理
　②　①で選んだ**施工管理項目上の課題**を具体的に記述しなさい。
　住宅街の中心部における公園整備工事であり，工事による騒音，振動，工事車両による交通事故等，周辺住民への迷惑防止及び公衆災害防止に留意する必要があった。

◎**改善した文章**◎

　事前調査の結果，住宅街の中心部における公園整備工事であり，工事による騒音，振動，工事車両による交通事故等，周辺住民への迷惑防止及び公衆災害防止等安全管理計画の立案が技術的課題となった。

(5)　(4)の課題に対し，あなたが**現場で実施した処置又は対策**を具体的に記述しなさい。

　①　地域住民の集会にて，公園工事の内容と説明を行い，工事に対する理解と協力をお願いするとともに，通勤時間帯における工事車両の通行を規制し，交通渋滞の緩和を図り，迷惑駐車や無駄なアイドリングを防止した。

　②　施工機械・器具は低騒音，低振動型を使用し，施工時は誘導員を配置して事故を防止した。また，工事車両出入口には，交通誘導員を配置し，第三者を優先した誘導を行った。

　③　現場周辺は常に整理整頓をして，毎日作業終了時には清掃をした結果，地域住民からの苦情もない上に公衆災害もなく，無事工事が完成した。

◎**改善した文章**◎

　①　地域住民の集会にて，公園工事の内容と説明を行い，工事に対する理解と協力をお願いするとともに，通勤時間帯における工事車両の通行を規制し，交通渋滞の緩和を図り，迷惑駐車や無駄なアイドリングを防止する。

　②　施工機械・器具は低騒音，低振動型を使用し，施工時は誘導員を配置して事故を防止する。また，工事車両出入口には，交通誘導員を配置し，第三者を優先した誘導を行う。

　③　現場周辺は常に整理整頓をして，毎日作業終了時には清掃を行う。

　等の安全管理計画を立て着工した。その結果，地域住民からの苦情もなく公衆災害防止もでき無事工事が完成できた。

（問題文省略）

(1)　工　事　名　○○公園整備工事

(2)　工事の内容

以下の①〜⑤について**明確に記述**しなさい。

①　施工場所　○○市○○町○○

②　発　注　者　○○市公園課

③　工　　　期　平成○年12月１日〜平成○年２月20日　（約82日間）

④　工事金額　￥11,330,000−

⑤　あなたの所属する会社等の契約上の立場　元請

⑥　工事概要

（ア）工事の内容について具体的に記述しなさい。

　河川敷における現場であり，公園敷地に擁壁を構築し，切土・盛土を行い，植栽基盤工を施工し，根回しをした高木（オオシマザクラ50本），低木（オオムラサキツツジ80本）を植栽するものである。また，幅員3.0mの遊歩道を設けるものであった。

（イ）工種，数量について具体的に記述しなさい。

植栽工：高木（オオシマザクラ H＝4.0m　　C＝0.21m　　W＝1.8m）　50本

　　　　低木（オオムラサキツツジ H＝0.8m　　　　　　W＝0.9m）　80本

鉄筋コンクリート擁壁工　　　　H＝1.0m　　　　　B＝0.5m　　　　L＝105m

ネットフェンス張工　　　　　　H＝2.0m　　　　　　　　　　　　L＝115m

園路工（カラーアスファルト）施工面積320m²　張芝工（コウライシバ）250m²

（ウ）現場の状況（関連工事の有無及びその内容も含む），周辺状況について具体的に記述しなさい。

　河川敷公園であるが，工事現場周辺道路は，通学路でもあり，朝夕は交通量が多く，資機材搬出入に支障をきたす状態であった。また，公園利用者も多く，常に公衆災害防止に留意する状況であった。

(3)　工事現場における**施工管理上のあなたの立場**

工事主任

(4)　上記工事の施工にあたり，以下の①，②について答えなさい。

①　施工管理項目のうち，「安全管理」，又は「品質管理」のどちらか１つを選んで記入しなさい。

施工管理項目　　安全管理

② ①で選んだ**施工管理項目上の問題点を具体的に記述**しなさい。

河川敷にある公園整備工事であり，工事による公衆災害防止および周辺住民への迷惑防止に留意した。

◎改善した文章◎

　現場事前調査の結果，河川敷にある公園整備工事であり，工事による公衆災害防止および周辺住民への迷惑防止等，綿密な安全管理計画の立案が課題となった。

(5) (4)の課題に対し，あなたが**現場で実施した処置又は対策を具体的に記述**しなさい。

① 資材搬出入時間帯は，通勤，通学時間帯を避け，交通の円滑化を図るとともに，迷惑駐車や工事車両のアイドリングを防止した。

② 機械器具は，低騒音，低振動型を使用し，施工時は誘導員を配置し現場周辺は常に整理整頓をして，周辺住民を優先した作業を行った。

③ 安全対策として工事用施工機械，仮設用設備の安全点検の励行および安全ミーティングにより作業員一人一人の意見を取り入れ，労働意欲を高め労働災害防止をした。

以上の結果，公衆災害や近隣住民とのトラブルもなく工事が完成した。

◎改善した文章◎

① 資材搬出入時間帯は，通勤，通学の時間帯を避け，交通の円滑化を図るとともに，迷惑駐車や工事車両のアイドリングを防止する。

② 機械器具は，低騒音，低振動型を使用し，施工時は誘導員を配置し現場周辺は，常に整理整頓をして，周辺住民を優先した作業を行う。

③ 安全対策として工事用施工機械，仮設用設備の安全点検の励行および安全ミーティングにより作業員一人一人の意見を取り入れ，労働意欲を高め労働災害防止及びヒューマンエラーを防止する。

　等の安全管理計画を立て着工した。その結果，公衆災害や近隣住民とのトラブルもなく工事を完成できた。

安全管理記述例11
（問題文省略）

(1) 工　事　名　○○ニュータウン土地造成工事に伴う○○公園整備工事

(2) 工事の内容

以下の①～⑤について**明確に記述**しなさい。

① 施工場所　○○市○○町○○

② 発 注 者　○○市公園課

③ 工　　期　平成○年 9 月 1 日～平成○年11月30日　（約91日間）

④ 工事金額　¥12,600,000-

⑤ あなたの所属する会社等の契約上の立場　一次下請

⑥ 工事概要

（ア）工事の内容を具体的に記述しなさい。

　ニュータウン造成工事に伴い，公園を増設する現場であり，擁壁構築後，植栽基盤を改良し，圃場より根回しした高木，低木を移植する工事であった。また，公園周辺に園路を設けるものであった。

（イ）工種，数量について具体的に記述しなさい。

植栽工：高木（クロガネモチ　H＝4.0 m　　C＝0.21 m　　W＝1.8 m）　100本

　　　　低木（アベリア　　　H＝0.5 m　　　　　　　　　W＝0.8 m）　 80本

鉄筋コンクリート擁壁工　　　H＝1.5 m　　B＝0.3－0.8 m　　L＝150 m

ネットフェンス張工　　　　　H＝2.0 m　　　　　　　　　L＝150 m

園路工（カラーアスファルト）施工面積450 m²　　張芝工（コウライシバ）250 m²

（ウ）現場の状況（関連工事の有無及びその内容も含む），周辺状況について具体的に記述しなさい。

　ニュータウン造成工事に伴い，土木業者，建築業者が混在する現場状況であり，周辺道路は，隣接する小学校，中学校の通学道路でもあったため，通勤，通学時間帯は，交通量が多い上に，工事車両も通行するため，資機材搬出入に支障をきたす状態であった。

(3) 工事現場における**施工管理上のあなたの立場**

工事主任

(4) 上記工事の施工にあたり，以下の①，②について答えなさい。

① 施工管理項目のうち，「安全管理」，又は「品質管理」のどちらか 1 つを選んで記入しなさい。

施工管理項目　　安全管理

② ①で選んだ**施工管理項目上の問題点を具体的に記述**しなさい。

地山の掘削面が2.5mと高く労働災害の防止が必要であった。また，工事箇所が歩道に面しているため，作業者の安全に対するレベルの向上に重点を置き，公衆災害防止に留意する必要があった。

◎改善した文章◎

現場事前調査の結果，地山の掘削面が2.5mと高く労働災害の防止が必要であった。また，工事箇所が歩道に面しているため，作業者の安全に対するレベルの向上に重点を置き，公衆災害防止を図る等，安全管理計画の立案が技術的課題となった。

(5) (4)の課題に対し，あなたが**現場で実施した処置又は対策を具体的に記述**しなさい。

① 安全朝礼を行い作業始業時の事故防止をすると同時に，その日の作業内容や進め方と安全との関係，並びに作業上特に危険な箇所の明示と対策などの安全教育を周知徹底し，また，地山の掘削作業主任者を選任し，すかし掘り等の防止をするとともに，作業の指揮を行わせ労働災害の防止を行った。

② 安全ミーティングを随時行い作業員一人一人の意見を取り入れ安全意識の高揚と労働意欲を高め，資機材搬出入時及び機械作業時は誘導員を配置し，一般車両，児童を優先した作業を行った。

以上の結果，無事故，無災害で工事が完成した。

◎改善した文章◎

① 安全朝礼を行い作業始業時の事故防止をすると同時に，その日の作業内容や進め方と安全との関係，並びに作業上特に危険な箇所の明示と対策などの安全教育を周知徹底し，ヒューマンエラーを防止する。

② 地山の掘削作業主任者を選任し，すかし掘り等の防止をするとともに，作業の指揮を行わせ労働災害防止を行う。

③ 安全ミーティングを随時行い作業員一人一人の意見を取り入れ安全意識の高揚と労働意欲を高め，資機材搬出入時及び機械作業時は誘導員を配置し，一般車両，児童を優先した作業を行う。

等の綿密な安全管理計画を立て着工した。その結果，無事故，無災害で工事を完成させた。

⑴　工　事　名　　○○団地土地造成工事に伴う○○公園整備工事（例：○○公
　　　　　　　　　　　園整備工事など）

⑵　⑴の工事の内容

　　以下の①〜⑤について**明確に記述**しなさい。

　　　　①　施工場所　　○○県○○市○○町

　　　　②　（ア）発注者名又は注文者名　　株式会社○○土木工業

　　　　（イ）**この工事における，あなたの所属する会社等の契約上の立場**

　　　　　　【元請（共同企業体を含む），下請（一次，二次下請等，），発注者

　　　　　　（注文者），その他（　　）】（該当するものに丸印をする）

　　　　③　工　　　期　平成○年9月1日〜平成○年12月10日　約101日間

　　　　④　工事金額又は請負代金額　　￥12,600,000−

　　　　⑤　工事概要

　　　　　　（ア）工事の内容について具体的に記述しなさい。

　　団地内にある公園の整備工事であり，既設園路をカラーアスファルトに改
良し，公園北側に鉄筋コンクリート擁壁（高さ H＝1.5 m）を構築し，その
上にネットフェンス（H＝2.0 m）を張り，公園西側と南側に高木の植樹を
行い，その後低木，地被工を行うものであった。

　　　　　　（イ）工事数量について具体的に記述しなさい。

移植工：高木（クロガネモチ H＝4.0 m　C＝0.21 m　W＝1.8 m）数量100本

　　　　　低木（アベリア　　　　H＝0.5 m　　　　　　　W＝0.8 m）数量 80本

園路工：カラーアスファルト舗装　数量450 m²　張芝工（コウライシバ）250 m²

擁壁工：鉄筋コンクリート擁壁工 H＝1.5 m　　B＝0.3−0.8 m　　L＝150 m

ネットフェンス張工　　　　　　H＝2.0 m　　　　　　　　　　L＝150 m

　　　　　　（ウ）現場の状況（関連工事の有無及びその内容も含む），周辺状況
　　　　　　　　について具体的に記述しなさい。

　　土木業者の土地造成工事が先行作業として進捗しており，また，住宅街に
おける現場で，平日でも公園利用者が多く，近隣には小学校及び病院があっ
た。前面道路は，通学道路になっていた。

⑶　工事現場における**施工管理上のあなたの立場**

　　工事主任

⑷　上記工事の施工にあたり，「**安全管理**」又は「**品質管理**」上の課題を1つ

あげ，課題があった管理項目名及びその内容を具体的に記述しなさい。

① 課題があった管理項目名

施工管理項目　　安全管理

② ①で選んだ施工管理項目上の課題を具体的に記述しなさい。

工事現場の公園は，近隣住民の憩いの場として利用者が多く，周辺道路は歩道のない通学道路で，工事による事故防止，資機材搬出入時およびクレーン作業時における近隣住民への公衆災害防止に留意する必要があった。

◎改善した文章◎

　現場事前調査の結果，工事現場は近隣住民の憩いの場として公園利用者が多く，周辺道路は歩道のない通学道路で，工事による事故防止，資機材搬出入時およびクレーン作業時における近隣住民への公衆災害防止等綿密な安全管理計画の立案が技術的課題となった。

⑸　⑷の課題に対し，あなたが現場で実施した処置又は対策を具体的に記述しなさい。

① 安全朝礼にて，全作業員にその日の作業手順及び危険箇所の明示を，周知徹底するとともに，安全点検の実施，作業員の安全意識を高めた。

② 工事箇所は安全施設により完全に区分すると同時に，掘削機械，整地機械，トラッククレーンには誘導者，合図者を配置して細心の注意を払った。

③ 現場巡視はチェックシートにて行い，不安定な状態での作業を改善し，通学時間帯を避けて残土処理，資機材搬出入を行い，交通誘導員を出入口に配置させて万全を期した。

以上の結果，事故もなく無事工事が完成した。

◎改善した文章◎

① 安全朝礼にて，全作業員にその日の作業手順及び危険箇所の明示を周知徹底するとともに，安全点検の実施，作業員の安全意識を高めヒューマンエラーを防止する。

② 工事箇所は安全施設により完全に区分すると同時に，掘削機械，整地機械，トラッククレーンには誘導者，合図者を配置して細心の注意を払う。

③ 現場巡視はチェックシートにて行い，不安定な状態での作業を改善し，通学時間帯を避けて残土処理，資機材搬出入を行い，交通誘導員を出入口に配置させて万全を期する。

　等の綿密な安全管理計画を立て着工した。その結果，事故もなく無事工事を完成させた。

安全管理記述例13
(問題文省略)

(1) 工　事　名　○○線道路改良工事に伴う緑化工事

(2) 工事の内容

以下の①〜⑤について**明確**に記述しなさい。

① 施工場所　○○市○○町○○

② 発注者　株式会社○○土木

③ 工　　期　平成○年11月1日〜平成○年2月15日　（約107日間）

④ 工事金額　¥11,330,000－

⑤ あなたの所属する会社等の契約上の立場　一次下請

⑥ 工事概要

（ア）工事の内容を具体的に記述しなさい。

　市道○○線における，道路改良工事に伴う歩道緑化工事であり，歩道幅員3mの所に平板舗装（500角）敷設，植桝を設置し，高木50本，低木80本を植樹するものである。

（イ）工種，数量について具体的に記述しなさい。

植栽工：高木(オオシマザクラ　　H＝4.0m　C＝0.21m　W＝1.8m)　50本
　　　　低木(オオムラサキツツジ H＝0.8m　　　　　　 W＝0.9m)　80本

平板舗装工：透水平板　500角　　　　　　　　　　　　施工面積855m²

（ウ）現場の状況（関連工事の有無及びその内容も含む），周辺状況について具体的に記述しなさい。

　元請土木業者の道路改良工事が先行作業として進捗しており，住宅街に隣接した現場でもあり，近隣には小学校及び病院があり，平日でも通行量が多く，通学道路になっていた。

(3) 工事現場における**施工管理上のあなたの立場**

工事主任

(4) 上記工事の施工にあたり，以下の①，②について答えなさい。

① 施工管理項目のうち，「安全管理」，又は「品質管理」のどちらか1つを選んで記入しなさい。

施工管理項目　安全管理

② ①で選んだ**施工管理項目上の問題点を具体的に記述**しなさい。

　当該歩道は通学道路でもあり，工事による事故防止，資機材搬出入時およびクレーン作業時における児童及び近隣住民への公衆災害防止に留意する必

要があった。

◎改善した文章◎

　　現場事前調査の結果，当該歩道は通学道路であり，通学時間帯の工事による事故防止が必要であり，特に資機材搬出入時及びクレーン作業時における児童及び近隣住民への公衆災害防止等，綿密な安全管理計画の立案が技術的課題となった。

⑸　⑷の課題に対し，あなたが現場で実施した処置又は対策を具体的に記述しなさい。

①　安全朝礼にて，全作業員にその日の作業手順及び危険箇所の明示を，周知徹底するとともに，安全点検の実施，作業員の安全意識を高めた。

②　工事箇所は安全施設により完全に区分すると同時に，掘削機械，整地機械，トラッククレーンには誘導者，合図者を配置して細心の注意を払った。

③　現場巡視はチェックシートにて行い，不安定な状態での作業を改善し，通学時間帯を避けて残土処理，資機材搬出入を行い，交通誘導員を出入口に配置させて万全を期した。

　　以上の結果，事故もなく無事工事が完成した。

◎改善した文章◎

①　安全朝礼にて，全作業員にその日の作業手順及び危険箇所の明示を周知徹底するとともに，安全点検の実施，作業員の安全意識を高めヒューマンエラーを防止する。

②　工事箇所は安全施設により完全に区分すると同時に，掘削機械，整地機械，トラッククレーンには誘導者，合図者を配置して細心の注意を払う。

③　現場巡視はチェックシートにて行い，不安定な状態での作業を改善し，通学時間帯を避けて残土処理，資機材搬出入を行い，交通誘導員を出入口に配置させて万全を期する。

　　等の綿密な安全管理計画を立て着工した。その結果，事故もなく無事工事を完成させた。

⑴ 工　事　名　〇〇線道路改良工事に伴う歩道緑化工事

⑵ 工事の内容

　　以下の①～⑤について**明確に記述**しなさい。

　　　①　施工場所　〇〇市〇〇町〇〇

　　　②　発 注 者　〇〇土木株式会社

　　　③　工　　期　平成〇年 6 月 1 日～平成〇年 8 月10日　（約71日間）

　　　④　工事金額　￥11,330,000 −

　　　⑤　あなたの所属する会社等の契約上の立場　一次下請

　　　⑥　工事概要

　　　　（ア）工事の内容について具体的に記述しなさい。

　　住宅団地内の道路改良工事に伴う歩道緑化工事であり，歩道に沿ってネットフェンスを張り，インターロッキング舗装，植桝を新設し，根回しを行った高木・低木を移植施工するものである。

　　　　（イ）工種，数量について具体的に記述しなさい。

植栽工：高木（クロガネモチ H＝3.5 m　　C＝0.25 m　　W＝1.2 m）　　100本

　　　　低木（アベリア　　　　H＝0.8 m　　　　　　　　W＝0.6 m）　　100本

ネットフェンス張工　　　　　　　H＝2.0 m　　　　　　　　L＝115 m

歩道舗装工（インターロッキング舗装）　　　　　　　　施工面積320 m²

　　　　（ウ）現場の状況（関連工事の有無及びその内容も含む），周辺状況について具体的に記述しなさい。

　　土木業者の道路改良工事が先行作業として進捗しており，住宅団地内の歩道が現場で，近隣には中学校及び病院があり，平日でも通行量が多く，通学道路になっていた。

⑶　工事現場における**施工管理上のあなたの立場**

　　工事主任

⑷　上記工事の施工にあたり，以下の①，②について答えなさい。

　　　①　施工管理項目のうち，「安全管理」，又は「品質管理」のどちらか 1 つを選んで記入しなさい。

　　　　　施工管理項目　　安全管理

　　　②　①で選んだ**施工管理項目上の問題点を具体的に記述**しなさい。

　　土木工事との並行作業の為に，複数作業による労働災害防止及び資材搬出

入時における工事車両による騒音，振動，工事車両による交通事故等，周辺住民への迷惑防止及び公衆災害防止に留意する必要があった。

◎改善した文章◎

現場事前調査の結果，土木工事との並行作業となった為に，複数作業による労働災害防止及び，狭い場所で，作業が錯綜するため綿密な安全管理計画の立案が技術的課題となった。

(5)　(4)の課題に対し，あなたが現場で実施した処置又は対策を具体的に記述しなさい。

①　土木工事の監理技術者と綿密な工程の打合せを行うとともに，地域住民の集会にて，工事内容の説明を行い，工事に対する理解と協力をお願いするとともに，通勤時間帯における工事車両の通行を規制し，交通渋滞の緩和を図り，迷惑駐車や無駄なアイドリングを防止した。

②　施工機械・器具は低騒音・低振動型を使用し，施工時は誘導員を配置して事故を防止した。また工事車両出入口には，交通誘導員を配置し，第三者を優先した誘導を行った。

③　現場周辺は常に整理整頓をして，毎日の作業終了時には清掃をした結果，地域住民からの苦情もない上に公衆災害もなく，無事工事が完成した。

◎改善した文章◎

①　土木工事の監理技術者と綿密な工程の打合せを行うとともに，地域住民に対して，工事説明会を実施し，交通安全対策，環境保全対策を明確に伝え，理解と協力を得る。

②　安全施工サイクル活動を実施し，工程調整を行い作業の錯綜を防ぎ，施工機械には誘導員を配置し，安全に対する参加意識を高め，ヒューマンエラーを防止する。

③　安全施設，保安設備を適正に配置し，工事区分を明確にし，交通誘導員により的確な誘導を行う。

等の安全管理計画を立て着工した。その結果，当初懸念した労働災害防止が図れ，地域住民とのトラブルもなく，無事竣工した。

安全管理記述例15	（問題文省略）

⑴　工　事　名　○○団地土地造成工事に伴う公園新設工事

⑵　工事の内容

以下の①～⑤について**明確**に記述しなさい。

①　施工場所　○○市○○町○○

②　発 注 者　株式会社○○土木

③　工　　期　平成○年6月1日～平成○年9月10日　（約102日間）

④　工事金額　¥12,600,000 −

⑤　あなたの所属する会社等の契約上の立場　一次下請

⑥　工事概要

（ア）工事の内容について具体的に記述しなさい。

　本工事は，○○地区における土地造成工事であり，付帯工事として公園を新設するものである。石積擁壁を構築しフェンスを張り，東側に砂場広場を設け，すべり台，スプリング遊具，鉄棒を設置し，植栽基盤工を行い，根回しした高木，低木を植栽後，張芝を施工するものである。

（イ）工種，数量について具体的に記述しなさい。

植栽工：高木（クロガネモチ H＝4.0 m　C＝0.21 m　　W＝1.8 m）	100本
低木（アベリア　　　H＝0.5 m　　　　　　　　W＝0.8 m）	80本
石積擁壁工　　　　　　　　　　H＝1.5 m	L＝150 m
ネットフェンス張工　　　　　　H＝2.0 m	L＝180 m

砂場広場80 m²，すべり台1基，スプリング遊具3台，鉄棒一式

張芝工（コウライシバ）　　　　　　　　　　　　　　　　　250 m²

（ウ）現場の状況（関連工事の有無及びその内容も含む），周辺状況について具体的に記述しなさい。

　土木業者の土地造成工事が先行作業として進捗しており，大型重機，ダンプトラックが錯綜する状態で周辺道路は工事車両の通行路となっていた。近隣には小・中学校及び病院があり，前面道路は平日でも通行量が多く，通学道路にもなっていた。

⑶　工事現場における**施工管理上のあなたの立場**

工事主任

⑷　上記工事の施工にあたり，以下の①，②について答えなさい。

①　施工管理項目のうち，「安全管理」，又は「品質管理」のどちらか1

つを選んで記入しなさい。

　　　施工管理項目　　安全管理

　　②　①で選んだ施工管理項目上の問題点を具体的に記述しなさい。

住宅地内の公園工事のため，資機材搬出入時および移動式クレーン作業時における近隣住民への事故防止（公衆災害防止）が必要であった。

◎改善した文章◎

　　現場事前調査の結果，近隣には，小学校，病院，商店街があり，歩行者，一般車両の通行量が多い状況であった。また，住宅地内の公園工事のため，資機材搬出入時および移動式クレーン作業時における近隣住民への事故防止（公衆災害防止）等，綿密な安全管理計画の立案が技術的課題であった。

⑸　⑷の②の課題に対し，あなたが現場で実施した処置又は対策を具体的に記述しなさい。

①　工事車両出入口と前面道路箇所に，交通誘導員の配置を行い，一般車両，近隣住民の誘導を行うとともに，工事看板，注意灯，バリケード等の設置を行い注意を促した。

②　クレーン作業は合図者を定め，合図による作業を行い，吊り上げ時は地切りを行い吊り荷のバランスを保ち，歩行者等が通行しないように誘導員を配置した。

③　毎朝安全朝礼を実施し，安全点検，危険箇所の明示を周知徹底し，作業員の安全意識を高めた結果，公衆災害もなく無事工事が完成した。

◎改善した文章◎

①　安全施工サイクル活動の励行として，安全朝礼，安全ミーティングにより，作業手順や危険箇所を周知徹底し，ヒューマンエラーを防止する。

②　クレーン作業は合図者を定め，合図による作業を行い，吊り上げ時は地切りを行い吊り荷のバランスを保ち，歩行者等が通行しないように誘導員を配置し安全を確保する。

③　過去の施工実績を参考に，朝夕のラッシュ時は作業を中止し，交通渋滞の緩和を図り，工事箇所及び周辺部は常に整理整頓し，清掃を励行する。

　　等綿密な安全管理計画を立て着工した。その結果，当初懸念された作業の錯綜による労働災害がなく，環境負荷低減も図れ無事竣工した。

（問題文省略）

(1)　工　事　名　　○○地区土地造成工事に伴う児童公園新設工事

(2)　工事の内容

以下の①～⑤について**明確**に記述しなさい。

　　　①　施工場所　　○○市○○町○○

　　　②　発 注 者　　株式会社○○土木工業

　　　③　工　　期　　平成○年6月1日～平成○年8月31日　　（約92日間）

　　　④　工事金額　　¥11,330,000－

　　　⑤　あなたの所属する会社等の契約上の立場　一次下請

　　　⑥　工事概要

　　　　（ア）工事の内容について具体的に記述しなさい。

　本工事は，○○地区における土地造成工事に伴う公園新設工事であり，土木元請業者が造成工事を施工し，当該公園における移植工，石積み擁壁工，遊具工，園路工，張芝工を施工するものである。

　　　　（イ）工種，数量について具体的に記述しなさい。

植栽工：高木（クロガネモチ　H＝3.5 m　　C＝0.25 m　　W＝1.2 m）　　18本

　　　　　　低木（アベリア　　　H＝0.8 m　　　　　　　　W＝0.6 m）　　30本

石積み擁壁工　　　　　　　H＝1.0 m　　　　　B＝0.5 m　　　　　L＝138 m

ネットフェンス張工　　　　H＝2.0 m　　　　　　　　　　　　　　L＝155 m

園路工（カラーアスファルト）施工面積320 m²　張芝工（コウライシバ）250 m²

遊具工：サンドピット型砂場，すべり台1基，ブランコ1基，鉄棒一式，

　　　　　スプリング遊具3台

　　　　（ウ）現場の状況（関連工事の有無及びその内容も含む），周辺状況について具体的に記述しなさい。

　土木元請業者の土地造成工事が先行作業で進捗しており，現場内は大型重機，ダンプトラックが輻輳する状態であった。周辺道路は近隣の小・中学校の通学道路でもあり，平日でも通行量が多く公衆災害防止の必要があった。

(3)　工事現場における**施工管理上のあなたの立場**

　工事主任

(4)　上記工事の施工にあたり，以下の①，②について答えなさい。

　　　①　施工管理項目のうち，「安全管理」，又は「品質管理」のどちらか1つを選んで記入しなさい。

　　　施工管理項目　　　安全管理
　②　①で選んだ**施工管理項目上の問題点を具体的に記述**しなさい。
　工事箇所の前面道路は，一般車両，近隣住民が頻繁に通行するために公衆
災害防止が最重要であり，ダンプトラックの運転手を含め全作業員の安全意
識の高揚に留意した。

◎改善した文章◎

　　事前調査の結果，作業場所は狭く，作業の錯綜が懸念され，さらに工期初
期に梅雨が控えており，土木業者との工程調整を含め，労働災害防止が必要
になった。そのため，安全管理計画の立案が課題となった。

(5)　(4)の課題に対し，あなたが**現場で実施した処置又は対策を具体的に記述**し
　なさい。

　①　安全衛生協議会は，過去の施工実績を参考に，元請土木業者の監理技術
　　者を含め，気象資料等をもとに工程計画を立案し，作業が輻輳しないよう
　　作業調整を行った。

　②　使用機械の選定，施工手順，施工方法を話し合い，安全施工サイクル活
　　動の励行を決定し，全作業員に周知徹底を図った。

　③　作業員相互監視により不安全，不安定作業の是正及びヒューマンエラー
　　の防止を行った。

　④　パソコンを有効活用し，データの蓄積を図り，将来の同種工事へ反映し
　　た。その結果，労働災害もなく無事工事が完成した。

◎改善した文章◎

　①　安全衛生協議会は，過去の施工実績を参考に，元請土木業者の監理技術
　　者を含め，気象資料等をもとに工程計画を立案し，作業が輻輳しないよう
　　作業調整を行う。

　②　使用機械の選定，施工手順，施工方法を話し合い，安全施工サイクル活
　　動の励行を決定し，全作業員に周知徹底を図る。

　③　作業員相互監視により不安全，不安定作業の是正及びヒューマンエラー
　　の防止を行う。また，パソコンを有効活用し，データの蓄積を図り，将来
　　の同種工事へ反映する。

　　等の綿密な事前調査を行い，安全管理計画を立て着工した。その結果，当
初懸念された工程調整が円滑に進み，作業の錯綜による労働災害もなく，無
事竣工した。

安全管理記述例17

（問題文省略）

(1) 工　事　名　○○団地土地造成工事に伴う住宅団地公園工事

(2) 工事の内容

以下の①〜⑤について**明確に記述**しなさい。

① 施工場所　○○県○○市○○町

② （ア）発注者　株式会社○○建設

（イ）この工事における，あなたの所属する会社等の契約上の立場
【元請（共同企業体を含む），下請（一次，二次下請等，），発注者
（注文者），その他（　）】（該当するものに丸印をする）

③ 工　　期　平成○年6月1日〜平成○年8月15日　約76日間

④ 工事金額又は請負金額　¥12,800,000−

⑤ 工事概要

（ア）工事の内容について具体的に記述しなさい。

　団地にある住宅公園の新設工事であり，敷地境界部に，高さH=1.0mの鉄筋コンクリート擁壁を構築し，その上にネットフェンスを張り，根回しした高木，低木を植樹し，遊具を設置して，園路をカラーアスファルトに改良するものである。

（イ）工事数量について具体的に記述しなさい。

移植工：高木（サンゴジュ　H=2.5m　　　　　　　W=0.8m）数量20本

　　　　高木（ツバキ　　H=3.0m　C=0.15m　W=1.0m）数量10本

　　　　低木（アオキ　　H=1.0m　　　　　　　　　W=0.7m）数量30本

園路工：カラーアスファルト舗装　　　　　　　　　　　　数量50㎡

擁壁工：鉄筋コンクリート擁壁工 H=1.0m　　　　B=0.3m　　　　L=50m

ネットフェンス張工：　　　　　　H=2.5m　　　　　　　　L=80m

遊具：砂場30㎡，すべり台1基，ブランコ1基，スプリング遊具3台

（ウ）現場の状況（関連工事の有無及びその内容も含む），周辺状況について具体的に記述しなさい。

　元請土木会社の土地造成工事が先行作業であり，敷地面積850㎡に当該公園工事を施工するものである。工事箇所の前面道路は，生活道路になっていて，通勤，通学時間帯は一般車両，歩行者の通行が非常に多い状態であった。

(3) 工事現場における**施工管理上のあなたの立場**

工事主任

(4) 上記工事の施工にあたり，以下の①，②について答えなさい。

① 施工管理項目のうち，「安全管理」，又は「品質管理」のどちらか1つを選んで記入しなさい。

施工管理項目　　安全管理

② ①で選んだ**施工管理項目上の問題点を具体的に記述**しなさい。

市街地の工事のため，歩行者，一般車両の通行量が多く，公衆災害防止対策を第一に考慮した安全管理体制の強化に留意するとともに，資機材搬出入時及び移動式クレーン作業時における事故防止（公衆災害防止）が必要であった。

◎改善した文章◎

現場事前調査の結果，市街地の土地造成工事のため，歩行者，一般車両の通行量が多く，公衆災害防止対策を第一に考慮した安全管理体制の強化に留意するとともに，資機材搬出入時及び移動式クレーン作業時における事故防止等，安全管理計画の立案が技術的課題となった。

(5) (4)の課題に対し，あなたが**現場で実施した処置又は対策を具体的に記述**しなさい。

① 安全朝礼，安全ミーティングにより，作業者へその日の作業手順や危険箇所の明示を周知徹底すると同時に，作業員からの意見を取り入れ安全意識や労働意欲の高揚を図った。

② 交通誘導員の配置を行い，一般車両，近隣住民の誘導を行うとともに，工事看板，注意灯，バリケード等の設置を行い，注意を促した。

③ クレーン作業は合図者を定め，合図による作業を行い，吊り上げ時は地切りを行い吊り荷のバランスを保ち，歩行者等が通行しないように誘導員を配置し，各作業員の連携によりマンネリズムを防止した。

◎改善した文章◎

① 安全朝礼，安全ミーティングにより，その日の作業手順や危険箇所を全作業員に周知徹底し，相互監視による不安全作業，不安定作業の是正を行い，ヒューマンエラーを防止する。

② 低騒音・低振動型施工機械の使用や遮音シートの設置，防振ゴムの装着をするとともに，過負荷，過積載の禁止，及び道路の清掃を励行する。

③ 地域住民，関係機関には，工事内容，環境負荷低減方法等を伝え，朝夕のラッシュ時は工事車両の通行を禁止し，工事に対する理解と協力を得る。

等の綿密な安全管理計画を立て着工した。その結果，当初懸念された環境負荷低減が円滑に進み，公衆災害もなく，無事竣工した。

（問題文省略）

⑴　工　事　名　○○線道路改良工事に伴う緑化工事

⑵　⑴の工事の内容

　　以下の①～⑤について**明確**に記述しなさい。

　　　①　施工場所　○○県○○市○○町

　　　②　（ア）発注者名又は注文者名　**株式会社○○土木工業**

　　　　　（イ）**この工事における，あなたの所属する会社等の契約上の立場**

　　　　　【元請（共同企業体を含む），下請（一次，二次下請等，），発注者

　　　　　（注文者），その他（　）】（該当するものに丸印をする）

　　　③　工　　期　平成○年9月1日～平成○年11月10日　約71日間

　　　④　工事金額又は請負代金額　￥12,600,000 -

　　　⑤　工事概要

　　　　　（ア）工事の内容について具体的に記述しなさい。

　　市道○○線における道路改良工事に伴う，中央分離帯の緑化工事と歩道の
街路樹の工事である。中央分離帯に低木（アベリア）80本を植栽し，歩道に
植桝を設置し，高木（クロガネモチ）58本を植栽するものである。

　　　　　（イ）工事数量について具体的に記述しなさい。

移植工：高木（クロガネモチ　H＝4.0 m　C＝0.21 m　W＝1.8 m）　数量58本

　　　　　低木（アベリア　　　H＝0.5 m　　　　　　　　W＝0.8 m）　数量80本

植桝工：58箇所　　　　　　　　　　　　　　支柱工：二脚鳥居型　58箇所

　　　　　（ウ）現場の状況（関連工事の有無及びその内容も含む），周辺状況
　　　　　　　について具体的に記述しなさい。

　　市道の現場であり，元請土木業者の道路改良工事が先行作業として進捗し
ており，朝夕の通勤時間帯は交通量が多く，近隣には小学校及び病院があ
り，通学道路にもなっていた。

⑶　工事現場における**施工管理上のあなたの立場**

　　工事主任

⑷　上記工事の施工にあたり，「**安全管理**」又は「**品質管理**」上の課題を1つ
　あげ，課題があった**管理項目名及びその内容を具体的に記述しなさい。**

　　　①　課題があった管理項目名

　　　　　施工管理項目　　安全管理

　　　②　①で選んだ**施工管理項目上の課題を具体的に記述しなさい。**

　市街地の道路工事のため，歩行者，一般車両に加え，道路工事関係車両とも輻輳する状況であり，公衆災害防止対策，労働災害防止対策等，安全管理体制の強化に留意するとともに，資機材搬出入時および移動式クレーン作業時における事故防止（公衆災害防止），ヒューマンエラー防止が必要であった。

◎改善した文章◎

　市街地の道路工事のため，歩行者，一般車両に加え，道路工事関係車両とも輻輳する状況であり，公衆災害防止対策，労働災害防止対策等，安全管理体制の強化に留意するとともに，資機材搬出入時および移動式クレーン作業時における事故防止（公衆災害防止），ヒューマンエラー防止等，綿密な安全管理計画の立案が技術的課題であった。

⑸ ⑷の課題に対し，あなたが現場で実施した処置又は対策を具体的に記述しなさい。

① 安全朝礼，安全ミーティングにより，作業員へその日の作業手順や危険箇所の明示を周知徹底すると同時に，作業員からの意見を取り入れ安全意識や労働意欲の高揚を図り，具体的な安全対策指示，作業指示等のコミュニケーションを確実に実施した。

② 交通誘導員の配置により，一般車両，近隣住民の誘導を行うとともに，工事看板，注意灯，バリケード等の設置を行い，注意を促した。

③ クレーン作業は合図者を定め，合図による作業を行い，吊り上げ時は地切りを行い吊り荷のバランスを保ち，歩行者等が通行しないように誘導員を配置し，各作業員の連携により，危険作業の是正やマンネリズムを防止した。

◎改善した文章◎

① 安全朝礼，安全ミーティングにより，作業員へその日の作業手順や危険箇所の明示を周知徹底すると同時に，作業員からの意見を取り入れ安全意識や労働意欲の高揚を図り，具体的な安全対策指示，作業指示等のコミュニケーションを確実にとる。

② 交通誘導員の配置により，一般車両，近隣住民の誘導を行うとともに，工事看板，注意灯，バリケード等の設置を行い，注意を促す。

③ クレーン作業は合図者を定め，合図による作業を行い，吊り上げ時は地切りを行い吊り荷のバランスを保ち，各作業員の連携によりヒューマンエラーの防止をする。

　等の安全管理計画を立て着工した。その結果，当初懸念された公衆災害防止や労働災害防止が確実に実施され，無事竣工した。

(1) 工　事　名　　○○線道路改良工事に伴う緑化工事（その3）

(2) 工事の内容

以下の①〜⑤について**明確に記述**しなさい。

① 施工場所　　○○市○○町○○

② 発注者　　株式会社○○建設工業

③ 工　　期　　平成○年9月1日〜平成○年11月25日　（86日間）

④ 工事金額　　¥7,350,000−

⑤ あなたの所属する会社等の契約上の立場　　一次下請

⑥ 工事概要

（ア）工事の内容について具体的に記述しなさい。

町道○○線における，道路改良工事に伴う中央分離帯及び歩道緑化工事であり，中央分離帯には低木（ツツジ）を植栽し，歩道に植桝を78箇所設け，高木（オオシマザクラ）78本の植樹とプランター80箇所にパンジーを植える工事である。

（イ）工種，数量について具体的に記述しなさい。

植栽工：高木（オオシマザクラ　H＝4.0ｍ　C＝0.21ｍ　W＝1.8ｍ）	78本
低木（ツツジ　　　　　H＝0.5ｍ　　　　　　W＝1.0ｍ）	85本
プランター（パンジー）	80箇所

植桝工：78箇所　　　　　　　　　　　　　　　　　支柱：二脚鳥居型　78箇所

（ウ）現場の状況（関連工事の有無及びその内容も含む），周辺状況について具体的に記述しなさい。

元請土木業者の道路改良工事と並行して，中央分離帯と歩道に緑化工事を施工するものである。朝夕の通勤，通学時間帯は交通量が多く，公衆災害防止に留意する状況であった。

(3) 工事現場における**施工管理上のあなたの立場**

工事主任

(4) 上記工事の施工にあたり，以下の①，②について答えなさい。

① 施工管理項目のうち，**「安全管理」**，又は**「品質管理」**のどちらか1つを選んで記入しなさい。

施工管理項目　　安全管理

② ①で選んだ**施工管理項目上の課題の内容を具体的に記述**しなさい。

　現場事前調査の結果，近隣には小学校，病院，店舗等があり，周辺道路は通学道路になっていた。さらに工事進捗に伴い，作業が錯綜するおそれがあるため，協力業者の作業員を含め，安全意識の高揚が必要であった。

◎改善した文章◎

　現場事前調査の結果，近隣には小学校，病院，店舗等があり，周辺道路は通学道路になっていた。さらに工事進捗に伴い，作業が錯綜するおそれがあるため，協力業者の作業員を含め，安全意識の高揚が必要であった。そのため綿密な事前調査を行い，安全管理計画の立案が技術的課題となった。

⑸　⑷の課題に対し，あなたが現場で実施した処置又は対策を具体的に記述しなさい。

①　事前調査の結果を参考に，元請土木業者の監理技術者と協議し，総合工程表により詳細工程表を作成し，作業の錯綜を防止する。

②　安全施工サイクル活動を取り入れ，安全衛生を推進する役割分担を明確にし，安全朝礼，安全ミーティングにより，作業員の安全意識の高揚を図る。

③　パソコンを有効活用し，データの蓄積を図り，将来の同種工事へ反映し，当初懸念した工程調整が円滑に進み，作業の錯綜による労働災害もなく無事竣工した。

◎改善した文章◎

①　安全朝礼，安全ミーティングにより，その日の作業手順や危険箇所の明示を全作業員に周知徹底し，作業の錯綜を防止する。

②　クレーンによる揚重（ようじゅう）作業は，関係者以外の立ち入りを禁止するとともに，安全点検者によりチェックシートにて，不安定作業，不安全作業の是正をする。

③　作業員の相互監視を徹底し，お互い注意をし合う作業環境として，ヒューマンエラーを防止する。

　等の綿密な安全管理計画を立て着工した。その結果当初懸念された作業の錯綜が解消し，労働災害もなく無事竣工した。

(1) 工　事　名　○○河川改良工事に伴う河川敷公園整備工事

(2) (1)の工事の内容

以下の①〜⑤について**明確に記述**しなさい。

① 施工場所　○○県○○市○○町

② （ア）発注者名又は注文者名　株式会社○○土木建設

（イ）この工事における，あなたの所属する会社等の契約上の立場

【元請（共同企業体を含む），下請（一次，二次下請等，），発注者（注文者），その他（　）】（該当するものに丸印をする）

③ 工　　期　平成○年10月１日〜平成○年12月20日　約81日間

④ 工事金額又は請負代金額　￥12,600,000−

⑤ 工事概要

（ア）工事の内容について具体的に記述しなさい。

河川敷にある公園の整備工事であり，既設遊歩道をカラーアスファルトに改良し，公園北側にブロック張擁壁（高さ H＝1.5 m）を構築し，南側にネットフェンス（H＝2.0 m 延長150 m）を張り，公園西側と南側に高木（クロガネモチ100本）の植樹を行い，後続作業として低木移植工（アベリア80本），地被工（張芝工（コウライシバ）250 m²を施工するものである。

（イ）工事数量について具体的に記述しなさい。

移植工：高木（クロガネモチ H＝4.0 m　C＝0.21 m　W＝1.8 m）数量100本

低木（アベリア　　H＝0.5 m　　　　　W＝0.8 m）数量80本

園路工：カラーアスファルト舗装 数量450 m² 張芝工（コウライシバ）250 m²

擁壁工：ブロック張擁壁工　H＝1.5 m　　　　　　　　　　L＝150 m

ネットフェンス張工　　　H＝2.0 m　　　　　　　　　　L＝150 m

（ウ）現場の状況（関連工事の有無及びその内容も含む），周辺状況について具体的に記述しなさい。

河川敷における現場であり，元請土木業者の護岸工事に並行して，河川敷公園の整備工事を施工するものである。近隣には小学校及び病院があり，平日でも公園利用者が多く，前面道路は，通学道路になっていた。

(3) 工事現場における**施工管理上のあなたの立場**

工事主任

(4) 上記工事の施工にあたり，「**安全管理**」又は「**品質管理**」上の課題を１つ

あげ，課題があった**管理項目名及びその内容を具体的に記述**しなさい。

① 課題があった管理項目名

施工管理項目　　安全管理

② ①で選んだ**施工管理項目上の課題**を具体的に記述しなさい。

近隣住民への公衆災害防止対策及び工事箇所前面道路は，交通量が多く，また近隣に小学校があり通学路となっているため，工事による事故防止，輻輳作業による作業員の安全に対する意識の高揚に留意する必要があった。

◎**改善した文章**◎

事前調査の結果，朝夕の交通量が多く，沿道には店舗，小学校，病院，住宅があり，工事実施に伴う交通事故防止や，騒音・振動・粉じんの低減等公衆災害防止に留意する必要があった。そのため，綿密な安全管理計画の立案が技術的課題となった。

(5) (4)の②の問題点に対し，あなたが**現場で実施した処置又は対策を具体的**に記述しなさい。

① 学校関係者と協議した結果，通学時間帯は工事車両の通行を規制するとともに，工事箇所に仮囲いを設け，工事車両出入口に交通誘導員を配置し，一般車両，歩行者を優先した誘導を行った。

② 遊歩道部分には，バリケード，防護柵を設置し完全に区分するとともに，施工機械には誘導員，合図者を適正に配置し公衆災害を防止した。

③ 安全朝礼，安全ミーティングにて，その日の作業手順や危険箇所の明示を周知徹底し，作業員の安全に対する自覚を高めた結果，無事工事が完成できた。

◎**改善した文章**◎

① 地域住民に対して，工事説明会を実施し，交通安全対策，環境保全対策を明確に伝え，理解と協力を得る。

② 安全施工サイクル活動を実施し，安全に対する参加意識を高め，ヒューマンエラーを防止する。また，低騒音・低振動型建設機械，排ガス規制車の使用や，遮音シートの設置，防振ゴムの装着に加え，過負荷・過積載を禁止し，騒音・振動・粉じん等の低減や道路の汚れを防止する。

③ 安全施設，保安施設を適正に配置し，工事区分を明確にし，交通誘導員により的確な誘導を行う。

等の安全管理計画を立て着工した。その結果，当初懸念された公衆災害防止が図れ，地域住民とのトラブルもなく，無事竣工した。

環境対策及び建設副産物の記述については，参考程度に読むようにして下さい。
今まで出題はされていませんが，今後は，出題されるおそれもあります。

第1章　施工経験記述

4. 環境対策

※以降，実際の解答文に著者が手を加えた改善文を実例として示します。

問題 1 あなたが経験した主な**造園工事**のうち，工事の施工管理において「環境対策」，又は「品質管理」上の課題があった工事を 1 つ選び，その工事に関する以下の設問(1)〜(5)について答えなさい。

〔注意〕 記述した工事が，あなたが経験した工事でないことが判明した場合は失格となります。

---

(1) 工 事 名　〇〇公園整備工事

(2) 工事の内容

　(1)の工事について，以下の①〜⑤について**明確に**記述しなさい。

　① 施工場所　〇〇県〇〇市〇〇町

　② (ア) 工の工事の契約上の発注者名又は注文者名

　発注者名　〇〇市公園課

　(イ) この工事における，あなたの所属する会社等の契約上の立場

　【元請 (共同企業体を含む)，下請 (一次，二次下請等)，発注者 (注文者)，その他 (　　)】(該当するものに丸印をする)

　③ 工　　期　平成〇年 5 月 1 日〜平成〇年 7 月31日　約92日間

　④ 工事金額又は請負代金額　¥11,000,000−

　⑤ 工事概要

　(ア) 工事の内容について具体的に記述しなさい。

　臨海埋立地に，擁壁を構築し腐養土による盛土を施し，高木 (クロガネモチ) 80本，低木 (クルメツツジ) 100本の移植工を行い，幅員2.0 m の遊歩道を，カラーアスファルトにて延長240 m 施工するものである。

　(イ) 工種，数量について具体的に記述しなさい。

移植工：高木 (クロガネモチ H=3.5 m　C=0.3 m　W=1.5 m)　数量80本

　　　　低木 (クルメツツジ H=0.5 m　　　　　　W=0.4 m)　数量100本

園路工：カラーアスファルト舗装　　　　　　　　　　　　　数量480 m²

擁壁工：鉄筋コンクリート擁壁工 H=1.8 m　　B=0.5 m　　　L=200 m

　(ウ) 現場の状況 (関連工事の有無及びその内容も含む)，周辺状況について具体的に記述しなさい。

　臨海埋立地のため，塩害による移植樹の枯損防止が必要な状況であり，近

隣には小学校および病院があり，工事箇所周辺道路は，一般車両，歩行者等通行量が非常に多い状態であり，資機材搬出入に影響がでる状況でもあった。

(3)　工事現場における**施工管理上のあなたの立場**

　　工事主任

(4)　上記工事の施工にあたり，**課題があった管理項目名（環境対策又は品質管理）及び，その課題の内容を具体的に記述**しなさい。

　　　　①　施工管理項目のうち，「環境対策」，又は「品質管理」のどちらか1つを選んで記入しなさい。

　　　　施工管理項目　　　環境対策

　　　　②　①で選んだ**施工管理項目上の課題の内容を具体的に記述**しなさい。

　　事前調査の結果，近隣には小学校および病院・特別擁護老人ホームがあり，工事箇所周辺道路は，一般車両，歩行者等通行量が非常に多い状態で，工事実施に伴う環境悪化が懸念された。そのため，綿密な事前調査を行い，環境保全計画への反映が技術的課題となった。

(5)　(4)の課題に対し，あなたが**現場で実施した処置又は対策を具体的に記述**しなさい。

　　①　現場事前調査の結果を参考に，協力業者を含め環境保全会議を実施し，過去の施工実績を基に，保安施設・安全施設は工事規模に対して過小にならないよう十分検討し，環境負荷低減の整備を行う。

　　②　低騒音・低振動型施工機械の使用や，施工方法を考慮し，排出ガス規制車による建設発生土の運搬等全ての作業員に周知徹底を図り，環境保全対策とした。

◎改善した文章◎

　　①　地域住民に対して，工事内容や将来の利便性について説明し，工事に対する理解と協力を得る。

　　②　過去の施工実績を参考に，安全ミーティングを随時行い，作業員一人一人の意見を取り入れ安全意識の高揚と環境負荷低減に対する意欲を高め，低騒音・低振動型施工機械や排ガス規制車により作業を進め，過負荷・過積載を禁止し，環境負荷低減を図る。

　　等の綿密な環境保全計画を立て着工した。その結果，当初懸念された環境悪化が改善され，公衆災害もなく無事竣工した。

環境対策記述例 2

（問題文省略）

⑴　工　事　名　○○公園整備工事

⑵　工事の内容

　　⑴の工事について，以下の①〜⑤について明確に記述しなさい。

　　　①　施工場所　○○県○○市○○町

　　　②　（ア）この工事の契約上の発注者名又は注文者

　　　　　発注者名　○○市公園課

　　　　　（イ）この工事における，あなたの所属する会社等の契約上の立場

　　　　　【元請（共同企業体を含む），下請（一次，二次下請等），発注者

　　　　　（注文者），その他（　　　）】（該当するものに丸印をする）

　　　③　工　　期　平成○年5月15日〜平成○年7月31日　約78日間

　　　④　工事金額又は請負代金額　¥15,800,000 −

　　　⑤　工事概要

　　　　　（ア）工事の内容について具体的に記述しなさい。

　　本工事は，団地内に擁壁を構築し，盛土を施工して公園広場に改良するも
のである。敷地内に移植工（高木80本，低木150本）を行うため，植栽基盤
である土壌の改良を行い，中央部にカラーアスファルトによる幅員2.0mの
歩道用舗装を施工するものである。

　　　　　（イ）工種，数量について具体的に記述しなさい。

移植工：高木（ウバメガシ　　H＝3.0m　C＝0.15m　W＝1.0m）　数量80本

　　　　　低木（イヌツゲ　　　H＝1.0m　　　　　　W＝0.3m）数量150本

園路工：カラーアスファルト舗装　　　　　　　　　　　　　　　数量450 m²

擁壁工：鉄筋コンクリート擁壁工 H＝1.5m　　B＝0.2−1.0m　　L＝150 m

　　　　　（ウ）現場の状況（関連工事の有無及びその内容も含む），周辺状況
　　　　　　　　について具体的に記述しなさい。

　　閑静な住宅内における児童公園の整備工事であり，また，工事箇所の前面
道路は生活道路になっていて，通勤，通学時間帯は多くの通行がある状態で
あった。

⑶　工事現場における**施工管理上のあなたの立場**

　　工事主任

⑷　上記工事の施工にあたり，**課題があった管理項目名（環境対策又は品質管
理）**及び，その課題の内容を具体的に記述しなさい。

① 施工管理項目のうち，「環境対策」，又は「品質管理」のどちらか1つを選んで記入しなさい。

　　施工管理項目　　環境対策

② ①で選んだ**施工管理項目上の課題の内容を具体的に記述**しなさい。

　事前調査の結果，現場周辺は通学道路になっており，残土及び客土処理，資機材搬出入における事故防止が必要であった。さらに工事が始まれば騒音・振動・粉じん等により，環境悪化が懸念された。そのため，協力業者との作業調整を含め，綿密な環境保全計画の立案が技術的課題となった。

⑸ ⑷の課題に対し，あなたが**現場で実施した処置又は対策を具体的に記述**しなさい。

① 環境保全会議は，現場事前調査の結果を参考に，協力業者の現場代理人を含め，各工種，種別ごとの安全対策や環境保全活動の方法を話し合い，作業調整を綿密に行い，環境負荷低減を図る。

② 安全管理体制の整備に加え，過負荷や過積載及び無駄なアイドリングの禁止を決定し，指揮命令系統の統一を図り，全作業員に周知徹底を図る。

③ 過去の施工実績を参考に，安全施設，保安施設，遮音施設等の設置方法や振動防止方法，粉じん対策等，詳細に打合せを行い，作業時間の調整をした。

◎改善した文章◎

① 地域住民に対して，工事説明会を実施し，公衆災害防止方法や資機材搬出入，残土処理は通学時間帯を外して行うこと等を取り決め，理解と協力を得る。

② 職長，安全点検者，各作業主任者を選任し，安全施工サイクル活動を励行し，その日の作業手順や危険箇所の明示を行い，安全及び環境保全に対する参加意識を高め，ヒューマンエラーを防止する。

③ 低騒音・低振動型建設機械を使用し，排ガス規制車による残土・客土処理を行い，周辺道路の清掃及び整理整頓を図る。

④ 遮音設備は適正に配置し，履帯に防振ゴムの装着を行う。

　等の綿密な環境保全計画を立て着工した。その結果，当初懸念された協力業者との作業調整や，環境負荷低減が円滑に進み，地域住民とのトラブルや事故もなく，無事工事が完成した。

環境対策記述例 3

(問題文省略)

⑴　工　事　名　　○○団地土地造成工事に伴う○○公園整備工事

⑵　工事の内容

　　⑴の工事について，以下の①～⑤について**明確に記述**しなさい。

　　　①　施工場所　　○○県○○市○○町

　　　②　（ア）この工事の契約上の発注者名又は注文者名

　　　　　発注者名　　株式会社○○土木

　　　　（イ）**この工事における，あなたの所属する会社等の契約上の立場**

　　　　　【元請（共同企業体を含む），下請（一次，二次下請等），発注者

　　　　　（注文者），その他（　　）】（該当するものに丸印をする）

　　　③　工　　期　　平成○年5月20日～平成○年8月10日　　約83日間

　　　④　工事金額又は請負代金額　　￥9,800,000-

　　　⑤　工事概要

　　　　（ア）工事の内容について具体的に記述しなさい。

　　本工事は，団地内に擁壁を構築し，盛土施工後，公園広場に改良するもの
である。先行作業には，元請業者が行う土地造成工事が進捗していた。後続
作業として，仮設道路部分に移植工，園路工を並行作業するものであった。

　　　　（イ）工種，数量について具体的に記述しなさい。

移植工：高木（ウバメガシ　　H=3.0m　C=0.15m　W=1.0m）　数量50本

　　　　　低木（アオキ　　　　H=1.0m　　　　　　W=0.7m）　数量50本

園路工：カラーアスファルト舗装　　　　　　　　　　　　　　　数量100m²

擁壁工：鉄筋コンクリート擁壁工　H=1.0m　　B=0.2-0.5m　　　L=80m

　　　　（ウ）現場の状況（関連工事の有無及びその内容も含む），周辺状況
　　　　　　について具体的に記述しなさい。

　　工事仮設道路は，元請業者が行う土地造成工事用の大型ダンプトラック，
車両系建設機械が頻繁に通行し，植栽土壌の固結状態が進行しており，土壌
改良が必要であった。また，工事前面道路は，国道のため頻繁に一般車両が
通行し，近くの小学校の通学道路でもあり，通学時間帯は工事車両の通行規
制がある状況であった。

⑶　工事現場における**施工管理上のあなたの立場**

　　工事主任

⑷　上記工事の施工にあたり，**課題のあった管理項目名（環境対策又は品質管**

理）及び，その課題の内容を具体的に記述しなさい。

① 施工管理項目のうち，「環境対策」，又は「品質管理」のどちらか1つを選んで記入しなさい。

施工管理項目名　　環境対策

② ①で選んだ**施工管理項目上の課題の内容を具体的に記述**しなさい。

　事前調査の結果，工事現場の公園は，近隣住民の憩いの場として利用者が多く，周辺道路は歩道のない通学道路で，工事による事故防止，騒音・振動・粉じん等の環境負荷低減が必要であった。そのため，綿密な環境保全計画の立案が技術的課題となった。

(5) (4)の課題に対し，あなたが**現場で実施した処置又は対策を具体的に記述**しなさい。

① 事前調査の結果を参考に，協力業者を含めて環境保全会議を実施し，標識・安全施設は，工事規模に対して過大あるいは過小にならないよう十分検討し，環境保全体制の整備を行い，全作業員に周知徹底を図る。

② 過去の施工実績により，低騒音・低振動型建設機械，排出ガス対策車の使用や，遮音シートの設置，防振ゴムの装着に加え，過負荷・過積載の禁止及び道路の清掃を行った。

③ 現場巡視はチェックシートにて行い，通学時間帯を避けて残土処理，資機材搬出入を行い，交通誘導員を出入口に配置させて万全を期した。

　以上の結果，環境負荷低減が図れ無事工事が完成した。

◎改善した文章◎

① 地域住民に対して，工事説明会を実施し，理解と協力を得る。

② 低騒音・低振動型建設機械の使用や過負荷・過積載を禁止し，残土処理はシートを覆い，道路の汚れは常に清掃する。

③ 環境保全活動を励行し，全作業員の参加意識を高揚させ，法令等に従い環境保全を推進する。

　等の綿密な環境保全計画を立て着工した。その結果，当初懸念された近隣環境への負荷低減が図れ，地域住民とのトラブルもなく，無事完工した。

環境対策記述例 4

（問題文省略）

⑴　工　事　名　　○○団地土地造成工事に伴う○○公園整備工事

⑵　工事の内容

　　⑴の工事について，以下の①～⑤について**明確に記述**しなさい。

　　　①　施工場所　　○○県○○市○○町

　　　②　（ア）工事の契約上の発注者名又は注文者名

　　　　　発注者名　　株式会社○○建設

　　　　　（イ）この工事における，あなたの所属する会社等の契約上の立場

　　　　　【元請（共同企業体を含む），⦿下請⦆⦿一次⦆，二次下請等），発注者

　　　　　（注文者），その他（　　　）】（該当するものに丸印をする）

　　　③　工　　　期　　平成○年9月1日～平成○年11月30日　　約91日間

　　　④　工事金額　　¥9,800,000 -

　　　⑤　工事概要

　　　　　（ア）工事の内容について具体的に記述しなさい。

　　本工事は，遊休地に土地改良を加え，擁壁を構築し，盛土を施工して園路
広場に改良するものである。事前調査の結果，施工場所は粘性土で一部湧水
もあり軟弱地盤であり，擁壁基礎部の地耐力強化や植栽基盤の改良後，擁壁
工，園路工，移植工を行うものである。

　　　　　（イ）工種，数量について具体的に記述しなさい。

移植工：高木（オオシマザクラ H＝4.0 m　C＝0.21 m　W＝1.8 m）　数量50本

　　　　　低木（オオムラサキツツジ H＝0.8 m　　　　　W＝0.9 m）　数量80本

園路工：カラーアスファルト舗装　　　　　　　　　　　　　　　　　数量260 m²

擁壁工：鉄筋コンクリート擁壁工　　H＝1.5 m　　　　B＝0.5 m　　　L＝80 m

整地工：盛土工　　　　　　　　　　　　　　　　　　　　　　　　　数量350 m²

　　　　　（ウ）現場の状況（関連工事の有無及びその内容も含む），周辺状況
　　　　　　　　について具体的に記述しなさい。

　　元請業者の土地造成工事が進捗しており，後続工程として当社の園路・広
場工事があり，建設発生土を盛土に有効利用するものである。

　　工事箇所は住宅地であり，周辺道路は近隣住民の生活道路で，朝夕は通行
量が多い状況であった。

⑶　工事現場における**施工管理上のあなたの立場**

　　工事主任

(4) 上記工事の施工にあたり，**課題があった管理項目名（環境対策又は品質管理）及び，その課題の内容を具体的に記述しなさい。**

     ① 施工管理項目のうち，「環境対策」，又は「品質管理」のどちらか1つを選んで記入しなさい。

     施工管理項目名　　環境対策

     ② ①で選んだ**施工管理項目上の課題の内容を具体的に記述しなさい。**

  事前調査の結果，工事箇所前面道路は，交通量が多く，また近隣に小学校があり通学路となっているため，工事による環境悪化防止及び公園利用者の公衆災害防止等，環境保全計画の立案が技術的課題となった。

(5) (4)の課題に対し，あなたが**現場で実施した処置又は対策を具体的に記述し**なさい。

     ① 現場事前調査の結果を参考に，環境保全計画を立案し，各工程表により工程調整を行うとともに，安全点検者を選任し，低騒音・低振動型建設機械や排ガス規制車を選定して，危険箇所には保安設備，安全施設等を増大し，交通誘導員を2名増員する。

     ② 掘削発生土の仮置場として，資材置場を活用し分別保管を行い，埋め戻し土として活用を図り，発生を抑制する。

     ③ 安全朝礼，安全ミーティングにて，その日の作業手順や危険箇所の明示を周知徹底し，作業員の環境に対する自覚を高め，環境負荷低減を図り，無事工事が完成できた。

◎**改善した文章**◎

     ① 学校関係者と協議した結果，通学時間帯は工事車両の通行を規制するとともに，環境負荷低減として低騒音・低振動型建設機械，排ガス規制のダンプトラックを使用する。

     ② 歩道部分には，バリケード，防護柵を設置し完全に区分するとともに，施工機械には誘導員を配置し公衆災害を防止する。

     ③ 安全朝礼，安全ミーティングにて，その日の作業手順や危険箇所の明示，及び環境負荷低減を周知徹底し，作業員の環境保全に対する自覚を高める。

  等の綿密な環境保全計画を立て着工した。その結果，当初懸念された環境負荷低減が図れ，地域住民とのトラブルもなく，無事竣工できた。

（問題文省略）

⑴　工　事　名　○○公園整備工事

⑵　工事の内容

　⑴の工事について，以下の①～⑤について**明確に記述しなさい。**

　　①　施工場所　○○県○○市○○町

　　②　（ア）この工事の契約上の発注者名又は注文者名

　　　　発注者名　○○市公園課

　　　　（イ）この工事における，あなたの所属する会社等の契約上の立場

　　　　【元請（共同企業体を含む），下請（一次，二次下請等），発注者
　　　　（注文者），その他（　　　）】（該当するものに丸印をする）

　　③　工　　期　平成○年2月1日～平成○年3月30日　約58日間

　　④　工事金額又は請負代金額　￥8,800,000 -

　　⑤　工事概要

　　　　（ア）工事の内容について具体的に記述しなさい。

　工事場所は河川敷を埋め立てた公園で，近隣住民の憩いの場として利用者
が多く，遊歩道に面して植栽工を施工し，舗装工の延長及びネットフェンス
を張るものであった。

　　　　（イ）工種，数量について具体的に記述しなさい。

移植工：高木（イチョウ　　H=3.5 m　C=0.18 m　W=1.2 m）数量　50株

　　　　低木（ウメモドキ　H=1.0 m　　　　　　　　W=0.4 m）数量100株

園路工：カラーアスファルト舗装　　　　　　　　　　　　数量360 m²

ネットフェンス張工：　　　H=2.5 m　　　　　　　　　　L=120 m

整地工：盛土工　　　　　　　　　　　　　　　　　　　数量150 m²

　　　　（ウ）現場の状況（関連工事の有無及びその内容も含む），周辺状況
　　　　　　について具体的に記述しなさい。

　河川敷の工事であるため，寒風が強く地盤は軟弱な粘性土であり，植栽基
盤の改良及び冬期施工における技術の確保が必要であった。また，関連工事
として河川の護岸工事が進捗しており，周辺道路は工事車両が頻繁に通行
し，資材保管場所が取れない状況であった。

⑶　工事現場における**施工管理上のあなたの立場**

　工事主任

⑷　上記工事の施工にあたり，**課題があった管理項目名（環境対策又は品質管**

理）及び，その課題の内容を具体的に記述しなさい。

　　① 施工管理項目のうち，「環境対策」，又は「品質管理」のどちらか1
　　つを選んで記入しなさい。

　　　施工管理項目　　環境対策

　　② ①で選んだ施工管理項目上の課題の内容を具体的に記述しなさい。

　　事前調査の結果，当該施工箇所は，地域住民の憩いの場になっており，近
隣には特別養護老人ホームがあり，歩行者の通行も多く，工事実施に伴う環
境悪化が懸念された。そのため，綿密な事前調査を行い，環境保全計画への
反映が技術的課題となった。

(5) (4)の課題に対し，あなたが現場で実施した処置又は対策を具体的に記述し
なさい。

① 公園利用者へのあいさつは必ず行い，日頃からコミュニケーションをと
　り，現場周辺を清掃するとともに，作業開始前にツールボックスミーティ
　ングを行い，危険作業防止，環境負荷低減について作業員に周知徹底し
　た。

② 遊歩道に面して作業を行うため，防護柵の設置，工事看板，工事標識を
　設置し，工事に対する注意を促し，工事車両出入口に誘導員を配置し，低
　騒音・低振動型施工機械にも誘導員を配置して万全を尽くした。

　以上の結果，無事故，無災害で環境保全が図れ工事が完成した。

◎改善した文章◎

① 公園利用者へのあいさつを必ず行い，日頃からコミュニケーションをと
　り，現場周辺を清掃するとともに，作業開始前にツールボックスミーティ
　ングを行い，環境負荷低減方法についても作業員に周知徹底し，作業員の
　意見を取り入れ安全及び環境保全に対する意識の高揚を図った。

② 遊歩道に面して作業を行うため，防護柵の設置，工事看板，工事標識を
　設置し，工事に対する注意を促し，工事車両出入口に誘導員を配置し，低
　騒音低振動型施工機械にも誘導員を配置して万全を尽くす。

　等の綿密な環境保全計画を立て着工した。その結果，無事故，無災害で環
境保全が図れ，工事が完成できた。

環境対策記述例6 （問題文省略）

(1) 工 事 名　○○公園整備工事

(2) 工事の内容

(1)の工事について，以下の①～⑤について**明確に記述しなさい。**

① 施工場所　○○県○○市○○町

② （ア）この工事の契約上の発注者名又は注文者名

発注者名　○○市公園課

（イ）**この工事における，あなたの所属する会社等の契約上の立場**

【元請（共同企業体を含む），下請（一次，二次下請等），発注者
（注文者），その他（　　）】（該当するものに丸印をする）

③ 工　　期　平成○年5月15日～平成○年7月31日　約78日間

④ 工事金額又は請負代金額　￥12,800,000－

⑤ 工事概要

（ア）工事の内容について具体的に記述しなさい。

住宅街の中心部にある公園の整備工事であり，擁壁構築後ネットフェンス
を張り，盛土を施し，園路の整備及び高木，低木を移植するものである。

（イ）工種，数量について具体的に記述しなさい。

移植工：高木（クロガネモチ H=3.5m　C=0.25m　W=1.2m）　数量80本

低木（アベリア　　　H=0.8m　　　　　　　 W=0.6m）　数量80本

園路工：カラーアスファルト舗装　　　　　　　　　　　 数量150m²

擁壁工：鉄筋コンクリート擁壁工 H=1.0m　　　B=0.3m　　　 L=50m

ネットフェンス張工：　　　　　 H=2.5m　　　　　　　　　 L=80m

（ウ）現場の状況（関連工事の有無及びその内容も含む），周辺状況
について具体的に記述しなさい。

住宅街であり朝の通勤，通学時間帯は，周辺道路の通行量が多く，交通規
制があり，また，昼間は騒音・振動に留意する必要があった。そのため工事
に対する住民の理解が必要であり，工事の円滑な運営にも支障をきたす状況
でもあった。

(3) 工事現場における**施工管理上のあなたの立場**

工事主任

(4) 上記工事の施工にあたり，**課題があった管理項目名（環境対策又は品質管
理）**及び，その課題の内容を具体的に記述しなさい。

① 施工管理項目のうち，「環境対策」，又は「品質管理」のどちらか1つを選んで記入しなさい。

施工管理項目 　環境対策

② ①で選んだ**施工管理項目上の課題の内容を具体的に記述**しなさい。

住宅街の中心部における公園整備工事であり，工事による騒音・振動，工事車両による交通事故等，周辺住民への迷惑防止及び公衆災害防止，環境負荷低減に留意する必要があった。

◎改善した文章◎

事前調査の結果，住宅街の中心部における公園整備工事であり，工事による騒音・振動，工事車両による粉じん飛散等，周辺住民への迷惑防止及び公衆災害防止等，環境保全計画の立案が技術的課題となった。

(5) (4)の課題に対し，あなたが**現場で実施した処置又は対策を具体的に記述**しなさい。

① 地域住民の集会にて，公園工事の内容の説明を行い，工事に対する理解と協力をお願いするとともに，通勤時間帯における工事車両の通行を規制し，交通渋滞の緩和を図り，迷惑駐車や無駄なアイドリングを防止した。

② 施工機械・器具は低騒音・低振動型を使用し，施工時は誘導員を配置して事故防止及び環境負荷低減を図った。また，工事車両出入口には，交通誘導員を配置し，第三者を優先した誘導を行った。

③ 現場周辺は常に整理整頓をして，毎日の作業終了時には清掃をした結果，地域住民からの苦情もなく環境負荷低減が図れ，無事工事が完成した。

◎改善した文章◎

① 地域住民の集会にて，公園工事の内容と説明を行い，工事に対する理解と協力をお願いするとともに，通勤時間帯における工事車両の通行を規制し，交通渋滞の緩和を図り，迷惑駐車や無駄なアイドリングを防止する。

② 施工機械・器具は低騒音・低振動型を使用し，施工時は誘導員を配置して事故防止及び環境負荷低減を図る。

③ 現場周辺は常に整理整頓をして，毎日の作業終了時には清掃を行う。

等の環境保全計画を立て着工した。その結果，地域住民からの苦情もなく公衆災害防止，環境負荷低減が図れ無事工事が完成できた。

（問題文省略）

(1) 工　事　名　○○川河川災害復旧工事に伴う○○公園整備工事

(2) 工事の内容

(1)の工事について，以下の①～⑤について**明確に記述**しなさい。

　　① 施工場所　○○県○○市○○町

　　② （ア）工の工事の契約上の発注者名又は注文者名

　　　 発注者名　株式会社○○建設工業

　　　 （イ）この工事における，あなたの所属する会社等の契約上の立場

　　　　【元請（共同企業体を含む），下請（一次，二次下請等），発注者

　　　　（注文者），その他（　　）】（該当するものに丸印をする）

　　③ 工　　期　平成○年5月15日～平成○年7月31日　約78日間

　　④ 工事金額又は請負代金額　¥14,000,000－

　　⑤ 工事概要

　　　 （ア）工事の内容について具体的に記述しなさい。

　河川敷にある公園整備工事であり，整地工は地盤改良工を含めた大がかり
なものであり，園路を新設し緑陰のために高木，低木を植栽し，土手部分に
張芝を施工するものである。

　　　 （イ）工種，数量について具体的に記述しなさい。

植栽工：高木（クロガネモチ H＝4.0 m　C＝0.3 m　W＝1.5 m）　数量30本

　　　　 低木（クルメツツジ H＝0.5 m　　　　　　　W＝0.4 m）　数量120本

園路工：カラーアスファルト舗装　　　　　　　　　　　　　数量450 m²

張芝工：コウライシバ　　　　　　　　　　　　　　　　　　　580 m²

　　　 （ウ）現場の状況（関連工事の有無及びその内容も含む），周辺状況
　　　　　　について具体的に記述しなさい。

　先行作業として土木業者の護岸工事が進捗しており，当社の公園整備工事
が後続作業であった。工事箇所周辺は，公園利用者が平日でも多い状態であ
った。

(3) 工事現場における**施工管理上のあなたの立場**

　工事主任

(4) 上記工事の施工にあたり，**課題があった管理項目名（環境対策又は品質管
理）**及び，その課題の内容を具体的に記述しなさい。

　　① 施工管理項目のうち，「環境対策」，又は「品質管理」のどちらか1

つを選んで記入しなさい。

施工管理項目　　環境対策

②　①で選んだ**施工管理項目上の課題の内容を具体的に記述**しなさい。

現場事前調査の結果，河川敷にある公園整備工事であり，工事による騒音・振動・粉じん飛散等周辺住民への迷惑防止（公衆災害防止）が必要であった。そのため，綿密な環境保全計画の立案が課題となった。

⑸　⑷の課題に対し，あなたが**現場で実施した処置又は対策を具体的に記述**しなさい。

①　資材搬出入時間帯は通勤，通学時間帯を避け，交通の円滑化を図るとともに，迷惑駐車や工事車両のアイドリングを防止した。

②　機械器具は，低騒音・低振動型を使用し，施工時は誘導員を配置し現場周辺を常に整理整頓をして，環境負荷低減を図った。

③　環境対策として工事用施工機械，仮設用設備の点検の励行及びミーティングにより作業員一人一人の意見を取り入れ環境負荷低減をした。

以上の結果，公衆災害や近隣住民とのトラブルもなく環境負荷低減が図れ工事が完成した。

◎改善した文章◎

①　資材搬出入時間帯は通勤，通学時間帯を避け，交通の円滑化を図るとともに，迷惑駐車や工事車両のアイドリングを防止する。

②　機械器具は，低騒音・低振動型を使用し，施工時は誘導員を，配置し現場周辺を常に整理整頓をして，環境負荷低減を図る。

③　環境負荷低減対策として工事用施工機械，仮設用設備の点検の励行及びミーティングにより作業員一人一人の意見を取り入れ，環境保全への意識を高める。

等の綿密な環境保全計画を立て着工した。その結果，公衆災害や近隣住民とのトラブルもなく環境負荷低減が図れ，工事を完成させることができた。

環境対策記述例 8

（問題文省略）

(1) 工　事　名　○○公園整備工事

(2) 工事の内容

(1)の工事について，以下の①〜⑤について**明確に記述**しなさい。

　　① 施工場所　○○県○○市○○町

　　② （ア）この工事の契約上の発注者名又は注文者名

　　　　発注者名　○○市公園課

　　　　（イ）**この工事における，あなたの所属する会社等の契約上の立場**

　　　　【⭕元請（共同企業体を含む），下請（一次，二次下請等），発注者

　　　　（注文者），その他（　　）】（該当するものに丸印をする）

　　③ 工　　　期　平成○年5月15日〜平成○年7月31日　約78日間

　　④ 工事金額　¥15,800,000 -

　　⑤ 工事概要

　　　　（ア）工事の内容について具体的に記述しなさい。

　閑静な住宅内における児童公園の整備工事であり，擁壁構築後フェンスを
張り，公園内に園路を設け，周辺に移植工を施すものである。

　　　　（イ）工種，数量について具体的に記述しなさい。

| 移植工：高木（クロガネモチ H=3.5 m　C=0.25 m　W=1.2 m）　数量 80本 |
| 　　　　低木（アベリア　　　H=0.8 m　　　　　　W=0.6 m）　数量100本 |
| 園路工：カラーアスファルト舗装　　　　　　　　　　　　　数量480 m² |
| 擁壁工：鉄筋コンクリート擁壁工 H=1.5 m　　B=0.2-0.8 m　　L=120 m |
| フェンス工：　　　　　　　　H=1.5 m　　　　　　　　　　L=120 m |

　　　　（ウ）現場の状況（関連工事の有無及びその内容も含む），周辺状況
　　　　　　　について具体的に記述しなさい。

　工事箇所の前面道路は，生活道路になっていて，通勤，通学時間帯は多く
の通行がある状態であった。また，閑静な住宅街のため，騒音・振動に細心
の注意を払う必要があり，工事に対する住民の理解と協力が必要であった。

(3) 工事現場における**施工管理上のあなたの立場**

　　工事主任

(4) 上記工事の施工にあたり，**課題があった管理項目名（環境保全対策又は品
　　質管理）**及び，その課題の内容を具体的に記述しなさい。

　　　　① 施工管理項目のうち，「環境保全対策」，又は「品質管理」のどちら

か1つを選んで記入しなさい。

　　施工管理項目　　環境保全対策

　②　①で選んだ**施工管理項目上の課題の内容を具体的に記述しなさい**。

現場事前調査の結果，周辺道路は，朝夕の交通量が多く，近隣には病院，小・中学校があり，さらに住宅が密集しており，工事実施に伴う，騒音・振動・粉じん飛散等，環境負荷低減の必要があった。そのため，環境保全計画の立案が技術的課題となった。

⑸　⑷の課題に対し，あなたが**現場で実施した処置又は対策を具体的に記述し**なさい。

　①　環境保全会議は，過去の施工実績を参考に，協力会社の主任技術者を含め，周辺状況等をもとに工程計画を立案し，作業が輻輳しないよう作業調整を行う。

　②　使用機械の選定や施工手順，施工方法を話し合い，安全施工サイクル活動の励行や環境負荷低減方法を決定し，全作業員に周知徹底を図る。

　以上の結果，環境負荷低減が図れ，無事工事が完成した。

◎改善した文章◎

　①　安全朝礼，安全ミーティングにより，その日の作業手順や危険箇所を全作業員に周知徹底し，環境負荷低減についても十分に話し合う。

　②　低騒音・低振動型施工機械の使用や遮音シートの設置，防振ゴムの装着をするとともに，過負荷，過積載の禁止，および道路の清掃をする。

　③　地域住民，関係機関には，工事内容，環境負荷低減方法などを伝え，朝夕のラッシュ時は工事車両の通行を禁止し，工事に対する理解と協力を得る。

　等の綿密な環境保全計画を立て着工した。その結果，当初懸念された環境負荷低減が円滑に進み，地域住民等とのトラブルもなく，無事竣工した。

環境対策記述例 9

(問題文省略)

⑴ 工　事　名　○○公園整備工事

⑵ 工事の内容

　　⑴の工事について，以下の①〜⑤について**明確に記述**しなさい。

　　　① 施工場所　○○県○○市○○町

　　　② （ア）この工事の契約上の発注者名又は注文者名

　　　　　発注者名　○○市公園課

　　　　（イ）**この工事における，あなたの所属する会社等の契約上の立場**

　　　　　【元請】（共同企業体を含む），下請（一次，二次下請等），発注者
　　　　　（注文者），その他（　　）】（該当するものに丸印をする）

　　　③ 工　　　期　平成○年10月20日〜平成○年12月15日　約57日間

　　　④ 工事金額又は請負代金額　￥9,800,000 -

　　　⑤ 工事概要

　　　　（ア）工事内容について具体的に記述しなさい。

　　当該工事は，擁壁構築後，盛土を施し，園路工を築造し，圃場より高木，
中木，低木を搬入し移植を行うものである。冬季における工事のため，各工
事は外気温に影響されるため，保温養生や寒害防止に留意する工事となった。

　　　　（イ）工種，数量について具体的に記述しなさい。

移植工：高木（ケヤキ　　　　　H＝3.0 m　C＝0.12 m　W＝1.0 m）数量20本

　　　　中木（トウネズミモチ　　H＝2.5 m　　　　　　　W＝1.0 m）数量10本

　　　　低木（アオキ　　　　　　H＝1.0 m　　　　　　　W＝0.7 m）数量30本

園路工：カラーアスファルト舗装　　　　　　　　　　　　　　数量100 m²

擁壁工：鉄筋コンクリート擁壁工　H＝1.0 m　　B＝0.2-0.5 m　L＝80 m

　　　　（ウ）現場の状況（関連工事の有無及びその内容も含む），周辺状況
　　　　　について具体的に記述しなさい。

　　工事箇所前面道路は，国道であり頻繁に一般車両が通行し，近くの小学校
の通学道路でもあり，通学時間帯は工事車両の通行規制がある状況であっ
た。現場は高台にあるため，冬季特有の寒風が強く，夜間の気温は氷点下と
なった。

⑶　工事現場における**施工管理上のあなたの立場**　工事主任

⑷　上記工事の施工にあたり，**課題があった管理項目名（環境対策又は品質管
理）**及び，その課題の内容を具体的に記述しなさい。

① 施工管理項目のうち，「環境対策」，又は「品質管理」のどちらか1つを選んで記入しなさい。

施工管理項目　　環境対策

② ①で選んだ施工管理項目上の課題の内容を具体的に記述しなさい。

　工事現場の公園は近隣住民の憩いの場として利用者が多く，周辺道路は歩道のない通学道路で，工事による事故防止，資機材搬出入時およびクレーン作業時における近隣住民への公衆災害防止及び環境保全に留意する必要があった。

◎改善した文章◎

　現場事前調査の結果，工事現場の公園は近隣住民の憩いの場として利用者が多く，周辺道路は歩道のない通学道路で，工事による環境悪化の防止が必要であった。また，資機材搬出入時およびクレーン作業時における騒音・振動・粉じん飛散等，近隣住民への公衆災害防止，環境負荷低減が要求され，綿密な環境保全計画の立案が技術的課題となった。

(5) (4)の課題に対し，あなたが現場で実施した処置又は対策を具体的に記述しなさい。

① 環境保全会議は，現場事前調査の結果を参考に，協力会社の主任技術者を含めて行い，沿道住民への環境負荷低減を図る施工方法及び建設工事を取り巻く環境問題を視野に入れ十分検討する。

② 環境保全体制の整備を行い，指揮命令系統の統一を図り，全作業員に周知徹底する。

③ 現場巡視はチェックシートにて行い，過負荷な作業及び過積載を改善し，通学時間帯を避けて残土処理，資機材搬出入を行う。

　以上の結果，事故もなく環境負荷低減も図れ無事工事が完成した。

◎改善した文章◎

① 安全朝礼にて，全作業員にその日の作業手順及び環境負荷低減方法を周知徹底するとともに，環境保全活動の実施，作業員の環境負荷低減への意識を高める。

② 工事箇所は安全施設により完全に区分すると同時に，掘削機械，整地機械，トラッククレーンは低騒音・低振動型を使用し，誘導者，合図者を配置して環境負荷低減に細心の注意を払う。

③ 通学時間帯を避けて残土処理，資機材搬出入を行い，グリーン購入法に基づく環境保全の周知徹底を図る。

　等の綿密な環境保全計画を立て着工した。その結果，環境負荷低減が図れ無事工事を完成できた。

（問題文省略）

(1) 工　事　名　○○公園整備工事

(2) 工事の内容

以下の①〜⑤について**明確**に記述しなさい。

① 施工場所　○○市○○町○○

② 発　注　者　○○市公園課

③ 工　　期　平成○年12月1日〜平成○年2月20日　（約82日間）

④ 工事金額　¥11,330,000-

⑤ あなたの所属する会社等の契約上の立場　元請

⑥ 工事概要

（ア）工事の内容について具体的に記述しなさい。

　河川敷における現場であり，公園敷地に擁壁を構築し，切土・盛土を行い，植栽基盤工を施工し，根回しをした高木（オオシマザクラ50本），低木（オオムラサキツツジ80本）を植栽するものである。また，幅員3.0mの遊歩道を設けるものであった。

（イ）工種，数量について具体的に記述しなさい。

植栽工：高木（オオシマザクラ　H=4.0m　C=0.21m　W=1.8m）　50本

　　　　低木（オオムラサキツツジH=0.8m　　　　　　W=0.9m）　80本

鉄筋コンクリート擁壁工　　　　　H=1.0m　　　　B=0.5m　　　L=105m

ネットフェンス張工　　　　　　　H=2.0m　　　　　　　　　　L=115m

園路工（カラーアスファルト）施工面積320m²　張芝工（コウライシバ）250m²

（ウ）現場の状況（関連工事の有無及びその内容も含む），周辺状況について具体的に記述しなさい。

　河川敷公園であるが，工事現場周辺道路は，通学路でもあり，朝夕は交通量が多く，資機材搬入に支障をきたす状態であった。また，公園利用者も多く常に公衆災害防止に留意する必要があった。

(3) 工事現場における**施工管理上のあなたの立場**

工事主任

(4) 上記工事の施工にあたり，以下の①，②について答えなさい。

① 施工管理項目のうち，「環境対策」，又は「品質管理」のどちらか1つを選んで記入しなさい。

施工管理項目　　環境対策

②　①で選んだ**施工管理項目上の問題点**を具体的に記述しなさい。

河川敷にある公園整備工事であり，工事による公衆災害防止および周辺住民への迷惑防止並びに環境対策に留意した。

◎改善した文章◎

　事前調査の結果，工事箇所の近隣には，小学校，病院，民家等があり，工事による環境負荷低減の必要があった。そのため，工事実施に伴う騒音・振動，土砂飛散防止等環境保全計画の立案が，技術的課題となった。

(5)　(4)の課題に対し，あなたが**現場で実施した処置又は対策**を具体的に記述しなさい。

①　資材搬出入時間帯は通勤，通学時間帯を避け，交通の円滑化を図るとともに，迷惑駐車や工事車両のアイドリングを防止した。

②　機械器具は，低騒音・低振動型を使用し，施工時は誘導員を配置し現場周辺を常に整理整頓をして，周辺住民を優先した作業を行った。

③　安全対策として工事用施工機械，仮設用設備の安全点検の励行および安全ミーティングにより作業員一人一人の意見を取り入れ，労働意欲を高め労働災害防止及び環境負荷低減をした。

　以上の結果，公衆災害や近隣住民とのトラブルもなく環境保全が図れ，工事が完成した。

◎改善した文章◎

①　地域住民等には，地区集会やパンフレットを通じて，工事内容，環境負荷低減方法を伝え，土砂運搬や資機材搬出入等の作業時間帯を，午前9時〜午後1時までとして，工事に対する理解と協力を得る。

②　低騒音・低振動型バックホウを選定し，移動式クレーンの設置箇所に遮音シートを張り，過負荷を防止する。また，残土処理は過積載を禁止し，シートを張り，制限速度を厳守させ，周辺道路の清掃を励行する。

　等の綿密な環境保全対策を立て着工した。その結果，地域住民とのトラブルもなく，環境負荷低減が図れ，無事完工した。

⑴ 工 事 名　○○タウン土地造成工事に伴う○○公園整備工事

⑵ 工事の内容

以下の①〜⑤について**明確**に**記述**しなさい。

① 施工場所　○○市○○町○○

② 発 注 者　株式会社○○土木

③ 工　　期　平成○年 9 月 1 日〜平成○年12月10日　（約101日間）

④ 工事金額　¥12,600,000 −

⑤ あなたの所属する会社等の契約上の立場　一次下請

⑥ 工事概要

（ア）工事の内容を具体的に記述しなさい。

　ニュータウン造成工事に伴い，公園を増設する現場であり，擁壁構築後，植栽基盤を改良し，圃場より根回しした高木，低木を移植する工事であった。また，公園周辺に園路を設けるものであった。

（イ）工種，数量について具体的に記述しなさい。

植栽工：高木（クロガネモチ H＝4.0 m　C＝0.21 m　W＝1.8 m）　　100本
　　　　低木（アベリア　　　H＝0.5 m　　　　　　　W＝0.8 m）　　 80本
鉄筋コンクリート擁壁工　　　H＝1.5 m　　　B＝0.3−0.8 m　　L＝150 m
ネットフェンス張工　　　　　H＝2.0 m　　　　　　　　　　　L＝150 m
園路工（カラーアスファルト）施工面積450 m²　張芝工（コウライシバ）250 m²

（ウ）現場の状況（関連工事の有無及びその内容も含む），周辺状況について具体的に記述しなさい。

　ニュータウン造成工事に伴い，土木業者，建築業者が混在する現場状況であり，周辺道路は，隣接する小学校，中学校の通学道路でもあったため，通勤，通学時間帯は，交通量が多い上に，工事車両も通行するため，資機材搬出入に支障をきたす状態であった。

⑶ 工事現場における**施工管理上のあなたの立場**

工事主任

⑷ 上記工事の施工にあたり，以下の①，②について答えなさい。

① 施工管理項目のうち，「環境対策」，又は「品質管理」のどちらか 1 つを選んで記入しなさい。

施工管理項目　　環境対策

② ①で選んだ施工管理項目上の問題点を具体的に記述しなさい。

　地山の掘削面が2.5ｍと高く労働災害の防止が必要であった。また，工事箇所が歩道に面しているため，作業者の安全に対するレベルの向上に重点を置き，公衆災害防止及び環境対策に留意する必要があった。

◎改善した文章◎

　事前調査の結果，周辺道路は，朝夕の交通量が多く，近隣には病院，小，中学校があり，さらに住宅が密集しており，工事実施に伴う，騒音・振動・粉じん飛散による道路汚染，交通対策等，環境負荷低減の必要があった。そのため，環境保全計画の立案が技術的課題となった。

(5)　(4)の課題に対し，あなたが現場で実施した処置又は対策を具体的に記述しなさい。

①　環境保全会議は，過去の施工実績を参考に，協力会社の主任技術者を含め，気象資料等をもとに工程計画を立案し，作業が輻輳しないよう作業調整を行った。

②　使用機械の選定や施工手順，施工方法を話し合い，安全施工サイクル活動の励行や環境負荷低減方法を決定し，全作業員に周知徹底を図る。

③　安全ミーティングを随時行い，作業員一人一人の意見を取り入れ，安全意識の高揚と環境負荷低減対策並びに労働意欲を高め，資機材搬出入時および機械作業時は誘導員を配置し，一般車両，児童を優先した作業を行った。

　以上の結果，無事故，無災害及び環境負荷低減が図れ工事が完成した。

◎改善した文章◎

①　安全朝礼，安全ミーティングにより，その日の作業手順や危険箇所を全作業員に周知徹底し，相互監視による不安全作業，不安定作業の是正，ヒューマンエラーの防止を行う。

②　低騒音・低振動型施工機械の使用や遮音シートの設置，防振ゴムの装着をするとともに，過負荷，過積載の禁止および道路の清掃を励行する。

③　地域住民，関係機関には，工事内容，環境負荷低減方法などを伝え，朝夕のラッシュ時は工事車両の通行を禁止し，工事に対する理解と協力を得る。

　等の綿密な事前調査を行い，環境保全計画を立て着工した。その結果，当初懸念された環境負荷低減が円滑に進み，地域住民等とのトラブルもなく，無事竣工した。

環境対策記述例12

（問題文省略）

⑴　工　事　名　　○○団地土地造成工事に伴う○○公園整備工事

⑵　⑴の工事の内容　以下の①〜⑤について**明確**に記述しなさい。

　　　①　施工場所　　○○県○○市○○町

　　　②　（ア）発注者名又は注文者名　　○○市公園課

　　　（イ）**この工事における，あなたの所属する会社等の契約上の立場**

　　　【元請（共同企業体を含む），下請（一次，二次下請等，），発注者

　　　（注文者），その他（　）】（該当するものに丸印をする）

　　　③　工　　　期　　平成○年9月1日〜平成○年12月10日　約101日間

　　　④　工事金額又は請負代金額　　￥12,600,000−

　　　⑤　工事概要

　　　　（ア）工事の内容について具体的に記述しなさい。

　　団地内にある公園の整備工事であり，既設園路をカラーアスファルトに改良し，公園北側に鉄筋コンクリート擁壁（高さH＝1.5m）を構築し，その上にネットフェンス（H＝2.0m）を張り，公園西側と南側に高木の植樹を行い，その後低木，地被工を行うものであった。

　　　　（イ）工事数量について具体的に記述しなさい。

移植工：高木（クロガネモチ H＝4.0m　C＝0.21m　W＝1.8m）数量100本

　　　　　低木（アベリア　　　H＝0.5m　　　　　　　W＝0.8m）数量 80本

園路工：カラーアスファルト舗装　数量450m²　張芝工（コウライシバ）250m²

擁壁工：鉄筋コンクリート擁壁工 H＝1.5m　　B＝0.3−0.8m　　　L＝150m

ネットフェンス張工　　　　　　H＝2.0m　　　　　　　　　　L＝150m

　　　　（ウ）現場の状況（関連工事の有無及びその内容も含む），周辺状況について具体的に記述しなさい。

　　土木業者の土地造成工事が先行作業として進捗しており，また，住宅街における現場でもあり，平日でも公園利用者が多く，近隣には小学校及び病院があり，前面道路は，通学道路になっていた。

⑶　工事現場における**施工管理上のあなたの立場**　　工事主任

⑷　上記工事の施工にあたり，**「環境対策」**又は**「品質管理」**上の課題を1つあげ，課題があった管理項目名及びその内容を具体的に記述しなさい。

　　　①　課題があった管理項目名　施工管理項目　　環境対策

　　　②　①で選んだ**施工管理項目上の課題**を具体的に記述しなさい。

　　工事現場の公園は近隣住民の憩いの場として利用者が多く，周辺道路は歩道のない通学道路で，工事による事故防止，資機材搬出入時およびクレーン作業時における近隣住民への公衆災害防止並びに環境保全に留意する必要があった。

◎改善した文章◎

　　事前調査の結果，朝夕の交通量が多く，沿道には店舗，小学校，病院，住宅があり，工事実施に伴う交通事故防止や，騒音・振動・粉じんの低減等，公衆災害防止の必要があった。そのため，綿密な環境保全計画の立案が技術的課題となった。

⑸　⑷の課題に対し，あなたが**現場で実施した処置又は対策**を具体的に記述しなさい。

①　環境保全会議は，現場事前調査の結果を参考に，協力会社の主任技術者を含めて行い，沿道住民への環境負荷低減を図る施工方法及び建設工事を取り巻く環境問題を視野に入れ十分検討し，安全管理体制の整備を行い，指揮命令系統の統一を図り，全作業員に周知徹底をする。

②　過去の工事実績を参考に，安全点検者，誘導員を適正に配置し交通安全対策，環境保全対策を検討し，過負荷，過積載の禁止及び道路の清掃を行った。

③　工事箇所は安全施設により完全に区分すると同時に，掘削機械，整地機械，トラッククレーンには誘導者，合図者を配置して細心の注意を払った。また，現場巡視はチェックシートにて行い，不安定な状態での作業を改善し，通学時間帯を避けて残土処理，資機材搬出入を行い，交通誘導員を出入口に配置させて万全を期した。

　　以上の結果，事故もなく環境負荷低減が図れ，無事工事が完成した。

◎改善した文章◎

①　地域住民に対して，工事説明会を実施し，交通安全対策，環境保全対策を明確に伝え，理解と協力を得る。

②　安全施工サイクル活動に加え，低騒音・低振動型建設機械，排ガス規制車の使用や遮音シートの設置，防振ゴムの装着に加え，過負荷・過積載を禁止し，騒音・振動・粉じん等の低減や道路の汚れを防止する。

③　安全施設，保安施設を適正に配置し，工事区分を明確にし，交通誘導員により的確な誘導を行う。

　　等の環境保全計画を立て着工した。その結果，当初懸念された環境負荷低減が図れ，地域住民とのトラブルもなく，無事竣工した。

（問題文省略）

(1) 工　事　名　○○線道路改良工事に伴う緑化工事

(2) 工事の内容

　　以下の①～⑤について**明確に記述**しなさい。

　　　　① 施工場所　○○市○○町○○

　　　　② 発注者　株式会社○○土木

　　　　③ 工　期　平成○年11月1日～平成○年2月15日　（約107日間）

　　　　④ 工事金額　￥11,330,000 -

　　　　⑤ あなたの所属する会社等の契約上の立場　一次下請

　　　　⑥ 工事概要

　　　　　（ア）工事の内容を具体的に記述しなさい。

　　市道○○線における，道路改良工事に伴う歩道緑化工事であり，歩道幅員3mの所に平板舗装（500角）敷設，植桝工（130ヶ所）を設置し，高木50本，低木80本を植樹するものである。

　　　　　（イ）工種，数量について具体的に記述しなさい。

植栽工：高木（オオシマザクラ　H＝4.0m　C＝0.21m　W＝1.8m）　50本

　　　　低木（オオムラサキツツジ H＝0.8m　　　　　　　　W＝0.9m）　80本

平板舗装工：透水平板　500角　　　　　　　　　　　　　　施工面積855m²

　　　　　（ウ）現場の状況（関連工事の有無及びその内容も含む），周辺状況について具体的に記述しなさい。

　　元請土木業者の道路改良工事が先行作業として進捗しており，住宅街に隣接した現場で，近隣には小学校及び病院があり，平日でも通行量が多く，通学道路にもなっていた。

(3) 工事現場における**施工管理上のあなたの立場**

　　工事主任

(4) 上記工事の施工にあたり，以下の①，②について答えなさい。

　　　　① 施工管理項目のうち，「環境対策」，又は「品質管理」のどちらか1つを選んで記入しなさい。

　　　　　施工管理項目　　環境対策

　　　　② ①で選んだ**施工管理項目上の問題点を具体的に記述**しなさい。

　　道路改良工事に伴う歩道緑化工事であり，当該歩道は通学道路でもあり，工事による事故防止，資機材搬出入時およびクレーン作業時における児童及

び近隣住民への公衆災害防止並びに環境対策に留意する必要があった。

◎改善した文章◎

　　事前調査の結果，施工場所は，関連工事として，ガス管，水道管布設工事が輻輳しており，工事による環境悪化が懸念された。そのため，綿密な環境保全計画の立案が技術的課題となった。

⑸　⑷の課題に対し，あなたが現場で実施した処置又は対策を具体的に記述しなさい。

①　環境保全会議は，現場事前調査の結果を参考に，施工計画を立案し，低騒音型建設機械，排ガス規制車等を選定し，低騒音，低振動工法を考慮し，土砂飛散防止対策，道路汚損防止対策等を話し合った。

②　グリーン購入法に基づく環境保全の周知徹底を図るとともに，安全朝礼にて，全作業員にその日の作業手順及び危険箇所の明示を，周知徹底するとともに，安全点検の実施，作業員の環境保全への意識を高めた。

③　現場巡視はチェックシートにて行い，ヒューマンエラーを防止し，通学時間帯を避けて残土処理，資機材搬出入を行った。

　　以上の結果，事故もなく環境負荷低減が図れ，無事工事が完成した。

◎改善した文章◎

①　低騒音型バックホウ，排ガス規制のダンプトラックを使用し，環境負荷を低減する。

②　建設発生土を客土として再利用し，掘削発生土量を抑え，運搬時は過積載を禁止し，シートを覆い飛散防止を図る。

③　過去の施工実績を参考に，朝夕のラッシュ時は作業を中止し，交通渋滞の緩和を図り，工事箇所及び周辺部は常に整理整頓し，清掃を励行する。

　　等の綿密な環境保全計画を立て着工した。その結果，当初懸念された公衆災害がなく，環境負荷低減も図れ，無事竣工した。

環境対策記述例14 （問題文省略）

(1) 工　事　名　町道○○線道路改良工事に伴う歩道緑化工事

(2) 工事の内容

　　以下の①〜⑤について**明確に記述**しなさい。

　　　　①　施工場所　　○○市○○町○○

　　　　②　発注者　　　○○土木株式会社

　　　　③　工　　期　　平成○年6月1日〜平成○年8月31日　（約92日間）

　　　　④　工事金額　　¥11,330,000-

　　　　⑤　あなたの所属する会社等の契約上の立場　　一次下請

　　　　⑥　工事概要

　　　　　　（ア）工事の内容について具体的に記述しなさい。

　　住宅団地内の道路改良工事に伴う歩道緑化工事であり，歩道に沿ってネットフェンスを張り，インターロッキング舗装，植桝を新設し，根回しを行った高木・低木を移植施工するものである。

　　　　　　（イ）工種，数量について具体的に記述しなさい。

植栽工：高木（クロガネモチ　H=3.5m　　C=0.25m　　W=1.2m）　　100本

　　　　低木（アベリア　　　H=0.8m　　　　　　　　W=0.6m）　　100本

ネットフェンス張工　　　　　　H=2.0m　　　　　　　　　　　　L=115m

歩道舗装工（インターロッキング舗装）　　　　　　　　施工面積320m²

　　　　　　（ウ）現場の状況（関連工事の有無及びその内容も含む），周辺状況について具体的に記述しなさい。

　　土木業者の道路改良工事が先行作業として進捗しており，住宅団地内の歩道が現場で，近隣には中学校及び病院があり，平日でも通行量が多く，通学道路になっていた。

(3)　工事現場における**施工管理上のあなたの立場**

　　工事主任

(4)　上記工事の施工にあたり，以下の①，②について答えなさい。

　　　　①　施工管理項目のうち，「環境対策」，又は「品質管理」のどちらか1つを選んで記入しなさい。

　　　　　　施工管理項目　　　環境対策

　　　　②　①で選んだ**施工管理項目上の問題点を具体的に記述**しなさい。

　　土木工事との並行作業の為に，複数作業による労働災害防止及び資材搬出

入時における工事車両による騒音・振動，工事車両による交通事故等，周辺住民への迷惑防止及び公衆災害防止並びに環境負荷低減に留意する必要があった。

◎改善した文章◎

　　現場事前調査の結果，近隣には小学校，病院，店舗等があり，周辺道路は通学道路になっていた。さらに工事進捗に伴い，騒音・振動，沿道障害や大型車両の通行による交通対策が必要であった。そのため，綿密な事前調査を行い，環境保全計画の立案が技術的課題となった。

⑸　⑷の課題に対し，あなたが現場で実施した処置又は対策を具体的に記述しなさい。

①　環境保全会議は，事前調査の結果を参考に，元請業者の監理技術者と協議し，総合工程表により詳細工程表を作成し，作業の錯綜を防止した。

②　環境負荷低減を図るため，低騒音・低振動型施工機械や施工方法等を考慮し，安全意識の高揚に加え，近隣に対する環境保全対策を実施した。

③　現場周辺は常に整理整頓をして，毎日の作業終了時には清掃をした結果，地域住民からの苦情もない上に公衆災害もなく，環境負荷低減も図れ無事工事が完成した。

◎改善した文章◎

①　地元関係機関及び地域住民に，工事内容，環境負荷低減方法等を伝え，工事に対する理解と協力を得る。

②　環境負荷低減方法は，日中の暗騒音・暗振動の高い時間帯を作業時間とし，また，大型車両の通行は，10時〜15時と決定し，交通安全及び沿道障害防止をする。

③　低騒音・低振動型施工機械により作業を行い，過負荷，過積載を禁止して，周辺道路を清掃し，粉じん防止をする。

　　等綿密な環境保全計画を立て着工した。その結果，当初懸念された交通安全や沿道障害防止が図れ，地元関係機関や地域住民とのトラブルもなく，無事竣工した。

(1) 工　事　名　○○団地土地造成工事に伴う公園新設工事

(2) 工事の内容

　　以下の①〜⑤について**明確に記述**しなさい。

　　　　①　施工場所　○○市○○町○○

　　　　②　発注者　株式会社○○土木工業

　　　　③　工　　期　平成○年6月1日〜平成○年9月15日　（約107日間）

　　　　④　工事金額　￥12,600,000−

　　　　⑤　あなたの所属する会社等の契約上の立場　一次下請

　　　　⑥　工事概要

　　　　（ア）工事の内容について具体的に記述しなさい。

　　本工事は，○○地区における土地造成工事に伴う，付帯工事として公園を新設するものである。石積擁壁を構築しフェンスを張り，東側に砂場広場を設け，すべり台，スプリング遊具，鉄棒を設置し，植栽基盤工を行い，根回しした高木，低木を植栽後，張芝を施工するものである。

　　　　（イ）工種，数量について具体的に記述しなさい。

植栽工：高木（クロガネモチ H＝4.0 m　C＝0.21 m　W＝1.8 m）　　100本

　　　　低木（アベリア　　　　H＝0.5 m　　　　　　　W＝0.8 m）　　80本

石積擁壁工　　　　　　　　　H＝1.5 m　　　　　　　　　　　L＝150 m

ネットフェンス張工　　　　　H＝2.0 m　　　　　　　　　　　L＝180 m

砂場広場80 m²，すべり台1基，スプリング遊具3台，鉄棒一式

張芝工（コウライシバ）　　　　　　　　　　　　　　　　　　　250 m²

　　　　（ウ）現場の状況（関連工事の有無及びその内容も含む），周辺状況について具体的に記述しなさい。

　　土木業者の土地造成工事が先行作業として進捗しており，大型重機，ダンプトラックが錯綜する状態で周辺道路は工事車両の通行路となっていた。近隣には小・中学校及び病院があり，前面道路は平日でも通行量が多く，通学道路にもなっていた。

(3) 工事現場における**施工管理上のあなたの立場**

　　工事主任

(4) 上記工事の施工にあたり，以下の①，②について答えなさい。

　　　　①　施工管理項目のうち，「環境対策」，又は「品質管理」のどちらか1

つを選んで記入しなさい。

　　　施工管理項目　　環境対策

②　①で選んだ**施工管理項目上の問題点を具体的に記述しなさい。**

　住宅地内の公園工事のため，資機材搬出入時および移動式クレーン作業時における近隣住民への事故防止（公衆災害防止）及び環境負荷低減が必要であった。

◎改善した文章◎

　現場事前調査の結果，近隣には，小・中学校，病院，商店街があり，歩行者，一般車両の通行量が多い状況であった。その上に騒音，振動，粉じん飛散等環境悪化が懸念された。そのため，**資機材搬出入時および移動式クレーン作業時**における綿密な環境保全計画の立案が技術的課題であった。

(5)　(4)の②の課題に対し，あなたが**現場で実施した処置又は対策を具体的に記述しなさい。**

①　現場事前調査の結果を参考に，協力業者を含め環境保全会議を実施し，過去の施工実績を基に，保安施設・安全施設は工事規模に対して過大あるいは過小にならないよう十分検討し，安全管理体制の整備を行う。

②　低騒音・低振動施工機械の使用や，施工方法を考慮し，排出ガス規制車による建設発生土の運搬等，全ての作業員に周知徹底を図った。

③　毎朝安全朝礼を実施し，安全点検，危険箇所の明示，環境負荷低減方法を周知徹底し，作業員の環境保全意識を高めた結果，公衆災害や環境悪化もなく無事工事が完成した。

◎改善した文章◎

①　地域住民に対して，工事内容や将来の利便性について説明し，工事に対する理解と協力を得る。

②　過去の施工実績を参考に，仮設歩道，工事標識，標示板，保安設備を適正に配置し，交通誘導員により一般車両，歩行者の誘導を確実に行う。

③　安全朝礼，安全ミーティングを日々行い，安全に対する意識の高揚を図り，低騒音・低振動施工機械や排ガス規制車により作業を進め，過負荷・過積載を禁止し，環境負荷低減を図る。

　等の綿密な環境保全計画を立て着工した。その結果，当初懸念された環境悪化が改善され，公衆災害もなく無事竣工した。

環境対策記述例16 (問題文省略)

(1) 工 事 名　○○地区土地造成工事に伴う児童公園新設工事

(2) 工事の内容

以下の①~⑤について**明確に**記述しなさい。

① 施 工 場 所　○○市○○町○○

② 発 注 者　株式会社○○土木工業

③ 工　　　期　平成○年6月1日~平成○年9月10日　（約102日間）

④ 工 事 金 額　¥11,330,000-

⑤ あなたの所属する会社等の契約上の立場　一次下請

⑥ 工事の概要

（ア）工事内容について具体的に記述しなさい。

　本工事は，○○地区における土地造成工事に伴う公園新設工事であり，土木元請業者が造成工事を施工し，当該公園における移植工，石積み擁壁工，遊具工，園路工，張芝工を施工するものである。

（イ）工種，数量について具体的に記述しなさい。

植栽工：高木（クロガネモチ H=3.5 m　C=0.25 m　W=1.2 m）　　　18本

　　　　低木（アベリア　　　H=0.8 m　　　　　　　W=0.6 m）　　　30本

石積み擁壁工　　　　　　　H=1.0 m　　　　B=0.5 m　　　　　L=138 m

ネットフェンス張工　　　　H=2.0　　　　　　　　　　　　　　L=155 m

園路工（カラーアスファルト）施工面積320 m²　張芝工（コウライシバ）250 m²

遊具工：サンドピット型砂場，すべり台1基，ブランコ1基，鉄棒一式，

　　　　スプリング遊具3台

（ウ）現場の状況（関連工事の有無及びその内容も含む），周辺状況について具体的に記述しなさい。

　土木元請業者の土地造成工事が先行作業で進捗しており，現場内は大型重機，ダンプトラックが輻輳する状態であった。周辺道路は近隣の小・中学校の通学道路でもあり，平日でも通行量が多く公衆災害防止の必要があった。

(3) 工事現場における**施工管理上のあなたの立場**

工事主任

(4) 上記工事の施工にあたり，以下の①，②について答えなさい。

① 施工管理項目のうち，「環境対策」，又は「品質管理」のどちらか1つを選んで記入しなさい。

施工管理項目　　環境対策

② ①で選んだ**施工管理項目上の問題点を具体的に記述**しなさい。

　工事箇所の前面道路は，一般車両，近隣住民が頻繁に通行するために公衆災害防止，環境負荷低減が最重要であり，ダンプトラックの運転手を含め全作業員の安全意識，環境保全の高揚に留意した。

◎改善した文章◎

　　事前調査の結果，前面道路は朝夕の交通量が多く，近隣の小，中学校の通学路になっており，**騒音・振動・粉じん・道路汚損等の環境負荷低減の必要**があった。そのため，綿密な事前調査を行い，公共事業として環境保全計画への反映が，技術的課題となった。

⑸ ⑷の課題に対し，あなたが**現場で実施した処置又は対策を具体的に記述**しなさい。

① 　環境保全会議は，協力会社の主任技術者を含め，総合工程表により作業調整を行い，低騒音・低振動型施工機械の選定や遮音シート，防振ゴムの装着を計画し，客土搬出入時の過積載を防止し，タイヤの洗浄をした。

② 　保安設備・安全施設は，使用目的，使用期間等に応じて適切に準備し，交通誘導員を適正に配置することや，環境保全活動を遵守する環境保全計画を立案し，全ての作業員に周知徹底を図った。

③ 　作業員相互監視により不安全作業，不安定作業の是正及びヒューマンエラーの防止を行った。

④ 　パソコンを有効活用し，データの蓄積を図り，将来の同種工事へ反映した。

　以上の結果，労働災害や環境悪化もなく無事工事が完成した。

◎改善した文章◎

① 　学校，地域住民に対して，工事内容や将来の利便性を伝え，理解と協力を得るとともに，業者間および地域住民とのオアシス運動を励行し，コミュニケーションを図り，環境負荷低減について作業者に周知徹底を図る。

② 　低騒音・低振動型施工機械を使用し，過負荷や過積載，無駄なアイドリングを禁止し，タイヤの洗浄や道路の清掃を励行する。

③ 　過去の施工実績を参考に，安全朝礼，安全ミーティングを行い，その日の作業手順や危険箇所の明示だけではなく，環境保全に対する参加意識を高める。

　等の綿密な事前調査を反映して，環境保全計画を立て着工した。その結果，当初懸念された環境負荷が改善され，工事に対するトラブルもなく，無事竣工した。

（問題文省略）

⑴　工　事　名　○○団地土地造成工事に伴う住宅団地公園工事

⑵　工事の内容

　　以下の①〜⑤について**明確に**記述しなさい。

　　　①　施工場所　○○県○○市○○町

　　　②　（ア）発注者　株式会社○○建設

　　　　　（イ）**この工事における，あなたの所属する会社等の契約上の立場**
　　　　　　　　【元請（共同企業体を含む），下請（一次，二次下請等，），発注者
　　　　　　　　（注文者），その他（　　）】（該当するものに丸印をする）

　　　③　工　　　期　平成○年6月1日〜平成○年8月15日　約76日間

　　　④　工事金額又は請負金額　￥12,800,000−

　　　⑤　工事概要

　　　　　（ア）工事の内容について具体的に記述しなさい。

　　団地にある住宅公園の新設工事であり，敷地境界部に，高さH＝1.0mの鉄筋コンクリート擁壁を構築し，その上にネットフェンスを張り，根回しした高木，低木を植樹し，遊具を設置して，園路をカラーアスファルトに改良するものである。

　　　　　（イ）工事数量について具体的に記述しなさい。

移植工：高木（サンゴジュ　　H＝2.5m　　　　　　　　　W＝0.8m）　数量20本

　　　　　高木（ツバキ　　　　H＝3.0m　C＝0.15m　W＝1.0m）　数量10本

　　　　　低木（アオキ　　　　H＝1.0m　　　　　　　　　W＝0.7m）　数量30本

園路工：カラーアスファルト舗装　　　　　　　　　　　　　　　数量50m²

擁壁工：鉄筋コンクリート擁壁工H＝1.0m　　　　B＝0.3m　　　L＝50m

ネットフェンス張工：　　　　H＝2.5m　　　　　　　　　　　L＝80m

遊具：砂場30m²，すべり台1基，ブランコ1基，スプリング遊具3台

　　　　　（ウ）現場の状況（関連工事の有無及びその内容も含む），周辺状況
　　　　　　　　について具体的に記述しなさい。

　　元請土木会社の土地造成工事が先行作業であり，敷地面積850m²に当該公園工事を施工するものである。工事箇所の前面道路は，生活道路になっていて，通勤，通学時間帯は一般車両，歩行者の通行が非常に多い状態であった。

⑶　工事現場における**施工管理上のあなたの立場**

　　工事主任

(4)　上記工事の施工にあたり，以下の①，②について答えなさい。

　　　①　施工管理項目のうち，「環境対策」，又は「品質管理」のどちらか1つを選んで記入しなさい。　施工管理項目　　環境対策

　　　②　①で選んだ**施工管理項目上の問題点を具体的に記述**しなさい。

　　市街地の工事のため，歩行者，一般車両の通行量が多く，公衆災害防止対策及び環境保全対策を第一に考慮した安全管理体制の強化に留意するとともに，資機材搬出入時および移動式クレーン作業時における環境負荷防止（公衆災害防止）が必要であった。

◎改善した文章◎

　　現場事前調査の結果，市街地の土地造成工事のため，歩行者，一般車両の通行量が多く，公衆災害防止対策及び環境負荷低減を第一に考慮した安全管理体制の強化に留意するとともに，資機材搬出入時および移動式クレーン作業時における環境負荷防止等，環境保全計画の立案が技術的課題となった。

(5)　(4)の課題に対し，あなたが**現場で実施した処置又は対策を具体的に記述**しなさい。

　　①　安全朝礼，安全ミーティングにより，作業者へその日の作業手順や危険箇所の明示を周知徹底すると同時に，作業員からの意見を取り入れ安全意識や環境保全の高揚を図った。

　　②　事前調査の結果を基に，全作業員参加の環境保全会議を実施し，1日の作業時間帯の最盛期を10時〜15時とした。

　　③　隣接空地を借用して，土砂の分別保管，搬出量の軽減や排ガス規制車及び低騒音・低振動型バックホウ，ブルドーザによる工法を採用した。

　　以上の結果，環境負荷低減が図れ，各作業員の連携によりマンネリズムも防止した。

◎改善した文章◎

　　①　**工事に先立ち，地区集会により工事内容，工事期間，環境保全対策を地域住民に伝え，工事に対する理解と協力を得る。**

　　②　**排ガス規制車であるダンプトラックや，低騒音・低振動型バックホウ，ブルドーザを使用すると同時に，能力以上の負荷をかけないよう運転手，オペレータに指示をする。**

　　③　**近隣の空地を借用し，土砂の分別保管を行い，搬出量を低減し，過積載の禁止や荷台にシートを覆い，土砂の飛散防止を図る。**

　　等の環境保全計画を立て着工した。その結果，環境保全対策が達成でき，学校・地域住民からの苦情もなく，無事竣工した。

(問題文省略)

⑴　工　事　名　　○○線道路改良工事に伴う緑化工事

⑵　⑴の工事の内容

以下の①～⑤について**明確に記述**しなさい。

　　①　施工場所　　○○県○○市○○町

　　②　（ア）発注者名又は注文者名　　**株式会社○○土木工業**

　　　　（イ）**この工事における，あなたの所属する会社等の契約上の立場**

　　　　【元請（共同企業体を含む），下請，一次，二次下請等，），発注者

　　　　（注文者），その他（　）】（該当するものに丸印をする）

　　③　工　　　期　　平成○年9月1日～平成○年11月10日　約71日間

　　④　工事金額又は請負代金額　　￥12,600,000－

　　⑤　工事概要

　　　　（ア）工事の内容について具体的に記述しなさい。

　市道○○線における道路改良工事に伴う，中央分離帯の緑化工事と歩道の街路樹の工事である。中央分離帯に低木（アベリア）80本を植栽し，歩道に植桝を設置し，高木（クロガネモチ）58本を植栽するものである。

　　　　（イ）工事数量について具体的に記述しなさい。

移植工：高木（クロガネモチ　H＝4.0m　C＝0.21m　W＝1.8m）　数量58本

　　　　低木（アベリア　　　　H＝0.5m　　　　　　　W＝0.8m）　数量80本

植桝工：58箇所

支柱工：二脚鳥居型　58箇所

　　　　（ウ）現場の状況（関連工事の有無及びその内容も含む），周辺状況

　　　　　　について具体的に記述しなさい。

　市道の現場であり，元請土木業者の道路改良工事が先行作業として進捗しており，朝夕の通勤時間帯は交通量が多く，近隣には小学校及び病院があり，通学道路にもなっていた。

⑶　工事現場における**施工管理上のあなたの立場**

　工事主任

⑷　上記工事の施工にあたり，「**環境対策**」又は「**品質管理**」上の課題を1つあげ，**課題があった管理項目名**及びその内容を具体的に記述しなさい。

　　①　課題があった管理項目名

　　　　施工管理項目　　　環境対策

④ ①で選んだ**施工管理項目上の課題を具体的に記述**しなさい。
　市街地の道路工事のため，歩行者，一般車両に加え，道路工事関係車両とも輻輳する状況であり，公衆災害防止対策，環境対策等，環境保全体制の強化に留意するとともに，資機材搬出入時および移動式クレーン作業時における事故防止（公衆災害防止），ヒューマンエラー防止が必要であった。

◎**改善した文章**◎
　市街地の道路工事のため，歩行者，一般車両に加え，道路工事関係車両とも輻輳する状況であり，環境対策，公衆災害防止対策等，環境保全管理体制の強化に留意するとともに，資機材搬出入時および移動式クレーン作業時における環境負荷低減等，綿密な環境保全計画の立案が技術的課題であった。

⑸　⑷の課題に対し，あなたが**現場で実施した処置又は対策を具体的に記述**しなさい。
①　現場事前調査の結果を参考に，協力業者を含め環境保全会議を実施し，過去の施工実績を基に，保安施設・安全施設は工事規模に対して過大あるいは過小にならないよう十分検討し，環境保全体制の整備を行う。
②　低騒音低振動施工機械の使用や，施工方法を考慮し，排出ガス規制車による建設発生土の運搬等，全ての作業員に周知徹底を図り，マンネリズムを排除した。
　以上の結果，環境対策が円滑に進み無事竣工した。

◎**改善した文章**◎
①　地域住民に対して，工事内容や将来の利便性について説明し，工事に対する理解と協力を得る。
②　過去の施工実績を参考に，環境保全施設を適正に配置し，低騒音・低振動施工機械や排ガス規制車により作業を進め，過負荷・過積載を禁止し，環境負荷低減を図る。
　等の綿密な事前調査を反映し環境保全計画を立て着工した。その結果，当初懸念された環境悪化が改善され，公衆災害もなく無事竣工した。

環境対策記述例19 （問題文省略）

(1) 工　事　名　○○線道路改良工事に伴う緑化工事（その3）

(2) 工事の内容

以下の①〜⑤について**明確に記述**しなさい。

① 施工場所　○○市○○町○○

② 発注者　株式会社○○建設工業

③ 工　期　平成○年9月1日〜平成○年11月25日　（約86日間）

④ 工事金額　¥7,350,000−

⑤ あなたの所属する会社等の契約上の立場　一次下請

⑥ 工事概要

（ア）工事の内容について具体的に記述しなさい。

町道○○線における，道路改良工事に伴う中央分離帯及び歩道緑化工事であり，中央分離帯には低木（ツツジ）を植栽し，歩道に植桝を78箇所設け，高木（オオシマザクラ）78本の植樹とプランター80箇所にパンジーを植えるものである。

（イ）工種，数量について具体的に記述しなさい。

植栽工：高木（オオシマザクラ　H＝4.0m　C＝0.21m　W＝1.8m）　78本

低木（ツツジ　　　　　H＝0.5m　　　　　　　W＝1.0m）　85本

プランター（パンジー）　　　　　　　　　　　　　　　　　80箇所

植桝工：78箇所　　　　　　　　　　　支柱：二脚鳥居型　78箇所

（ウ）現場の状況（関連工事の有無及びその内容も含む），周辺状況について具体的に記述しなさい。

町道の現場であり，元請土木業者の道路改良工事と並行して，中央分離帯と歩道に緑化工事を施工するものである。朝夕の通勤，通学時間帯は交通量が多く，環境負荷低減に留意する必要があった。

(3) 工事現場における**施工管理上のあなたの立場**

工事主任

(4) 上記工事の施工にあたり，以下の①，②について答えなさい。

① 施工管理項目のうち，「環境対策」，又は「品質管理」のどちらか1つを選んで記入しなさい。

施工管理項目　　環境対策

② ①で選んだ**施工管理項目上の課題の内容を具体的に**記述しなさい。

　　現場事前調査の結果，近隣には小学校，病院，店舗等があり，周辺道路は通学道路になっていた。さらに工事進捗に伴い，作業が錯綜するおそれがあるため，協力業者の作業員を含め，安全意識および環境保全の高揚が必要であった。

◎改善した文章◎

　　現場事前調査の結果，近隣には小学校，病院，店舗等があり，周辺道路は通学道路になっていた。さらに工事進捗に伴い，作業が錯綜するおそれがあるため，協力業者の作業員を含め，安全意識及び環境保全の高揚が必要であった。そのため綿密な事前調査を行い，環境保全管理計画の立案が技術的課題となった。

⑸　⑷の課題に対し，あなたが現場で実施した処置又は対策を具体的に記述しなさい。

　①事前調査の結果を参考に，元請土木業者の監理技術者と協議し，総合工程表により詳細工程表を作成し，作業の錯綜を防止する。

　②環境保全施工サイクル活動を取り入れ，環境保全を推進する役割分担を明確にし，安全朝礼，安全ミーティングにより，作業員の安全意識及び環境保全の高揚を図る。

　③パソコンを有効活用し，データの蓄積を図り，将来の同種工事へ反映させるとともに，当初懸念した工程調整が円滑に進み，作業の錯綜による環境悪化もなく無事竣工した。

◎改善した文章◎

　①　地域住民等に対して，工事内容，環境負荷低減方法を伝え，理解と協力を得る。

　②　安全朝礼，安全ミーティングは，安全対策に加え，環境負荷低減について全作業員の喚起を促し励行を図る。

　③　土砂搬出入は，作業調整を行い，朝夕のラッシュ時を避け，過積載の禁止，荷台にシートを覆い，土砂の飛散防止をする。

　等の環境保全計画を立て着工した。その結果，騒音・振動・土砂飛散による粉じん等の軽減が図れ，学校，地域住民からの苦情もなく，無事竣工した。

第1章　施工経験記述

5. 建設副産物対策

※以降，実際の解答文に著者が手を加えた改善文を実例として示します。

(1) 工　事　名　○○公園整備工事

(2) 工事の内容

　　(1)の工事について，以下の①～⑤について明確に記述しなさい。

　　　① 施工場所　○○県○○市○○町

　　　② (ア) この工事の契約上の発注者名又は注文者名

　　　　 発注者名　○○市公園課

　　　　 (イ) この工事における，あなたの所属する会社等の契約上の立場

　　　　　 【元請（共同企業体を含む），下請（一次，二次下請等），発注者
　　　　　 （注文者），その他（　　）】（該当するものに丸印をする）

　　　③ 工　　期　平成○年5月1日～平成○年7月31日　約92日間

　　　④ 工事金額又は請負代金額　￥11,000,000-

　　　⑤ 工事概要

　　　　 (ア) 工事の内容について具体的に記述しなさい。

　　当該工事は，近隣住民の防災避難場所として，公園整備を行うものである。擁壁構築後，盛土を行い，比較的防火力に富む高木（クロガネモチ）低木（クルメツツジ）を公園周囲に移植し，避難通路としての園路を整備するものである。

　　　　 (イ) 工種，数量について具体的に記述しなさい。

移植工：高木（クロガネモチ H=3.5 m　C=0.3 m　W=1.5 m）数量 80本
　　　　低木（クルメツツジ H=0.5 m　　　　　　　 W=0.4 m）数量100本

園路工：カラーアスファルト舗装　　　　　　　　　　　　 数量280 m²

擁壁工：鉄筋コンクリート擁壁工 H=1.8 m　　　 B=0.5 m　　　 L=50 m

整地工：盛土工　　　　　　　　　　　　　　　　　　　　 数量350 m²

　　　　 (ウ) 現場の状況（関連工事の有無及びその内容も含む），周辺状況
　　　　　　 について具体的に記述しなさい。

　　工事場所の公園は近隣住民の憩いの場として利用者が多く，周辺道路は通学道路であるが，歩道もなく道路幅員が狭いものであった。

(3) 工事現場における施工管理上のあなたの立場

　　工事主任

(4) 上記工事の施工にあたり，課題があった管理項目名（建設副産物対策又は

品質管理）及び，その課題の内容を具体的に記述しなさい。

① 施工管理項目のうち，「建設副産物対策」，又は「品質管理」のどちらか1つを選んで記入しなさい。

施工管理項目　　建設副産物対策

② ①で選んだ施工管理項目上の課題の内容を具体的に記述しなさい。

　現場事前調査の結果，掘削発生土は第3種建設発生土に該当し，再生資源利用計画書，再生資源利用促進計画書の作成すべき該当工事であり，現場での管理体制の充実を図る必要があった。そのため，綿密な建設副産物対策の立案が技術的課題となった。

(5) (4)の課題に対し，あなたが**現場で実施した処置又は対策を具体的に記述し**なさい。

① 現場事前調査の結果を参考に，建設副産物対策を立案し，各工程表により工程調整を行うとともに，低騒音・低振動型建設機械や排ガス規制車を選定して，危険箇所には保安設備，安全施設等を増大し，交通誘導員を2名増員する。

② 朝夕のラッシュ時は作業を中止し，交通渋滞を緩和する。

③ 掘削発生土の仮置場として，資材置場を活用し分別保管を行い，埋め戻し土として活用を図り発生を抑制する。

　等の建設副産物対策を立て着工した。その結果，当初懸念した発生の抑制，再使用，再利用が図れ，無事工事が竣工した。

◎改善した文章◎

① 安全朝礼，安全ミーティングにより，作業手順や危険箇所の周知徹底に加え，環境負荷低減として，低騒音型バックホウ，排ガス規制のダンプトラックを使用し，現場に責任者を配置し再生資源利用計画書及び再生資源利用促進計画書に数量を明記する。

② 掘削発生土量を抑え，運搬時は過積載を禁止し，シートを覆い土砂飛散防止を行うとともに，数量を把握し埋め戻し土に流用する。

　等の綿密な建設副産物対策を立て着工した。その結果，当初懸念された建設発生土の発生の抑制，再使用，再利用が図れ，無事竣工した。

（問題文省略）

(1) 工　事　名　　○○川河川整備工事に伴う○○公園整備工事

(2)　工事の内容

　　(1)の工事について，以下の①～⑤について**明確に記述しなさい。**

　　　①　施工場所　　○○県○○市○○町

　　　②　（ア）この工事の契約上の発注者名又は注文者名

　　　　　発注者名　　株式会社○○土木

　　　　　（イ）この工事における，あなたの所属する会社等の契約上の立場

　　　　　【元請（共同企業体を含む），下請（一次，二次下請等），発注者

　　　　　（注文者），その他（　　）】（該当するものに丸印をする）

　　　③　工　　　期　　平成○年 5 月15日～平成○年 8 月15日　約93日間

　　　④　工事金額又は請負代金額　　￥13,000,000 －

　　　⑤　工事概要

　　　　　（ア）工事の内容について具体的に記述しなさい。

　　河川敷にある公園整備工事であり，整地工は地盤改良工を含めた大がかり
な工事であり，高木（ウバメガシ）80本，低木（アオキ）120本を園路（延
長158 m）に沿って植栽するものである。

　　　　　（イ）工種，数量について具体的に記述しなさい。

植栽工：高木（ウバメガシ　　H＝3.0 m　C＝0.15 m W＝1.0 m）　数量　80本

　　　　　低木（アオキ　　　　H＝1.0 m　　　　　　　　W＝0.7 m）　数量120本

園路工：カラーアスファルト舗装　　　　　　　　　　　　　　　数量450 m²

ネットフェンス張工：　　　　　　H＝2.5 m　　　　　　　　　L＝120 m

整地工：盛土工　　　　　　　　　　　　　　　　　　　　　　　数量550 m³

　　　　　（ウ）現場の状況（関連工事の有無及びその内容も含む），周辺状況
　　　　　　　　について具体的に記述しなさい。

　　先行作業として，土木工事のグランド造成工事が進捗しており，大型重機
が錯綜し稼動する状態であった。また，工事箇所周辺は，平日でも公園利用
者が多い状態であった。

(3)　工事現場における**施工管理上のあなたの立場**

　　工事主任

(4)　上記工事の施工にあたり，**課題があった管理項目名（建設副産物対策又は
品質管理）**及び，その課題の内容を具体的に記述しなさい。

① 施工管理項目のうち，「建設副産物対策」，又は「品質管理」のどちらか１つを選んで記入しなさい。

　　　施工管理項目　　　建設副産物対策

② ①で選んだ**施工管理項目上の課題の内容を具体的に記述**しなさい。

　現場事前調査の結果，掘削発生土は，第２種建設発生土及び第３種建設発生土に該当し，分別保管の必要があり，再生資源利用計画書，再生資源利用促進計画書の作成すべき数量に満たないが，計画書を作成し，現場での管理体制の充実を図る必要があった。そのため，綿密な建設副産物対策の立案が技術的課題となった。

⑸ ⑷の課題に対し，あなたが**現場で実施した処置又は対策を具体的に記述**しなさい。

① 現場事前調査の結果を参考に，土木工事の監理技術者，協力業者の主任技術者及び全作業員参加の建設副産物対策会議を行い，再生資源利用計画，再生資源利用促進計画に基づき，建設発生土の処理について話し合う。

② 分別保管場所として，資材置場を活用し，作業効率を向上させる。

③ 現場に責任者を置き，管理体制の整備を行う。

　等の建設副産物対策を立て着工した。その結果，建設発生土の抑制が図れ，場内再利用ができ無事工事が完成した。

◎改善した文章◎

① 建設副産物対策会議を行い，全作業員の喚起を促し，発生量を抑制する。

② 資材置場を活用し，分別保管を行い，数量を把握し記録するとともに，現場内流用を図る。

③ 過去の施工実績を参考に，朝夕のラッシュ時は運搬を中止し，仮置場周辺は常に整理整頓して，雨水流入や飛散防止を行う。

　等の建設副産物対策を立て着工した。その結果，当初懸念された建設発生土の発生抑制，再使用が円滑に進み無事竣工した。

第2章　過去問題

(10回分） ※令和3年度より新制度の問題に
なっています。

※問題1は問題文が同じであるため，第1回のみ入れてあります。
　第2回目以降は問題2から始まります。

【第 1 回】 解答は P. 208〜P. 210

> **問題1**　あなたが経験した**主な造園工事**のうち，工事の施工管理において「工程管理」又は「品質管理」上の課題があった工事を1つ選び，その工事に関する以下の設問(1)〜(5)について答えなさい。**（造園工事以外の記述は採点の対象となりません。）**
>
> 〔注意〕　記述した工事が，あなたが経験した工事でないことが判明した場合は失格となります。

(1)　**工事名を具体的に記述しなさい。**（例：○○公園整備工事など）

_____

(2)　工事内容など

　　(1)の工事に関し，以下の①〜⑤について**具体的に記述しなさい。**

　　　①　施工場所（例：○○県△△市××町地内）

_____

　　　②　（ア）この工事の契約上の**発注者名又は注文者名**_____

　　　　　（イ）この工事における，あなたの所属する会社等の契約上の立場を解答欄の〔　　　〕内の該当するものに○を付けなさい。

　　　　　「その他」に○を付けた場合は（　　　）に契約上の立場を記述しなさい。

　　　③　**工　　　期**（例：令和×年×月×日〜令和×年×月×日）

_____

　　　④　**工事金額又は請負代金額**（1万円未満は切り捨てて記入してもよい）

_____

　　　⑤　工事の概要

　　　　　（ア）**工事の内容及び工事数量**（例：工種，種別，細別，規格，数量など）

_____

_____

_____

_____

_____
_____
_____
_____
_____

（イ）現場の状況及び周辺の状況（必要に応じ，関連工事の有無など当該工事の施工に影響などを与える事項及び内容などを含む）

_____
_____
_____
_____
_____

(3)　工事現場における**施工管理上のあなたの立場**を記述しなさい。

_____

(4)　上記工事の施工において，**課題があった管理項目名（工程管理又は品質管理）**及びその課題の内容（**背景及び理由を含む**）を具体的に記述しなさい。

「課題があった管理項目名」_____

_____
_____
_____
_____
_____
_____

(5)　(4)の課題に対し，あなたが現場で**実施した処置又は対策**を具体的に記述しなさい。

_____
_____
_____
_____
_____
_____
_____
_____

【第 1 回】

問題2 次に示す工事数量表及び工事に係る条件に基づく造園工事の
施工管理に関する以下の設問(1)～(3)について答えなさい。

〔工事数量表〕

工種	種 別	細 別	規 格			単位	数量	備 考
植栽工	地被類 植栽工	コウライシバ	36 cm×140 cm× 2 枚			m²	400	＊ 整地を含む
移植工	根回し工	ケヤキ	H (m)	C (m)	W (m)	本	3	溝掘り式 根回し
			7.0	0.60	4.0			
	高木 移植工	コブシ	H (m)	C (m)	W (m)	本	5	八ツ掛支柱 （丸太三本）
			4.0	0.21	1.5			

注）表中の＊の欄に入る語句は，出題の趣旨から記入していない。

〔工事に係る条件〕

・本工事は，関東地方の近隣公園の未供用区域において，上記の工事
数量表に基づき施工するものである。
・地被類植栽工の施工箇所は，平坦地であり，その土壌は事前の調査
により植栽土壌として良好であることを確認している。
・根回し工のケヤキは，園内の別の場所に移植するために根回しを行う。
・高木移植工のコブシは，約 2 km 離れた別の公園から移植する。
・本工事の工期は，1 月15日から 4 月30日までとする。

(1) 高木移植工に関し，以下の(イ)～(ホ)について答えなさい。

(イ) 下図は，高木移植の一般的な作業手順を示したものである。　A　～
　C　に当てはまる適当な語句を下記のア～ケの中から選び，その記号
を記入しなさい。

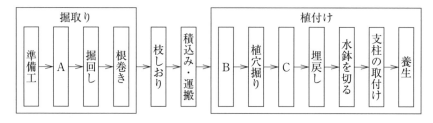

> ア．位置出し　　イ．穴上げ　　ウ．ふるい掘り　　エ．鉢径の決定
> オ．樽巻き　　　カ．控木　　　キ．立込み　　　　ク．マルチング
> ケ．寒冷紗かけ

(ロ)　コブシの掘取り作業において，品質確保上の措置として行う「**根巻き**」の作業目的を具体的に**2つ記述しなさい**。

（ただし，活着率の向上や発根の促進に関する内容は除く。）

(ハ)　「根巻き」を終えたコブシの「積込み・運搬」に当たり，枝をまとめて縄で幹に縛り付け，樹冠幅を小さくする「枝しおり」を行った。この「枝しおり」作業において**枝をしおる順序を具体的に記述しなさい**。

(ニ)　コブシの植付け作業における下記の①，②に関する**留意事項をそれぞれ具体的に1つずつ記述しなさい**。

①　植え穴の大きさ

②　植込みの深さ

(ホ)　八ツ掛支柱の取付けに関する次の記述の　A　〜　C　に当てはまる**適当な語句又は数値を記述しなさい**。

- ・支柱の取付けにあたっては，樹木の高さの　A　くらいの位置に，丈夫に取り付けなければならない。
- ・支柱の丸太と樹幹の取付け部分の幹には　B　を巻き，しゅろ縄で結束する。
- ・支柱を安定させるため，支柱の基部は地中に埋め，地際に　C　を打ち込み，これに結束する。

(2)　地被類植栽工に関し，以下の(イ)〜(ハ)について答えなさい。

(イ)　下図は，張芝工事の作業手順を示したものである。　A　〜　C　に当てはまる**適当な作業名称を下記のア〜ウの中から選び，その記号を記入しなさい**。

（ただし，同じ記号は繰り返し選べないものとする。）

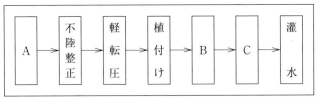

> ア．目土かけ　　　イ．耕うん　　　ウ．ローラかけ

㈹　㈠で示す作業手順における「不陸整正」を行う際の**留意事項を具体的に1つ記述しなさい。**

㈡　芝生の施工に当たり，ロール状に巻かれた長い切芝（ロールシバ）を用いることとなった。この場合の**利点を具体的に記述しなさい。**

（ただし，費用及び目土に関する内容は除く。）

(3)　根回し工に関し，以下の㈠，㈹について答えなさい。

㈠　ケヤキの溝掘り式根回しとして太根などの処理を行った。根の処理が終わった後に行う次の①〜③の作業について，その**作業目的を具体的に1つずつ記述しなさい。**

①　良質土による埋戻し

②　枝葉の剪定

③　支柱の設置

㈹　本工事で根回しを行ったケヤキについて，**望ましい移植の時期はいつか。また，その理由を記述しなさい。**

【第 1 回】

問題3　次に示す工事数量表及び工事に係る条件に基づく造園工事の安全管理に関する以下の設問(1)～(4)について答えなさい。

〔工事数量表〕

工　種	種　別	細　別	規　格			単位	数量	備　考
樹木整姿工	高中木整姿工	イチョウ	H (m)	C (m)	W (m)	本	10	
			12.0	1.5	6.0			
移植工	高木移植工	クスノキ	H (m)	C (m)	W (m)	本	5	八ツ掛支柱(丸太三本)
			5.5	0.40	3.0			

〔工事に係る条件〕

・本工事は，供用中の総合公園において，上記の工事数量表に基づく工事を施工するものである。
・移植するクスノキは，供用区域内で生育するものを掘り取って移植する。
・高木移植工の施工箇所は，平坦地である。
・公園区域内には，架空線などの障害物はない。

(1)　リスクアセスメントに関する次の記述の　A　～　D　に当てはまる最も適当な語句を下記のア～コから選び，その記号を記入しなさい。

・リスクアセスメントとは，作業場の潜在的な　A　などを見つけ出し，これを除去　B　するための手法である。

・必要な単位で作業を洗い出した上で，各作業における　A　を特定する。特定された　A　により発生するおそれのある負傷の重篤度及びそれらの　C　の度合をそれぞれ考慮してリスクを見積もり，　D　から低減を図る。

ア．クリティカルパス	イ．施工の難易度	ウ．危険性
エ．軽減	オ．明確化	カ．工程管理への影響
キ．発生の可能性	ク．経済性への影響	ケ．優先順位の高いリスク
コ．見直し易いリスク		

(2)　施工中の作業区域及び周辺において，**公園利用者の安全を確保するために行う一般的な措置を具体的に記述しなさい。**

（ただし，工事用車両の運転者が遵守すべき内容，う回路の確保に関する内容は除く。）

(3)　高中木整姿工において，移動はしご及び高所作業車を用いてイチョウの剪定作業を行うことにした。同作業に関する安全管理に関し，以下の(イ)，(ロ)について答えなさい。

(イ)　使用する移動はしごについて，「**労働安全衛生規則**」において**適合しなければならないとされている要件**を具体的に**2つ**記述しなさい。

(ロ)　イチョウの剪定に当たり，高さ8mの箇所での作業が生じることから高所作業車を用いることとした。次の記述の　A　～　C　に**当てはまる最も適当な語句又は数値**を下記のア～キから選び，その記号を記入しなさい。

（ただし，平成30年の労働安全衛生法令の改正，及び墜落制止用具の規格の平成31年1月25日付厚生労働省告示第11号に伴う経過措置については，適用されないものとする。）

・「労働安全衛生規則」において，高さ　A　m以上の箇所で剪定作業を行う場合には作業床を設ける必要がある。

・本作業の条件を踏まえ，高所作業車の作業床における作業の安全対策として，　B　の墜落制止用器具を使用する必要がある。

・墜落制止用器具の選定に当たっては，使用可能な最大重量が定められているので，　C　に耐えるものでなければならない。

> ア．2
> イ．4
> ウ．6
> エ．胴ベルト型（U字つり）
> オ．フルハーネス型
> カ．着用者の体重
> キ．着用者の体重と装備品の重量の合計

(4)　高木移植工において，バックホウ及び移動式クレーンを用いてクスノキの移植作業を行うことにした。同作業に関し，以下の(イ)～(ハ)について答えなさい。

(イ) バックホウを用いて樹木の植え穴掘りの作業を行うこととした。この場合のバックホウの運転者が行うべき安全管理上の措置を具体的に2つ記述しなさい。

(ただし，点検など作業を開始する前に行う措置に関する内容は除く。)

(ロ) 移動式クレーンの使用に当たり，「クレーン等安全規則」において，その日の作業を開始する前に機能を点検する必要がある移動式クレーンの装置を2つ記述しなさい。

(ただし，ブレーキ及びクラッチは除く。)

(ハ) 次の記述は，移動式クレーンによるクスノキの吊り上げや立込みにおける安全管理上の措置を示したものである。下線部の(a)～(f)について，その記述が適当な場合は○印を，適当でない場合は適当な語句を，それぞれ解答欄に記述しなさい。

・吊り上げ荷重4.9tの移動式クレーンを用いることとし，その運転業務には(a)小型移動式クレーン運転技能講習を修了した者を就かせた。

・移動式クレーンを設置する地盤の状況を確認したところ，地盤の支持力が不足すると考えられたため，(b)移動式クレーンの重量に相当する地盤反力が確保できるよう，鉄板の敷設による補強を行った。

・移動式クレーンの運転に係る合図者を(c)2人配置し，あらかじめ打ち合わせた内容で明確に合図を行った。

・移動式クレーンで荷を吊り上げた際，ブーム等のたわみによって吊り荷が移動するため，フックの位置はたわみを考慮して作業半径の少し(d)外側で作業した。

・使用する玉掛け用ワイヤロープは，ワイヤロープの切断荷重の値を，そのワイヤロープに係る荷重の最大の値で除した安全係数が(e)3以上であることを確認した。

・クスノキを吊り上げる際，荷が(f)地面からわずかに浮いた状態で停止させ，機体の安定，吊り荷の重心，玉掛けの状態を確認した。

【問題1】 解答は，施工経験記述につき，省略

【問題2】 解答

(1)

（イ）

A	B	C
エ	ア	キ

（ロ）

①	根鉢が運搬に際して崩れないようにするため。
②	鉢内の根と土を密着させ，根の乾燥を防ぐため。

（ハ）

①幹に近い内側の枝から始め，②外枝へとしおる，③梢より下方にしおっていく。

（ニ）

①植え穴の大きさ	根鉢がゆったりと収まるように，根鉢の1.5倍となるように留意する。
②植込みの深さ	植穴の深さはやや深めに掘り，底部の中央を中高く仕上げて沈下を見込み，植込み深さは，浅植，深植にならないよう留意する。

（ホ）

A	B	C
$\dfrac{2}{3}$	杉皮	留杭 （やらず杭）

(2)

（イ）

A	B	C
イ	ア	ウ

（ロ）

立木，雑草，石などの夾雑物を除去する。

（ハ）

①	短時間で張ることができ，施工面積（1日の作業量）の増加が図れる。
②	つなぎ目を少なくできる。
③	雑草が生えにくい。

※上記より1つを選び記述すれば良い。

(3)

（イ）

①良質土による埋め戻し	養水分を吸収しやすくし，また剥皮部分からも発根しやすくするため。
②枝葉の剪定	根と枝葉との水分バランスをとるため。
③支柱の設置	風によって動揺し，新たな発根が切断されることがないようにするため。

（ロ）

時期	3月下旬〜4月上旬
理由	工期（1〜4月）に根回しを行う条件であり，ケヤキは落葉樹であるため。

【問題3】解答

(1)

A	B	C	D
ウ	エ	キ	ケ

(2)

制札板などの安全標識を設置して，公園利用の注意を喚起する。

(3)

(イ)

①	材料は著しい損傷，腐食などがないものとすること。
②	幅は，30 cm 以上とすること。

(ロ)

A	B	C
ア	オ	キ

(4)

(イ)

①	機械の転倒事故防止のため，運転者は構造上定められた安定度を守る。
②	巻き込み事故など防止のため，運転者は旋回前に必ず周囲の確認を行う。

(ロ)

①	巻過防止装置
②	過負荷警報装置

(ハ)

a	b	c	d	e	f
○	吊り荷重	1人	内側	6	○

令和2年度　実地試験問題

【第 2 回】 解答は P.216〜P.219

問題2　次に示す工事数量表及び工事に係る条件に基づく造園工事の
施工管理に関する以下の設問(1)〜(3)について答えなさい。
解答は，解答用紙の所定の解答欄に記述しなさい。

〔工事数量表〕

工　種	種　別	細　別	規　格				単位	数量	備　考
植栽工	高木植栽工	イヌシデ	H(m) 4.0	C(m) 0.25	W(m) —	株立数 3本立以上	本	10	＊
		カツラ	H(m) 4.5	C(m) 0.25	W(m) 1.8		本	10	＊
	地被類植栽工	ノシバ	36 cm×28 cm×10枚				m²	400	目地張り（目土あり）
移植工	高木移植工	ヤマモモ	H(m) 3.0	C(m) 0.40	W(m) 2.0		本	3	＊

注）表中の＊の欄に入る語句は，出題の趣旨から記入していない。

〔工事に係る条件〕

・本工事は，関東地方における近隣公園の未供用区域において，上記
の工事数量表に基づく工事を施工するものである。

・本工事の工期は，2月1日から7月20日までとする。なお，この工
事区域の供用開始は10月上旬である。

・地被類植栽工の施工箇所は，平坦地であり，その土壌は事前の調査
により植栽土壌として良好であることを確認している。

・移植工のヤマモモは，約3km離れた別の公園から移植する。

(1)　高木植栽工に関し，以下の(イ)，(ロ)について答えなさい。

　(イ)　下表に示すア〜オは，本工事に使用する予定のイヌシデの一部につ
いて，株立ちを形成する各幹の周長の測定寸法値を示したものである。

　　これらの樹木の測定寸法値が，「公共用緑化樹木等品質寸法規格基準
(案)」による**樹木の幹周に関する寸法規格基準を満たしているもの**につい
て，その記号を全て記入しなさい。

　　なお，それぞれの樹木の各幹の高さは，いずれも4.0m以上である。

記　号	株立数	各幹の周長（m）			
ア	4本立	0.11	0.09	0.08	0.08
イ	3本立	0.13	0.13	0.13	
ウ	3本立	0.16	0.10	0.08	
エ	3本立	0.16	0.12	0.10	
オ	2本立	0.20	0.17		

㋺　下図は，本工事でカツラの植栽工に用いる支柱の模式図である。これに
　関して，以下の1），2）について答えなさい。

　1）この**支柱の名称**を記述しなさい。

　2）この支柱の取付けに当たり，図中の①（丸太と樹幹部），②（丸太と
　　丸太）の箇所の**結束方法**をそれぞれ具体的に記述しなさい。

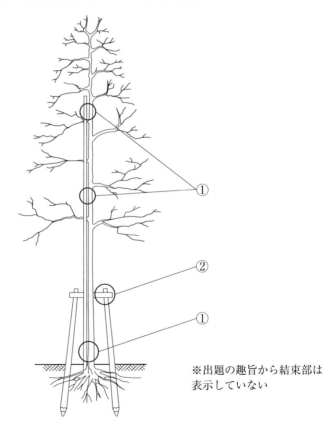

※出題の趣旨から結束部は
表示していない

(2) 高木移植工に関し，以下の(イ)，(ロ)について答えなさい。

(イ) 次の記述は本工事におけるヤマモモの掘取り作業を示したものである。
次の記述の A ～ C に当てはまる**適当な作業名称を記述**しなさい。

　　・ヤマモモの移植の準備作業として，地表に近い根の状態を確認するとともに雑草類を移植先に持ち込まないようにするため A を行った。また，下枝が作業の支障になることから，下枝を縄で幹に縛りつける B を行った。

　　・掘回し後の根巻きに当たっては，鉢の側面をわら縄で水平に巻き締める C を行い，その後，わら縄を上下に巻き，根巻きを完了させた。

(ロ) ヤマモモの植付け後の養生として，「マルチング」及び「幹巻き」を行った。
「マルチング」及び「幹巻き」の一般的な目的を，それぞれ具体的に2つずつ記述しなさい。

(3) 地被類植栽工に関し，以下の(イ)～(ハ)について答えなさい。

(イ) 本工事におけるノシバの張芝方法は，「目地張り」と指定されている。
「目地張り」が選択された理由を，「べた張り」との特徴の違いを踏まえて2つ記述しなさい。

(ロ) **目土かけを行う際の作業方法を具体的に3つ記述**しなさい。
（ただし，目土の材料，安全管理に関する内容は除く。）

(ハ) ノシバを植え付けた後に目土かけを行うことは，**芝生の生育にどのような効果があるか，その効果について記述**しなさい。

問題3　次に示す工事数量表及び工事に係る条件に基づく造園工事の安全管理に関する以下の設問(1)〜(3)について答えなさい。

解答は，解答用紙の所定の解答欄に記述しなさい。

〔工事数量表〕

工　種	種　別	細　別	規　格			単位	数量	備　考
樹木整姿工	高中木整姿工	イチョウ	H(m)	C(m)	W(m)	本	20	
			14.0	1.50	10.0			
	樹勢回復工	ハナミズキ	H(m)	C(m)	W(m)	本	10	薬剤散布
			4.0	0.25	4.0			
移植工	高木移植工	ケヤキ	H(m)	C(m)	W(m)	本	6	支柱取付け
			6.0	0.40	2.5			
自然育成植栽工	林地育成工	下刈り				m²	1,500	

〔工事に係る条件〕
・本工事は，供用中の総合公園において，上記の工事数量表に基づく工事を施工するものである。
・樹勢回復工は，ハナミズキの病害防除のため，殺菌剤を動力噴霧機で葉面散布するものである。
・林地育成工は，本公園の既存林において，林床の植物育成を目的とした下刈りを行うものである。
・公園区域内は，架空線等の障害物はない。

(1)　工事の施工に当たる作業員の安全確保や安全管理について，以下の(イ)〜(ニ)について答えなさい。

(イ)　作業中に作業員の事故が発生した場合に備えて，**作業現場において日頃より準備しておくことを具体的に2つ記述しなさい。**

（ただし，作業員の服装や保護具，及び熱中症対策に関する内容は除く。）

(ロ)　作業している作業員に熱射病などの**熱中症の症状が確認された際，病院へ救急搬送する前に作業現場において対応すべき応急手当として考えられることを具体的に2つ記述しなさい。**

(ハ)　高所作業車を用いてイチョウの枝葉の剪定作業を行う場合に，**地上で作業する作業員の安全を確保するために行うべき措置や作業員への指示事項を具体的に2つ記述しなさい。**

（ただし，保護帽に関する内容，及び高所で作業する作業員の墜落事故防

止に関する内容は除く。）

㈡　ハナミズキに薬剤散布を行う場合に，**作業員の安全・健康を守るために行うべき留意事項を具体的に２つ記述**しなさい。

（ただし，薬剤の保管方法，作業前の作業員の体調管理に関する内容は除く。）

(2)　ケヤキの吊り上げや立込みにおいて，移動式クレーンを使用することにした。次の記述は，移動式クレーンの作業の実施における安全管理上の措置を示したものである。

下線部㋐〜㋪について，その記述が適当な場合は○印を，適当でない場合は適当な語句を，それぞれ解答欄に記述しなさい。

・移動式クレーンの機体は㋐水平に設置し，アウトリガーは作業荷重に応じて，完全に張り出すこと。

・合図者は，吊り荷がよく見え，運転者からもよく見える位置で，かつ㋑作業範囲の内側に位置して合図を行う。やむを得ず，㋒運転者から見えない位置で合図をすることになった際は，無線等で確実に合図が伝わる方法をとる。

・荷を吊る際には，介錯ロープを吊り荷の㋓中央部に取り付け，合図者が安全な位置で誘導する。

・強風のため，作業の実施について危険が予想されるときには，㋔外れ止め装置を使用しなければならない。

(3)　林地育成工において，肩掛け式草刈り機を用いて下刈り作業を行うことにした。

以下の㋑，㋺について答えなさい。

㋑　肩掛け式草刈り機を使用する場合，**飛散物による傷害から身体を護るための保護具，防振対策のための保護具，防音対策のための保護具をそれぞれ１つずつ記述**しなさい。

（ただし，保護帽，安全靴は除く。）

㋺　下刈り作業中に刈刃が岩石等の障害物に当たったため，**刈刃を点検する**こととした。その際の留意事項を記述しなさい。

令和2年度　　解答

【問題2】解答

(1)

(イ)

ア，イ，エ

(ロ)

1)	二脚鳥居型（添木付）
2)	①：丸太と樹幹の取付け部分は，すべて杉皮を巻き，しゅろ縄で割縄掛けに結束する。
	②：丸太と丸太の結合する部分は，釘打ちのうえ鉄線掛けとする。

(2)

(イ)

A	B	C
上鉢の土のかき取り	下枝のしおり	樽巻き

(ロ)

「マルチング」

①	土壌の乾燥・かん害防止
②	地温の調節
③	雑草の防止
④	霜害防止

「幹巻き」

①	日射に対しての皮焼けの害を防ぐ。
②	寒害に対しての霜割れを防ぐ。

⑶

（イ）

①	施工箇所が法面であればベタ張りだが，平坦地であることから目地張りを施工する。
②	土壌も良好で，供用開始までの数か月の期間があり，ほふく型の栄養繁殖が可能となることから目地張りを施工する。
③	目地張りは，ベタ張りの8割程度の芝で済ますことが出来る。
④	ベタ張りは目地張りの1.5～2倍のコストがかかる。

（ロ）

①	芝が弱るのを防ぐために，芝の葉が半分かくれる程度に土をかける。
②	目土をかけ終えたら，ハンドローラー等にて軽転圧をする。
③	乾燥しいないように，早めにかん水を行う。

（ハ）

目地をふさぎ凹凸を無くし，ほふく茎の発根を促す効果がある。

※⑵（ロ）「マルチング」，⑶（イ）は上記より2つを記述すればよい。

【問題3】解答

(1)

(イ)

①	火災発生時の連絡体制を整え，見やすい箇所に掲示しておく。
②	応急手当等の安全訓練等を実地し，三角巾を含め，救急用品を装備する。

(ロ)

①	涼しい場所へ移動し，安静にする。
②	体が熱ければ，保冷剤などで冷やす。

(ハ)

①	剪定中の樹木の下は，立入禁止とする。
②	大枝などは，投げ落とさず必要に応じてロープなどで吊り下げて下ろす。

(ニ)

①	マスク，手袋，帽子，長靴，長袖シャツなど薬剤に直接触れないために保護具を着用する。
②	薬剤のラベルを見直し，希釈倍数，散布量などを再度確認する。

(2)

ア	イ	ウ	エ	オ
○	作業範囲外	○	端部	作業を中止

（3）

（イ）

「飛散物による障害から身体を守るための保護具」
保護メガネ
「防振のための保護具」
防振手袋
「防音対策のための保護具」
耳栓

（ロ）

①直ちにエンジンを止め，刈刃が止まったことを確認のうえ，点検する。

問題2　次に示す工事数量表及び工事に係る条件に基づく造園工事の施工管理に関する以下の設問(1)〜(4)について答えなさい。
　　　解答は，解答用紙の所定の解答欄に記述しなさい。

〔工事数量表〕

工種	種　別	細　別	規　格			単位	数量	備　考
植栽工	高木植栽工	ケヤキ	H(m) 6.0	C(m) 0.30	W(m) 2.5	本	5	八ツ掛支柱 (丸太三本)
	地被類植栽工	コウライシバ	36 cm×28 cm×10枚			m²	500	整地含む 目地張り
移植工	高木移植工	クスノキ	H(m) 7.0	C(m) 0.8	W(m) 3.0	本	3	八ツ掛支柱 (丸太三本)

〔工事に係る条件〕

・本工事は，関東地方における近隣公園の未供用区域において，上記の工事数量表に基づく工事を施工するものである。

・地被類植栽工の施工箇所の土壌は，事前の調査により，植栽土として良好であることを確認している。

・高木移植工は，あらかじめ溝掘り式根回しを行ってあるクスノキを約2km離れた別の公園から移植するものである。

(1)　建設工事における一般的な施工管理について，次の記述の ┃ A ┃ ， ┃ B ┃ に当てはまる**最も適当な語句を下記のア〜ケから選んで，その記号を記入し**なさい。

　「建設工事の多くは請負工事として施工される。請負工事の施工管理は，┃ A ┃ が建設工事の目的物を，所定の形や品質に，所定の工期内で，所定の費用で，建設するために行うものである。

　また，造園工事においては，特定の機能を持つ個別の構造物を作るばかりでなく，樹木や自然石などの不定形な自然素材の個性を活かし，それらの ┃ B ┃ や周辺の景観にも十分配慮することが重要である。」

ア．監督員　　イ．下請業者　　ウ．受注者　　エ．設計者　　オ．発注者
カ．使い勝手　　キ．おさまり　　ク．耐久性　　ケ．手際の良さ

(2) 高木植栽工に関し，以下の(イ)～(ニ)について答えなさい。

(イ) ケヤキの植付け作業で行う**植え穴掘りについて，留意事項を具体的に1つ記述しなさい。**

（ただし，植え穴の大きさに関するものは除く。）

(ロ) ケヤキの植付け作業で行う**水極めについて，作業手順・内容を具体的に記述しなさい。**

(ハ) ケヤキの植付け作業で行う**水鉢切りについて，作業内容を具体的に記述**しなさい。

(ニ) 植付け後のケヤキに八ツ掛支柱（丸太三本）を取り付けるに当たり，**支柱の結束に関する留意事項を具体的に3つ記述しなさい。**

(3) 地被類植栽工に関し，以下の(イ)，(ロ)について答えなさい。

(イ) 床土の整備に必要な**整地作業の内容について具体的に2つ記述しなさ**い。

（ただし，土壌改良材の使用，良質土による客土に関する内容は除く。）

(ロ) 目地張りで張芝を施工する際の**切芝の並べ方を，以下の条件により，解答用紙に図示しなさい。**

［条件］

・解答用紙には切芝が1枚すでに記入してあるので，これに加えて5枚を記入し，横方向に3枚を2列並べて，合計6枚となるようにする。

・切芝1枚の大きさは，横36cm×縦28cmである。（本図では9マス×7マスである。）

・切芝の切断（サイズ変更）はできない。

・目地の幅は4cmである。（本図では1マスである。）

（下書き用）

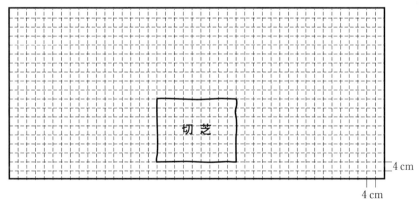

(4) 高木移植工に関し，以下の(イ)〜(ハ)について答えなさい。

(イ) 溝掘り式根回しの一般的な施工方法に関する次の記述の　A　，　B　に当てはまる**適当な語句を記述**しなさい。

「根元直径の 3 〜 5 倍の鉢を定めた上で周囲を掘り下げる。その際，周囲に張った側根のうち　A　となる太根を三方又は四方に残し，他の根は鋭利な刃物で切断し，切口を切り直す。

また，残した　A　に対しては幅15 cm 程度の　B　を行う。」

(ロ) 掘取りの準備として，上鉢のかき取りを行うことにした。その**目的を具体的に 1 つ記述**しなさい。

(ハ) 掘取り及び根巻きを終えたクスノキの積込み及び運搬に当たり，**樹木の品質管理のために行う作業内容を具体的に 3 つ記述**しなさい。

（ただし，幹巻きや灌水，使用する移動式クレーンなどの機材の選定・据付け・操作に関する内容は除く。）

【第3回】

問題3　次に示す工事数量表及び工事に関する条件に基づく造園工事の安全管理に関する以下の設問(1)〜(3)について答えなさい。

解答は，解答用紙の所定の解答欄に記述しなさい。

〔工事数量表〕

工 種	種別	細 別	規 格			単位	数量	備 考
移植工	高木移植工	ケヤキ	H(m) 6.0	C(m) 0.4	W(m) 2.5	本	5	支柱取付け
樹木整姿工	高中木整姿工	イロハモミジ	H(m) 2.5	C(m) 0.3	W(m) 3.0	本	15	
		クスノキ	H(m) 7.0	C(m) 0.8	W(m) 3.0	本	10	
	低木整姿工	オオムラサキツツジ	—			m²	120	寄植え

〔工事に係る条件〕

・本工事は，供用中の地区公園の一部区域（約0.5 ha）において，上記の工事数量表に基づく工事を施工するものである。

・移植するケヤキは，供用区域内で生育するものを掘り取って移植するものである。

・公園区域内は平坦であり，架空線等の障害物はない。

(1) 作業前のツールボックスミーティング（安全ミーティング）において，**現場作業員が安全に作業を進めるために話題とする一般的な内容を3つ記述し**なさい。

（ただし，本工事の移植工及び樹木整姿工の作業内容に関するものは除く。）

(2) 移植工における安全管理に関し，以下の(イ), (ロ)について答えなさい。

(イ) ケヤキの植え穴をバックホウで掘削する際，植え穴の深さを確認するためバックホウの作業範囲近くに作業員を配置した。この場合，**作業員を安全に作業させるために行うべき措置を具体的に1つ記述**しなさい。

（ただし，運転者が行う内容（点検・運転等），作業計画，及び保護帽（ヘルメット）に関するものは除く。）

(ロ) ケヤキの立込みに移動式クレーンを使用することにした。次の記述は，移動式クレーンの運転及び玉掛け作業における安全管理上の留意事項を記

述したものである。

　下線部（ア）〜（エ）について，その記述が適当な場合は解答欄に〇印を，適当でない場合は適当な語句を記述しなさい。

　・荷を吊り上げる際には，フックが必ず吊り荷の(ア)長さの2分の1の地点の真上に来るように誘導し，必ず荷が(イ)地面から約2m巻き上げられた状態で停止し，機体の安定や玉掛けの状態などを確認する。

　・荷を吊った状態でジブ（ブーム）を伸ばしていくと，荷の質量が変わらなくても，作業半径が大きくなり，定格荷重が(ウ)小さくなる。

　・強風のため，作業の実施について危険が予想されるときは，(エ)鉄板を敷設しなければならない。

(3)　樹木整姿工における安全管理に関し，以下の(イ)〜(ニ)について答えなさい。

(イ)　イロハモミジの枝葉の剪定に当たり，脚立を使用することとした。次の記述は脚立について適合すべき基準として「労働安全衛生規則」に定められたものであるが，次の　A　〜　C　に当てはまる適当な語句を記述しなさい。

　・丈夫な　A　とすること。

　・材料は，著しい損傷，　B　等がないものとすること。

　・脚と水平面との角度を75度以下とし，かつ，折りたたみ式のものにあっては，脚と水平面との角度を確実に保つための　C　等を備えること。

　・踏み面は，作業を安全に行うため必要な面積を有すること。

(ロ)　クスノキの剪定に当たり，高さ2m以上の高所で樹上作業を行う場合，樹上の作業員がどのような事故に遭う危険性があるのか具体的に1つ記述しなさい。

(ハ)　前問(ロ)の作業を行う場合，樹上の作業員が作業上の危険を回避し，自らの安全を確保するために行うべき措置を具体的に3つ記述しなさい。

　（ただし，移動はしご，服装及び保護帽（ヘルメット）に関する内容は除く。）

(ニ)　オオムラサキツツジの剪定に当たり，バリカン式剪定機（トリマー）を使用することとした。

　この場合，作業員が安全に作業を行うための作業方法やバリカン式剪定機の操作方法について，安全管理上，留意すべき事項を具体的に2つ記述しなさい。

　（ただし，使用するバリカン式剪定機の選定・点検，保護帽（ヘルメット）・安全靴に関する内容は除く。）

令和元年度　解答

【問題2】解答

(1)

A	B
ウ	キ

(2)

（イ）

根鉢の先端を差込みやすくする為に，植え穴の底はやや高めにして，土は砕いて軟らかくするように留意する。

（ロ）

根鉢の半分ぐらい土を埋め戻した後，水を注ぎながら棒で突き，もう半分も同様の手順で埋め戻す。

（ハ）

鉢を完全に埋め戻してから，鉢の外周に沿って適当な幅の浅い溝（水鉢）を掘るか，根元を平らに均し鉢の外周に盛り上げた水鉢（幅，高さともに10 cm 程度）を作り，この中に灌水する。

（ニ）

①	支柱の取付け高さは，風向を考慮し角度を決め，樹木の高さの3分の2くらいの位置に取付ける。
②	幹または丸太と交差する部位の2箇所以上で結束する。
③	支柱を安定させるため，地際に接する丸太の基部は地中に埋めて十分突き固め，地際に打ち込んだ根止め杭（やらず杭）に結束する。

(3)

（イ）

①	地表30 cm の深さに開墾して，立木，雑草，石などの夾雑物を除去する。
②	表面凹凸を直し，根腐れ防止のため表面排水がとれるように中央部を高くし，わずかな勾配をとる。

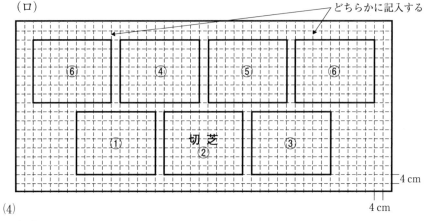

（ロ）

どちらかに記入する

4 cm

4 cm

（4）

（イ）

A	B
支持根（力根）	環 状 剥 皮

（ロ）

①	鉢の上面は軟らかく崩れやすく，雑草の根や種子も含まれているので，固い所まで掻き取る。
②	根の状態の確認，根鉢の軽量化と崩れ防止のため。
③	植栽地の雑草発生を抑制するため。

　　※上記より1つを選んで記述すればよい。

（ハ）

①	風や日射を防ぐためシート等で覆う。
②	根や鉢土の乾燥を防ぐため，カバーをかけ蒸散防止を図る。
③	運搬距離や気象条件によっては，蒸散抑制剤を使用する。

【問題3】解答

（1）

①	その日の作業内容，進め方と安全の関係。
②	作業上特に危険な箇所の明示とその対策。
③	作業者に身近な災害事例。

(2)

（イ）

一定の合図を定めて，誘導者に当該合図を行わせて安全に誘導させる。

（ロ）

ア	重心線上
イ	地面からわずかに荷が浮いた。
ウ	○
エ	当該作業を中止

(3)

（イ）

A	B	C
構造	腐食	金具

（ロ）

樹木の腐朽や弱枝からの墜落・転落事故に遭う危険性がある。

（ハ）

①	樹木の腐朽や弱枝を確認し，体重をかける部分に注意する。
②	要求性能墜落制止用器具が取付け設備に確実に接続されているか確認する。
③	強風など悪天候で作業に危険が予想される場合は，作業を中止する。

（ニ）

①	作業中の現場移動，あるいは作業を一時中止する場合は，剪定装置の回転を安全に停止させてから行うよう留意する。
②	傾斜地での作業は，転倒，横滑り等の危険があるので，作業足場の状態に注意して行い，安定した姿勢で行うよう留意する。

問題2　次の工事数量表及び工事に係る条件に基づく造園工事の施工管理に関する以下の設問(1)〜(3)について答えなさい。
　　　　解答は，解答用紙の所定の解答欄に記述しなさい。

〔工事数量表〕

工種	種　別	細　別	規　格			単位	数量	備　考
植栽工	高木植栽工	ソメイヨシノ	H(m)　3.0	C(m)　0.12	W(m)　1.0	本	20	二脚鳥居型支柱（添え木付）
	中低木植栽工	ベニカナメモチ	H(m)　1.5	C(m)　—	W(m)　0.4	本	60	布掛け支柱
	地被類植栽工	コウライシバ	36 cm×28 cm×10枚			m²	400	べた張り整地を含む
移植工	高木移植工	シラカシ	H(m)　5.0	C(m)　0.30	W(m)　2.0	本	3	八ツ掛支柱（丸太三本）

〔工事に係る条件〕
・本工事は，関東地方にある近隣公園の未供用区域において，上記の工事数量表に基づく工事を施工するものである。
・地被類植栽工の施工箇所の土壌は，事前の調査により，植栽土として良好であることを確認している。
・移植するシラカシは，約2km離れた別の公園から移植するものである。

(1)　高木植栽工及び中低木植栽工に関し，以下の(イ)〜(ニ)について答えなさい。

(イ)　ソメイヨシノの植栽において，下記の①〜③の項目について，留意すべき事項をそれぞれ具体的に記述しなさい。

　　　（ただし，土壌改良や施肥，移動式クレーン等の機材・作業，吊上げ時あるいは立込み後の樹木の保護養生，及び安全管理に関する内容は除く。）

①　植え穴掘削の際の植え穴の大きさ

②　植え穴掘削の際の植え穴の底部の仕上げ

③　植え穴掘削後の樹木の立込み

(ロ)　ソメイヨシノの「W」に関する次の記述の　A　，　B　に当てはまる適当な語句又は数値を下記のア〜キの中から選び，その記号を記入しな

さい。

なお，規格の判定にあたっては，「公共用緑化樹木等品質寸法規格基準（案）」の寸法規格によることとする。

「現場に搬入予定のソメイヨシノについて，四方面に伸長した枝（一部の突出した枝は含まない）の幅を測定したところ，測定値が最大値1.1 m，最小値0.7 m であるものがあった。このとき，「W」の値は［ A ］m となるため，このソメイヨシノは工事数量表の寸法規格を，［ B ］。」

ア．0.7	イ．0.8	ウ．0.9	エ．1.0	オ．1.1
カ．満たしている		キ．満たしていない		

(ハ) 「公共用緑化樹木等品質寸法規格基準（案）」では，寸法規格のほかに品質規格についても規定がある。この基準（案）における「樹木の品質」に関する次の記述の［ A ］，［ B ］に当てはまる**適当な語句を下記のア～クの中から選び，その記号を記入**しなさい。
（ただし，同じ記号は繰り返し選べないものとする。）

「樹木の品質は，［ A ］と［ B ］によって定めることができる。［ A ］は樹形の良否が重要であり，それを構成する要素としては，幹（高木のみ適用）・枝葉の配分（出方）・枝葉の密度・下枝の位置があげられる。一方，［ B ］は生育（活力）状態によって樹木全体の活力が総合的に判定され，それは，根・根鉢・葉・樹皮（肌）・枝の状態及び病虫害の有無（被害状況）によって決定される。

ア．樹幹	イ．樹冠	ウ．樹姿	エ．枝振り
オ．仕立て	カ．樹勢	キ．寸法	ク．見映え

(ニ) ベニカナメモチの植栽後，布掛け支柱を設置するに当たり，これに使用する唐竹について，**材料選定・加工に関する留意事項を具体的に記述**しなさい。

(2) 地被類植栽工に関し，以下のイ，ロについて答えなさい。

(イ) 地被類植栽工に関し，下図の手順で張芝工事を行うこととした。図の［ A ］～［ D ］に当てはまる**適当な作業名称を下記のア～エの中から選び，その記号を記入**しなさい。

（ただし，同じ記号は繰り返し選べないものとする。）

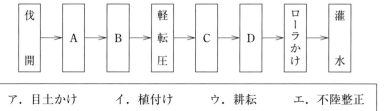

| 伐開 | → | A | → | B | → | 軽転圧 | → | C | → | D | → | ローラかけ | → | 灌水 |

| ア．目土かけ | イ．植付け | ウ．耕耘 | エ．不陸整正 |

(ロ) (イ)で示す作業手順における目土かけについて，**準備する「目土の材料」に関する留意事項を1つ，**目土かけの**「作業方法」に関する留意事項を2つ，それぞれ具体的に記述**しなさい。

(ただし，安全管理に関する内容は除く。)

(3) 高木移植工に関し，以下のイ，ロについて答えなさい。

(イ) 移植木の調達先において，以下の作業によりシラカシの掘取りの準備を行うこととした。下記の A ～ C に当てはまる**適当な作業名称を記述**しなさい。

① 灌　水：乾燥による作業中の根鉢の崩れを防止するため，作業着手の前日までに行う。

② A ：地表に近い根の状態を確認するため，また，移植先へ雑草類を持ち込まないようにするために行う。

③ 枝おろし：枯れ枝，弱っている枝，密生している枝などの不用枝を切除する。

④ 蒸散抑制剤散布：葉面からの水分の蒸散を抑制するために，散布する。

⑤ B ：下枝が掘取り作業の支障になることから，作業を容易にするために，下枝を縄で幹に縛りとめる。

⑥ C ：掘取りに伴う樹木の倒伏を防ぐため，掘り下げる前に行う。

(ロ) 高木移植工の掘取り作業において，品質確保上の措置として行う「**根巻き**」の作業の目的を具体的に2つ記述しなさい。

【 第 4 回 】

問題 3　次の工事数量表及び工事に係る条件に基づく造園工事の安全
管理に関する以下の設問(1)～(3)について答えなさい。
　　解答は，解答用紙の所定の解答欄に記述しなさい。

〔工事数量表〕

工　種	種　別	細　別	規　格			単位	数量	備　考
移植工	高木移植工	クスノキ	H(m) 11.0	C(m) 1.40	W(m) 5.0	本	5	支柱取付け
樹木整姿工	高中木整姿工	イチョウ	H(m) 12.0	C(m) 1.50	W(m) 6.0	本	20	

〔工事に係る条件〕

・本工事は，供用中の総合公園の一部区域（約0.5 ha）の再整備工事
として，上記の工事数量表に基づく工事を施工するものである。

・移植するクスノキは，再整備工事を行う区域内において移植するも
のであり，その運搬距離は約50 mである。なお，吊り上げる際の
重量は根鉢を含め6.0 tを見込んでいる。

・公園区域内に架空線等の障害物はない。

(1)　施工中の作業区域及び周辺において，**公園利用者の安全を確保するために
行う一般的な措置を具体的に2つ記述**しなさい。（ただし，工事用車両の運
転者が遵守すべき内容は除く。）

(2)　高中木整姿工における安全管理に関し，以下の(イ)～(ニ)について答えなさ
い。

(イ)　高所作業車及び移動はしごを使用し，高中木整姿工を行うこととした。
　　　移動はしごに関する「労働安全衛生規則」の規定のうち，次の記述の
　　　 A ， B に当てはまる**適当な語句又は数値を記述**しなさい。

・材料は，著しい A ，腐食等がないものとすること。

・幅は， B cm以上とすること。

(ロ)　移動はしごを使用して枝の剪定作業を行う場合，移動はしごの設置方法
について**安全管理上，留意すべき事項を具体的に2つ記述**しなさい。

　　　（ただし，使用する移動はしごが安全な構造・材料のものであることは
確認済みであり，解答に当たってはこれらに関する内容は除く。）

(ハ)　高所での剪定作業に当たって使用する「保護帽」について，**作業前に行**

うべき点検内容を 2 つ記述しなさい。

㈡　高所で剪定作業を行う場合，**地上で作業する作業員の安全を確保するた**めに行うべき措置を具体的に 2 つ記述しなさい。

　　　（ただし，地上で作業する作業員が自ら行うべき措置，及び高所で作業する作業員の墜落事故防止に関する措置は除く。）

(3)　高木移植工において移動式クレーンを使用する場合，次の記述の　A　〜　C　について，「労働安全衛生法」上，**最も適当な語句又は数値を下記のア〜クの中から選び，その記号を記入**しなさい。

・このクスノキの移植作業に当たっては，移動式クレーンの運転業務に　A　を就かせることにし，玉掛け業務に　B　を就かせることにした。

・その際に使用する玉掛け用ワイヤロープは，ワイヤロープの切断荷重の値を，そのワイヤロープにかかる荷重の最大の値で除した安全係数が　C　以上でなければ使用してはならないとされている。

ア．小型移動式クレーンの運転技能講習を修了した者

イ．移動式クレーンの業務に関する安全のための特別の教育を修了した者

ウ．移動式クレーン運転士免許を受けた者

エ．玉掛け技能講習を修了した者

オ．玉掛けの業務に関する安全のための特別の教育を修了した者

カ．3

キ．6

ク．10

平成30年度　解答

【問題2】解答

(1)

(イ)

①	根鉢がゆったりと納まるように植え穴の大きさは，幹の根元直径の4〜6倍となるように留意する。
②	やや中高にして掘り上げた土は，生育の妨げになるガレキ等を取り除くように留意する。
③	樹木の表・裏を確かめ，周辺の景観となじむよう，見栄えよく立込むように留意する。

(ロ)

A	B
ウ	キ

(ハ)

A	B
ウ	カ

(ニ)

2年生以上で所定の寸法を有し，曲がり，腐食，病害虫のない節止品を選ぶように留意する。

(2)

(イ)

A	B	C	D
ウ	エ	イ	ア

(ロ)

「目土の材料」

目土材は生育の妨げになるガレキ等を取り除くように留意する。

「作業方法」

①	芝が弱るのを防ぐために芝の葉が半分かくれる程度に土をかけるように留意する。
②	発根を促すために目地をふさぎ全般を凹凸の無いように均し，ほふく茎を覆うように留意する。

(3)

（イ）

A	B	C
上鉢の土のかき取り	下枝のしおり	倒伏防止（仮支柱）

（ロ）

①	根鉢が運搬に際して崩れないようにするため。
②	鉢内の根と土を密着させ根の乾燥を防ぐため。

【問題3】解答

(1)

①	制御札等の安全標識を設置し，公園利用者の注意を喚起する。
②	交通誘導員を配置して，公園利用者を安全に誘導する。

(2)

（イ）

A	B
損傷	30 cm

（ロ）

①	はしごの設置は，安定させるために平坦な場所に2人作業で設置するよう留意する。
②	はしごが外れないようにするために，上端が60 cm以上突出するよう留意する。

（ハ）

①	保護帽に労・検ラベルが貼付されているかどうか確認する。
②	保護帽のアゴひもを正しく締めているかどうか確認する。

（ニ）

①	剪定中の樹木の下は，立入禁止とする。
②	大枝等は，投げ落とさず必要に応じロープ等で吊下げて下ろす。

(3)

A	B	C
ウ	エ	キ

問題2　次の工事数量表に基づく造園工事の施工管理に関する以下の設問(1)～(3)について答えなさい。

　　　　解答は，解答用紙の所定の解答欄に記述しなさい。

〔工事数量表〕

工種	種　別	細　別	規　格			単位	数量	備　考
植栽工	高木植栽工	ソメイヨシノ	H(m)	C(m)	W(m)	本	20	二脚鳥居型支柱（添え木付）
			3.0	0.12	1.0			
	地被類植栽工	コウライシバ	36 cm×28 cm×10枚			m²	400	＊整地を含む
移植工	根回し工	ケヤキ	H(m)	C(m)	W(m)	本	3	溝掘り式根回し
			7.0	0.60	4.0			
	高木移植工	シラカシ	H(m)	C(m)	W(m)	本	3	八ツ掛支柱（丸太三本）
			7.0	0.50	3.5			

注) 表中の＊の欄に入れる語句は，出題の趣旨から記入していない。

〔工事に係る条件〕

・本工事は，関東地方の近隣公園の未供用区域において，上記の工事数量表に基づき施工するものである。

・地被類植栽工の施工箇所は，事前の調査により植栽土として良好であることを確認している。

・根回し工は，園内の他の場所に移植するための根回しを行うものである。

・高木移植工は，あらかじめ溝掘式根回しを行ってあるシラカシを約2km離れた別の公園から移植するものである。

(1)　高木植栽工に関し，以下の(イ)，(ロ)について答えなさい。

　(イ)　下図は，樹木の植付け工事の一般的な作業手順を示したものである。図の　A　～　C　に当てはまる最も適当な語句を下記のア～コの中から選び，その記号を解答欄に記入しなさい。

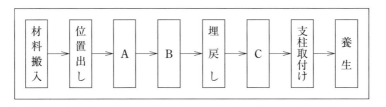

ア．樽巻き　　イ．立込み　　ウ．水鉢を切る　　エ．枝しおり
オ．上鉢のかき取り　カ．植え穴の掘削　キ．根固め　ク．積込み
ケ．穴上げ　　コ．ふるい掘り

(ロ)　二脚鳥居型支柱（添え木付）の取付けに関する次の記述の　A　～
　C　に当てはまる**適当な語句を記述**しなさい。

　「支柱の丸太を取り付ける際には，二脚の柱は，丸太の　A　を上にし
て規定の深さまで土中に打ち込む。二脚鳥居の横木及び添え木と樹幹との
取付け部は，樹幹に　B　を巻き，　C　を用いて動揺しないように結
束する。」

(2)　地被類植栽工に関し，以下の(イ)～(ハ)について答えなさい。

(イ)　床土の整備に必要な**整地作業の内容について具体的に2つ記述**しなさ
い。
　（ただし，土壌改良材の使用に関する内容は除く。）

(ロ)　以下の略図（平面図）は本工事で行う芝の植付け方法であるが，この**植
付け方法の名称を記述**しなさい。

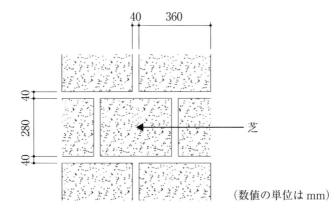

（数値の単位は mm）

(ハ)　芝を並べた後に目土かけを行うこととしたが，**目土の役割を2つ記述**し
なさい。

(3) 移植工に関し，以下の(イ)，(ロ)について答えなさい。

(イ) ケヤキの溝掘り式根回しとして太根等の処理を行った。**根の処理が終わった後に行う作業について，その目的及び作業内容を具体的に2つ記述しなさい。**

　　(ただし，薬剤による処理，根巻き及び作業の跡片付けに関する内容は除く。)

(ロ) シラカシの植付けに際し樹木の養生として以下の(A)，(B)の作業を行った。**これらの作業の一般的な目的をそれぞれ2つずつ具体的に記述しなさい。**

(A) マルチング

(B) 寒冷紗かけ

問題3　次の工事数量表に基づく造園工事の安全管理に関する以下の
　　　設問(1)〜(4)について答えなさい。
　　　　解答は，解答用紙の所定の解答欄に記述しなさい。

〔工事数量表〕

工　種	種　別	細　別	規　格			単位	数量	備　考
樹木整姿工	高中木整姿工	イチョウ	H(m)	C(m)	W(m)	本	20	
			12.0	1.20	6.0			
移植工	高木移植工	ケヤキ	H(m)	C(m)	W(m)	本	5	支柱取付け
			6.0	0.40	3.0			
自然育成植栽工	林地育成工	下刈り	—			m²	1,000	

〔工事に係る条件〕
・本工事は，供用中の地区公園の一部区域（約0.5 ha）の再整備工事
　として，上記の工事数量表に基づき施工するものである。
・高木移植工は，再整備工事を行う本工事区域内において移植するも
　のであり，その運搬距離は約40 m である。
・林地育成工は，本公園の既存林において，林床の植物育成を目的と
　した下刈りを行うものである。
・公園区域内は，架空線等の障害物はない。

(1)　工事中に作業員の事故が発生した場合に備えて，**作業現場において日頃よ
り準備しておく事項**を具体的に**3つ記述**しなさい。

(2)　高中木整姿工における安全管理に関し，以下の(イ)，(ロ)について答えなさ
い。

　(イ)　樹木の剪定作業において高所作業車や移動はしごを使用する場合，次の
　　記述の　 A 　〜　 D 　について，「労働安全衛生法」上，**最も適当な語
　　句又は数値を右記のア〜コの中から選び，その記号を解答欄に記入**しなさ
　　い。

　　・作業床の高さが　 A 　m 以上の高所作業車の運転（道路上を走行させ
　　る運転を除く。以下同じ。）の業務に労働者を就かせるときは，事業者
　　は，当該業務に関する　 B 　を就かせなければならない。また，作業

床の高さが　A　m 未満の高所作業車の運転の業務は，　B　または
C　を就かせなければならない。

・移動はしごを使用するときは，幅　D　cm 以上で著しい損傷や腐食が
なく丈夫な構造のものを使用しなければならない。

ア．3	イ．5	ウ．10	エ．20	オ．30
カ．40	キ．50	ク．特別の教育を修了した者		
ケ．免許を取得した者	コ．技能講習を修了した者			

(ロ)　高所作業車を用いて樹木の剪定を行うこととした。この場合，**高所作業
車の据付けや運転（道路上を走行させる運転を除く。），及び高所作業車を
用いた作業について，安全管理上，留意すべき事項を具体的に 3 つ記述し
なさい。**

（ただし，高所作業車の点検及び運転資格の要件，作業床での作業に関
する内容を除く。）

(3)　高木移植工において移動式クレーンを使用することにした。次の記述は移
動式クレーンの運転及び玉掛作業における安全管理上の措置を示したもので
ある。**下線部(ア)〜(エ)について，その記述が適当な場合は解答欄に〇を，適当
でない場合は適当な語句又は数値を記述しなさい。**

・吊り上げ作業に当たり，吊り荷の重量が移動式クレーンの定格荷重以内
であることを確認する。定格荷重は，ジブ（ブーム）の長さや傾斜角に
より変化(ア)しない。

・移動式クレーンのフックは吊り荷の(イ)端部に誘導し，吊り角度と水平面
とのなす角度は(ウ)75度以内とする。

・荷を吊り上げる場合は，必ず地面からわずかに荷が浮いた状態で停止
し，機体の安定や(エ)玉掛けの状態等を確認する。

(4)　林地育成工において，肩掛け式草刈り機を用いて下刈り作業を行うことに
した。**作業員が安全に作業を行うために，作業方法や草刈り機の操作方法に
ついて，安全管理上，留意すべき事項を具体的に 3 つ記述しなさい。**

（ただし，使用する草刈り機の点検，作業員の服装・保護帽・安全靴に関
する内容は除く。）

平成29年度　　解答

【問題2】解答

(1)

(イ)

A	B	C
カ	イ	ウ

(ロ)

A	B	C
末口	杉皮	しゅろ縄

(2)

(イ)

①	地表から30 cmの深さに開墾して，立木，雑草，石等の夾雑物を除去する。
②	床土の凹凸をなくし遣り方にならって整形する。
③	中央部を高くして表面排水がとれるようにわずかな勾配をとる。

※上記のうち2つを選択すればよい。

(ロ)

目地張り

(ハ)

①	ほふく茎を覆って根付を良くし，発芽を促進する。
②	目地をふさぎ全般に凹凸のないようにならす。

(3)

(イ)

①	根回しで細根が切られ水分吸収力が低下しているので，地下部と地上部の水の需給のバランスをとるため枝葉の剪定を行う。
②	発生した細根が樹木の揺動などで切断されないよう，仮支柱を設け支持する。

（ロ）

　（A）マルチング

①	根元土壌の乾燥防止，旱害(かんがい)，地温の調節
②	根元土壌からの雑草防止

　（B）寒冷紗かけ

①	クスノキ等の暖地性樹木や不適期植栽において，寒さから保護する。
②	日射による皮焼けや風による乾燥から，樹木を保護する。

【問題 3 】 解答

(1)

①	応急手当，介護のための設備，道具，医薬品を整備し，保管場所，使用方法を定め周知しておく。
②	対応担当者を定め，あらかじめ事故発生時の対応をマニュアル化し訓練を定期に行う。
③	消防・救急医療機関，警察署，労働基準監督署等の緊急時連絡体制を定め，周知しておく。

(2)

（イ）

A	B	C	D
ウ	コ	ク	オ

（ロ）

①	あらかじめ，当該作業に係る場所の状況，当該高所作業車の種類及び能力等に適応する作業計画を定め，かつ，当該作業計画により作業の方法を定め，作業を行わなければならない。
②	高所作業車の転倒又は転落による労働者の危険を防止するため，アウトリガーを最大限に張り出すこと，地盤の不同沈下を防止するため全面に鉄板を敷設すること。

③	事業者は，高所作業車を用いて作業を行うときは，当該高所作業車の作業床上の労働者に要求性能墜落制止用器具（安全帯）を使用させなければならない。
④	高所作業車を用いて作業を行うときは，当該作業の指揮者を定め，その者に前条第1項の作業計画に基づき作業の指揮を行わせなければならない。
⑤	高所作業車のブーム等を上げ，その下で修理，点検などの作業を行うときは，ブーム等が不意に降下することによる労働者の危険を防止するため，当該作業に従事する労働者に安全支柱，安全ブロック等を使用させなければならない。
⑥	事業者が一定の合図を定め，誘導者を配置し，その者に高所作業車を誘導させること。

※上記のうち，3つ選択して解答すればよい。

(3)

（ア）	（イ）	（ウ）	（エ）
する	重心	60	○

(4)

①	労働者に草刈り機（刈払機）を使用させる際には，刈払機取扱い作業者の安全衛生教育を行う。
②	飛散防護カバーを外したままで刈払作業を行わせない。
③	飛来物から目を守るため保護メガネを使用して作業させる。
④	高速回転している刃の右側が固い草や木に接触したとき，回転力により発生するキックバック事故を避けるため，右から左へ振るように草を刈り，右に戻すときに刈らないように指導する。
⑤	排気ガスを吸わないようマスクを使用し，耳栓を使用する。

※上記のうち，3つを選択して解答すればよい。

【第 6 回】 解答は P.249〜P.251

問題2　次の工事数量表に基づく造園工事に関する以下の設問(1)〜(3)について答えなさい。

　　　　解答は，解答用紙の所定の解答欄に記述しなさい。

〔工事数量表〕

工種	種　別	細　別	規　格			単位	数量	備　考
植栽工	高木植栽工	クロマツ	H(m)	C(m)	W(m)	本	4	八ツ掛支柱
			4.0	0.3	2.0			（丸太三本）
	地被類植栽工	ノシバ	36 cm×28 cm×10枚			m²	500	＊
移植工	高木移植工	クスノキ	H(m)	C(m)	W(m)	本	2	八ツ掛支柱
			6.0	0.7	2.0			（丸太三本）

注）表中の＊の欄に入れる語句は，出題の趣旨から記入していない。

〔工事に係る条件〕

・本工事は，関東地方にある整備中の近隣公園の未供用区域において，上記の工事数量表に基づく工事を施工するものである。

・移植するクスノキは，約3km離れた別の公園内に植栽されているものを移植するものである。

---

(1)　高木移植工に関し，以下の(イ)〜(ハ)について答えなさい。

(イ)　次の記述は本工事におけるクスノキの掘取り作業を示したものである。

　　　次の記述の　A　〜　D　に当てはまる**最も適当な語句又は数値**を下記のア．〜シ．の中から選び，その記号を解答欄に記入しなさい。

「根元直径0.3 mのクスノキの移植の準備作業として灌水を行ったほか，雑草類を移植先に持ち込まないように　A　のかきとりなどを行った。その上で，根鉢の直径を　B　mの大きさで掘り取ることにした。掘取りでは土付き鉢とするために，根巻きを行った。まず，根鉢の周囲に沿って上部から順に下部へとわら縄を横巻きする　C　を行った。　C　の後，根鉢の上から底へ，底から上へとわら縄を上下に巻いていく　D　を行った。」

ア．0.7	イ．泥巻き	ウ．樽巻き	エ．下枝
オ．こも巻き	カ．マルチング	キ．上鉢	ク．1.2
ケ．揚巻き	コ．とうふや回し	サ．1.9	シ．水鉢

(ロ) 掘り取ったクスノキについて，積込み・運搬から立込みまでの間に，**乾燥防止のために，または水分供給と消費のバランスをとるために，樹木に対して行う作業内容を具体的に2つ記述**しなさい。（ただし，灌水に関する内容は除く。）

(ハ) クスノキの植付け後の養生として幹巻きを行った。**幹巻きの一般的な目的を具体的に2つ記述**しなさい。

(2) 高木植栽工に関し，以下の(イ)～(ハ)について答えなさい。

(イ) 植え穴掘りの作業において留意すべき事項を，**下記の①～③の項目について，それぞれ具体的に記述**しなさい。（ただし，安全管理に関する内容は除く。）

① 植え穴の大きさ

② 植え穴の深さ

③ 植え穴の底部の仕上げ

(ロ) クロマツの植付けにあたり土極め（から極め）を行った。**土極め（から極め）の作業方法を具体的に記述**しなさい。

(ハ) 八ツ掛支柱の取付けに関する次の記述の | A | ， | B | に当てはまる**適当な語句又は数値を記述**しなさい。

「支柱の取付けにあたっては，風に倒されないよう風の主方向等も考慮しながら，樹木の高さの | A | くらいの位置に，丈夫に取り付けなければならない。

また，支柱を安定させるため，地際に接する丸太の基部は地中に埋めて十分突き固め，地際に打ち込んだ | B | に結束する。」

(3) 地被類植栽工に関し，以下の(イ)～(ハ)について答えなさい。

(イ) 以下の略図（平面図）は本工事で行う芝の植付け方法であるが，この**植付け方法の名称を記述**しなさい。

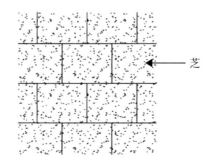

芝

(ロ) 下図に示す作業手順で張芝工事を行った。図の ☐A☐ に当てはまる**適当な作業の名称を記述**しなさい。（ただし，土壌改良及び施肥に関する内容は除く。）

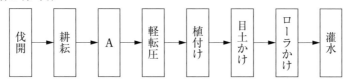

伐開 → 耕耘 → A → 軽転圧 → 植付け → 目土かけ → ローラかけ → 灌水

(ハ) (ロ)で示す作業手順における「**目土かけ**」を行う際に**留意すべき事項**を具体的に**2つ記述**しなさい。（ただし，安全管理に関する内容は除く。）

【第 6 回】

問題3　次の工事数量表に基づく造園工事の安全管理に関する以下の設問(1)～(3)について答えなさい。

　　解答は，解答用紙の所定の解答欄に記述しなさい。

〔工事数量表〕

工　種	種　別	細　別	規　格			単位	数量	備　考
樹木整姿工	高中木整姿工	イチョウ	H(m)	C(m)	W(m)	本	15	
			7.0	0.5	2.5			
移植工	高木移植工	ケヤキ	H(m)	C(m)	W(m)	本	10	支柱取付け
			6.0	0.4	2.5			

〔工事に係る条件〕

・本工事は，供用中の総合公園の一部区域（0.3 ha）の再整備工事として，上記の工事数量表に基づく工事を施工するものである。

・移植するケヤキは，再整備工事を行う区域内において移植するものであり，その運搬距離は約50 m である。

・公園内に架空線等の障害物はない。

(1)　施工中の作業場及びその周辺において，**公園利用者の安全を確保するために行うべき措置を具体的に2つ記述**しなさい。（ただし，工事用車両の運転者が遵守すべき内容は除く。）

(2)　樹木整姿工における安全管理に関し，以下の(イ)～(ハ)について答えなさい。

　(イ)　移動はしごを使用して枝の剪定などを行う場合，**移動はしごの設置方法について安全管理上留意すべき事項を具体的に2つ記述**しなさい。（ただし，使用するはしごが安全な構造・材料のものであることは確認済みであり，解答にあたって，これらに関する内容は除く。）

　(ロ)　高さ2 m 以上の高所で枝の剪定などの樹上作業を行う場合，樹上の作業員がどのような**事故に遭う危険性**があるのか具体的に**1つ記述**しなさい。

　(ハ)　(ロ)の作業を行う場合，**樹上の作業員が危険を回避し，自らの安全確保のために行うべき措置を具体的に3つ記述**しなさい。

　　（ただし，移動はしご，服装及び保護帽（ヘルメット）に関する内容は除く。）

(3)　移植工における安全管理に関し，以下の(イ)，(ロ)について答えなさい。

　(イ)　移植するケヤキの植え穴をバックホウで掘削することにした。

やむを得ずバックホウの作業範囲近くで作業員を作業させなければならないとき，**作業員の安全を確保するために行うべき措置を具体的に2つ記述しなさい。**

（ただし，バックホウの性能や運転者が行う内容（点検・操作・運転等），作業計画，及び保護帽（ヘルメット）に関するものは除く。）

㈣　ケヤキの立込みにおいて移動式クレーンを使用することにした。次の記述は，移動式クレーンの作業における安全管理上の措置を示したものである。

下線部㈠～㈥について，その記述が適当な場合は解答欄に○を，適当でない場合は適当な語句を記述しなさい。

・移動式クレーンの誘導にあたり，合図者は㈠2人以上とし，打ち合わせた合図で，明確に行う。

・合図者は，吊り荷がよく見え，㈡オペレータからもよく見える位置で，かつ，㈢作業範囲の内側に位置して合図を行う。やむを得ず，㈣オペレータから見えない位置で合図をすることになった際は，無線等で確実に合図が伝わる方法をとる。

・荷を吊る際には，介錯ロープを吊り荷の㈤重心に取り付け，合図者が安全な位置で誘導する。

・強風のため，作業の実施について危険が予想されるときには，㈥鉄板を敷設しなければならない。

平成28年度　解答

【問題2】解答

(1)

(イ)

A	B	C	D
キ	ク	ウ	ケ

(ロ)

①	直根の切り直し（切り口を改めて鋭利な刃物で切り直す。切り口が大きい時は，コールタールを塗り乾燥防止の措置をとる。）
②	枝おろし（根を切断しているので，水分供給と消費のバランスをとるため，不要枝や枯枝，支障となる枝を切り除く。）

(ハ)

①	日射に対しての皮焼けの害を防ぐ。
②	寒害に対しての霜割れを防ぐ。
③	皮下に生息する害虫類を窒息させる。

※上記のうちから2つ記述すればよい。

(2)

(イ)

①	幹の根元直径の4～6倍
②	根鉢が地上に出ないように根鉢の高さよりやや深めになるように留意する。
③	植え穴の底は，中央やや高めにし，土を砕いて軟らかくしておく。

(ロ)

根鉢と土が密着するように埋戻し土を少しずつ入れ，棒でよく突きながら，突き固める。

(ハ)

A	B
3分の2	根止め杭（やらず杭）

(3)

(イ)

べた張り

(ロ)

A
不陸整正（整地）

(ハ)

①	レキ等の混入しない良質土とする。
②	芝の葉が半分かくれる程度に土をかける。
③	全般を凹凸の無いように均一に均す。

※上記のうちから2つ記述すればよい。

【問題3】解答

(1)

①	制御札等の安全標識を設置し，公園利用者の注意を喚起する。
②	交通誘導員を配置して，公園利用者を安全に誘導する。
③	歩行者用通路（幅1.5 m）を確保する。

※上記のうちから2つ記述すればよい。

(2)

(イ)

①	上端から60 cm 以上突出しているかを確認する。
②	地面との角度が75度前後になっているかを確認する。

③	滑り止め装置の取付け状態を確認する。
④	移動はしごの設置は，平坦な場所に2人作業で設置する。

※上記のうちから2つ記述すればよい。

（ロ）

樹木の腐朽や弱枝からの墜落・転落事故にあう危険性がある。

（ハ）

①	樹木の腐朽や弱枝を確認し，体重をかける部分に注意をする。
②	安全帯が取付け設備に確実に接続されているか確認する。
③	強風など悪天候で作業に危険が予想される場合は，作業を中止する。

※上記のうちから1つ記述すればよい。

④	剪定中の樹木の下は，立入禁止とする。
⑤	大枝等は投げ落とさず，必要に応じロープ等で吊下げて下ろす。
⑥	強風，大雨，大雪等，悪天候時は作業を中止する。

※上記のうちから2つ記述すればよい。

(3)

（イ）

①	周辺にバリケード等を設置して危険な範囲を明確にする。
②	旋回を行う場合は，旋回範囲内に関係者以外の立入りを禁止する。
③	誘導者を配置し，安全に誘導する。
④	一定の合図を定めて，誘導者に当該合図を行わせて安全に誘導させる。

※上記のうちから2つ記述すればよい。

（ロ）

ア	イ	ウ	エ	オ	カ
1人	○	作業範囲の外	○	端	作業を中止

【第 7 回】 解答は P.257〜P.260

> **問題2**　次の工事数量表に基づく造園工事に関する以下の設問(1)〜(3)
> について答えなさい。
>
> 　　　　解答は，解答用紙の所定の解答欄に記述しなさい。
>
> 〔工事数量表〕
>
> | 工種 | 種　別 | 細　別 | 規　格 | | | 単位 | 数量 | 備　考 |
> |---|---|---|---|---|---|---|---|---|
> | 植栽工 | 高木植栽工 | ソメイヨシノ | H(m)　3.0 | C(m)　0.12 | W(m)　1.0 | 本 | 20 | ＊ |
> | | 地被類植栽工 | コウライシバ | 36 cm×28 cm×10枚 | | | m² | 400 | 目地張り（目土あり）整地を含む |
> | 移植工 | 高木移植工 | シラカシ | H(m)　5.0 | C(m)　0.4 | W(m)　1.8 | 本 | 3 | ＊ |
>
> 注) 表中の＊の欄に入れる語句は，出題の趣旨から記入していない。
>
> 〔工事に係る条件〕
>
> ・本工事は，部分供用中の近隣公園の未供用区域において，上記の工
> 　事数量表に基づく工事を施工するものである。
>
> ・移植するシラカシは，あらかじめ溝掘り式根回しを行ってあるもの
> 　を約2 km離れた別の公園から移植する。
>
> ・地被類植栽工の施工箇所は，事前の調査により，植栽土として良好
> 　であることを確認している。

(1)　高木植栽工に関し，以下の(イ)〜(ハ)について答えなさい。

　(イ)　植付けに関する次の記述の　　A　　〜　　D　　に当てはまる**最も適当な語**
句を下記のア.〜サ.の中から選び，その記号を解答欄に記入しなさい。

　　　「植え穴は，根鉢寸法に余裕をもって掘り，掘り下げる際には，　　A　　
　　と心土とを区別することや植物の生育の障害となるがれきなどを取り除く
　　ことに注意する。また，樹木の向きや傾き等の調整を行いやすくするた
　　め，植え穴の底面の中央を　　B　　。

　　　樹木の　　C　　では，植え穴に樹木を入れて，樹木の表裏や気勢等をよ
　　く見定めて良否を決定し，樹木の植込みの深さについては，元の場所にあ
　　ったときと同じか，やや　　D　　にする。」

ア．下層土	イ．盛り上げる		ウ．粘性土		エ．平らに均す		
オ．土極め	カ．掘り下げる		キ．浅め		ク．立込み		
ケ．表土	コ．深め		サ．位置出し				

(ロ) 下図は，本工事でソメイヨシノの植栽工に用いる支柱の模式図である。この**支柱の名称を記述**しなさい。

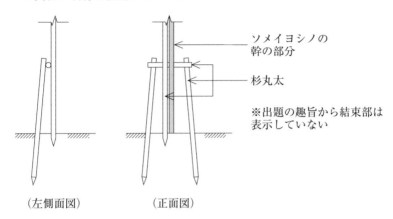

ソメイヨシノの
幹の部分

杉丸太

※出題の趣旨から結束部は
表示していない

(左側面図) (正面図)

(ハ) この支柱の**取付け方法を具体的に3つ記述**しなさい。

(2) 高木移植工に関し，以下の(イ)～(ハ)について答えなさい。

(イ) 溝掘り式根回しに関する次の記述の A ， B に当てはまる**適当な語句を記述**しなさい。

「根元直径の3～5倍の鉢を定めて周囲を掘り下げる。その際，周囲に張った側根のうち A となる太根を三方又は四方に残し，その他の根は切断する。残した A には，細根の発生を促すために B を行う。」

(ロ) シラカシの掘取りを行う上で必要な**品質管理上の作業を具体的に3つ記述**しなさい。（ただし，移動式クレーンやトラックの使用およびそれに伴う作業に関する内容は除く。）

(ハ) 植付け後の養生としてマルチングを行った。その**目的を具体的に2つ記述**しなさい。

(3) 地被類植栽工に関し，以下の(イ)，(ロ)について答えなさい。

(イ) 床土の整地及び整地仕上げの**作業内容を具体的に2つ記述**しなさい。（ただし，土壌改良材の使用，良質土による客土に関する内容は除く。）

(ロ) 目地張りでの張芝の施工にあたり，**切芝の並べ方**を解答用紙に記入しな

さい。

　なお，解答用紙には切芝が1枚記入してあり，この切芝を含めて横に3枚を2列並べて，合計6枚を記入すること。ただし，切芝の切断（サイズ変更）はできない。

〔目地張りの仕様〕

切芝：1枚の大きさは，横36 cm×縦28 cm である。（本図では9マス×7マスである。）

　目地の幅：4 cm である。（本図では，1マスである。）

（下書き用）

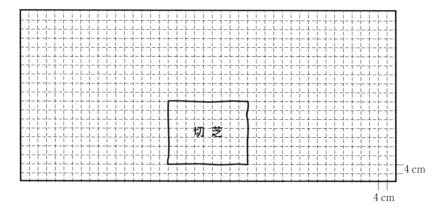

【第 7 回】

> **問題3** 次の工事数量表に基づく造園工事の安全管理に関する以下の
> 設問(1)～(3)について答えなさい。
> **解答は，解答用紙の所定の解答欄に記述しなさい。**
>
> 〔工事数量表〕
>
> | 工 種 | 種 別 | 細 別 | 規 格 | | | 単位 | 数量 | 備考 |
> |---|---|---|---|---|---|---|---|---|
> | | | | H(m) | C(m) | W(m) | | | |
> | 樹木整姿工 | 高中木整姿工 | クスノキ | 7.0 | 0.8 | 3.0 | 本 | 15 | |
> | 自然育成植栽工 | 林地育成工 | 下刈り | ― | ― | ― | m² | 1,000 | |
>
> 〔工事に係る条件〕
> ・本工事は，供用中の地区公園（4 ha）において，上記の工事数量表
> に基づく工事を施工するものである。
> ・林地育成工は，本公園の既存林において，林床の植物育成を目的と
> した下刈りを行うものである。

(1) 工事中に事故が発生した場合に備えて，**日頃より作業現場において準備し
ておく事項を具体的に2つ記述しなさい。**

(2) 高中木整姿工における安全管理に関し，以下の(イ)～(ハ)について答えなさ
い。

　(イ) 脚立を使用して枝葉の剪定を行う場合，使用する**脚立について「労働安
全衛生規則」で適合しなければならないとされている要件を具体的に2つ
記述しなさい。**

　(ロ) 高木の剪定作業における墜落事故防止のための措置について，次の記述
の　A　，　B　に当てはまる**最も適当な語句又は数値を下記ア．～カ．
の中から選び，その記号を解答欄に記入しなさい。**

　　「「労働安全衛生規則」に基づき，高さ　A　以上の箇所で剪定作業を
行う場合には，高所作業車の使用，足場の設置等により作業床を設ける。
作業床を設けることが困難な場合は，安全帯を使用する等の墜落防止措置
を講じなければならない。

　　また，樹上での剪定作業を行う場合には，安全帯のフックは　B　の
太い幹などに取り付けて使用し，枝に移る際には，事前に枯れ枝等を確認
しておき，太い枝に乗り移る。」

ア．2 m	イ．3 m	ウ．5 m
エ．腰と同じ位置	オ．腰より低い位置	カ．腰より高い位置

(ハ)　枝葉の剪定を樹上で行う場合において，**地上の作業員の安全を確保するために行うべき措置を具体的に2つ記述**しなさい。（ただし，高所作業員の墜落事故防止に関する措置は除く。）

(3)　林地育成工において，肩掛け式草刈り機を用いた下刈り作業の安全管理に関し，以下の(イ)，(ロ)について答えなさい。

(イ)　小石などの**飛散物による障害又は使用中の騒音・振動による障害を防ぐために作業員が着用すべき保護具を具体的に2つ記述**しなさい。（ただし，保護帽及び安全靴は除く。）

(ロ)　作業員が安全に作業を行うために，作業方法や草刈り機の操作方法について**留意すべき事項を具体的に2つ記述**しなさい。（ただし，使用する草刈り機の点検及び作業員の服装や保護具に関する内容は除く。）

平成27年度　解答

【問題2】解答

(1)

(イ)

A	B	C	D
ケ	イ	ク	キ

(ロ)

二脚鳥居型支柱（添え柱付き）

(ハ)

①	腕木と樹幹の取付け部分は，すべて杉皮を巻き，しゅろ縄で割縄掛けに結束する。
②	支柱の丸太と腕木が接合する部分は，釘打ちのうえ鉄線掛けとする。
③	支柱の丸太は末口を上にして打ち込む。
④	添え木は，所定の材料で根元を十分地中に突き差し，樹幹をまっすぐ正しくなるように取り付けること。

※上記のうちから3つ記述すればよい。

(2)

(イ)

A	力根
B	環状剥皮

(ロ)

①	掘り取り前のかん水
②	掘り取り前の剪除，枝しおり
③	上鉢のすき取り
④	倒伏防止用仮支柱

※上記のうちから3つ記述すればよい。

（ハ）

①	雨滴や風による表土の浸食防止。
②	乾燥や霜柱発生等の防止や地温の調節。

⑶

（イ）

①	地表30 cm の深さに開墾して、立木、雑草、石などの夾雑物を除去する。
②	施肥として基肥（化学肥料、有機質肥料を合わせる）を施す。
③	表面凹凸を直し、表面排水をとれるように中央部を高くし、わずかな勾配をとる。

※上記のうちから2つ記述すればよい。

（ロ）

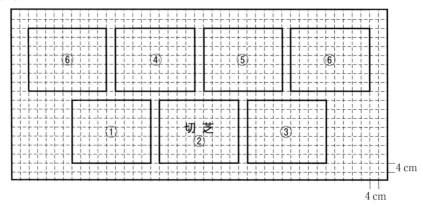

【問題3】解答

(1)

①	災害発生時の連絡体制を整え，見やすい箇所に掲示しておく。
②	三角巾を含め，救急用品を装備する。
③	応急手当，救護方法の訓練を事前に実施しておく。

※上記のうちから2つ記述すればよい。

(2)

(イ)

①	丈夫な構造とすること。
②	材料は，著しい損傷，腐食等がないものとすること。
③	脚は水平面との角度を75度以下とし，かつ，折りたたみ式のものにあっては，脚と水平面との角度を確実に保つために金具等を備えること。
④	踏み面は，作業を安全に行うため必要な面積を有すること。

※上記のうちから2つ記述すればよい。

(ロ)

A	B
ア	カ

(ハ)

①	剪定中の樹木の下は，立入り禁止とする。
②	大枝等は投げ落とさず，必要に応じロープ等で吊り下げて下ろす。
③	強風，大雨，大雪等，悪天候時は作業を中止する。

※上記のうちから2つ記述すればよい。

(3)

(イ)

①	保護メガネ
②	すね当て
③	安全ロープ
④	ライフジャケット

※上記のうちから2つ記述すればよい。

(ロ)

①	作業中の現場移動，あるいは作業を一時中止する場合は，草刈り機の回転を安全に停止させてから行うこと。
②	傾斜地での作業は，転倒，横滑り等の危険があるので，作業足場の状態に注意して行い，安定した姿勢で行うこと。
③	作業は，作業主任者の指揮のもと行うこと。
④	取扱い機械の作業性能に合った速度で機械を操作し，無理な作業動作は行わないこと。
⑤	障害物の多い場所，工作物に接近しての作業では，回転円板型の草刈り機は使用しないこと。やむを得ず使用する場合は，ナイロンカッターの使用など安全対策を行うこと。

※上記のうちから2つ記述すればよい。

平成26年度　実地試験問題

【第 8 回】 解答は P.265〜P.267

問題2　次の工事数量表に基づく造園工事に関する以下の設問(1)〜(3)について答えなさい。

解答は，解答用紙の所定の解答欄に記述しなさい。

〔工事数量表〕

工種	種　別	細　別	規　格			単位	数量	備　考
植栽工	高木植栽工	ケヤキ	H(m)	C(m)	W(m)	本	5	八ツ掛支柱 (丸太三本)
			6.0	0.30	2.5			
	地被類植栽工	コウライシバ	36 cm×28 cm×10枚			m²	500	整地を含む ※
移植工	高木移植工	クスノキ	H(m)	C(m)	W(m)	本	3	八ツ掛支柱 (丸太三本)
			7.0	0.8	3.0			

注）表中の※の欄に入れる語句は，出題の趣旨から記入していない。

〔工事に係る条件〕

・本工事は，関東地方にある整備中の近隣公園において，上記の工事数量表に基づく工事を施工するものである。

・移植するクスノキは，あらかじめ溝掘り式根回しを行ってあるものを約 3 km 離れた別の公園から移植する。

・工期は10月 1 日から翌年の 3 月15日までとする。

(1)　高木植栽工に関し，以下の(イ)〜(ハ)について答えなさい。

(イ)　ケヤキの植栽にあたり，**植穴掘りの作業において留意すべき事項を具体的に 2 つ記述**しなさい。

（ただし，安全管理に関する内容は除く。）

(ロ)　八ツ掛支柱（丸太三本）の**取付け方法を具体的に 3 つ記述**しなさい。

(ハ)　樹木への施肥に関する次の記述の　A　，　B　に当てはまる**適当な語句を記述**しなさい。

「樹木の植栽や移植などの植付け時にあらかじめ与えておく肥料を　A　といい，樹木の健全な生育維持や開花・結実後の樹勢回復のため必要な養分の補いとして与える肥料を　B　という。」

(2)　高木移植工に関し，以下の(イ)，(ロ)について答えなさい。

(イ)　下図は，高木移植の一般的な作業手順を示したものである。　A　，

B に当てはまる**最も適当な作業**を下記のア．～カ．の中から選び，その記号を解答欄に記入しなさい。

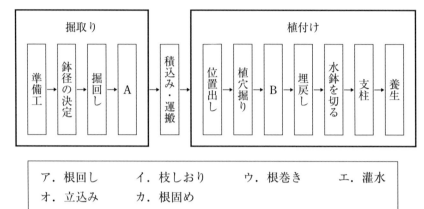

ア．根回し 　　イ．枝しおり 　　ウ．根巻き 　　エ．灌水
オ．立込み 　　カ．根固め

(ロ) 掘取り後のクスノキの積込み，運搬に当たって，樹木の品質を維持するために行う**作業内容を具体的に3つ記述**しなさい。
　　（ただし，移動式クレーン等機材の据付け・操作に関する内容は除く。）

(3) 地被類植栽工に関し，以下の(イ)，(ロ)について答えなさい。

(イ) 以下の略図（平面図）は本工事で行う芝の植付け方法であるが，この**植付け方法の名称を記述**しなさい。

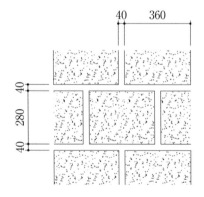

（数値の単位は mm）

(ロ) 芝の植付けに着手し，整地された植栽地に(イ)の方法で切芝を全て並べ終えた。**この後から芝の植付けを完了させるまでの作業内容を具体的に3つ記述**しなさい。

【第 8 回】

問題 3　次の工事数量表に基づく造園工事の安全管理に関する以下の設問(1)〜(4)について答えなさい。

　　　解答は，解答用紙の所定の解答欄に記述しなさい。

〔工事数量表〕

工　種	種　別	細　別	規　格			単位	数量	備　考
移植工	高木移植工	クスノキ	H(m)	C(m)	W(m)	本	10	八ツ掛支柱
			6.0	0.40	3.0			（丸太三本）
修景施設整備工	石組工	景石	花崗岩 2 t 級			個	5	

〔工事に係る条件〕

・本工事は，供用中の地区公園（4 ha）の一部区域（約0.5 ha）の再整備工事として，上記の工事数量表に基づく工事を施工するものである。

・クスノキは，再整備工事を行う区域内において移植するものであり，運搬距離は約60 m である。

(1)　作業前のツールボックスミーティングにおいて，**現場作業員が安全に作業を進めるために話題とする一般的な内容を 3 つ記述**しなさい。

(2)　施工中の作業場及び周辺において，**公園利用者の安全を確保するために行うべき措置を具体的に 2 つ記述**しなさい。（ただし，工事用車両の運転者が遵守すべき内容は除く。）

(3)　クスノキの移植に先立ち，枝の剪定などの樹上作業を行うため移動はしごを用いることとした。

　　この場合，**移動はしごを設置する際に安全管理上留意すべき事項を具体的に 2 つ記述**しなさい。

(4)　クスノキの積込みや植付け及び景石の据付けに際し，移動式クレーンを用いることにした。これらの作業について，以下の(イ)，(ロ)について答えなさい。

(イ)　クレーン作業を行う場合の誘導・合図に関する次の記述の　A　〜　C　に当てはまる**最も適当な語句**を下記のア．〜ク．の中から選び，その記号を解答欄に記入しなさい。

　　「移動式クレーンの誘導にあたり，合図者は　A　とし，打ち合わせた

合図で明確に行う。合図者は，吊り荷がよく見え，オペレータからもよく見える位置で，かつ，　B　に位置して合図を行う。やむを得ずオペレータから見えない位置で合図をすることになった際は，無線等で確実に合図が伝わる方法をとる。荷を吊る際には，介錯ロープを　C　に取り付け，合図者が安全な位置で誘導する。」

ア．2人以上	イ．1人	ウ．吊り荷の直近
エ．作業範囲外	オ．作業範囲の中央	カ．吊り荷の端部
キ．吊り荷の中央部	ク．クレーンのフック	

㈡　景石の据付けのために行う玉掛け作業における安全管理上の措置として，**吊り荷を地面からわずかに浮いた状態で停止させた際，玉掛け者が確認すべき事項を具体的に3つ記述**しなさい。

平成26年度　解答

【問題 2】解答

(1)

(イ)

①	植え穴の大きさは幹の根元直径の 4 〜 6 倍とする。
②	植え穴の底はやや中高にし，土はよく砕いて軟らかくしておく。
③	掘り上げた土は，瓦礫を取り除く。
④	砂質土や粘性土などの場合には，良質の土を客土する。

※上記のうちから 2 つ記述すればよい。

(ロ)

①	立地条件（風向，土質，その他）を考慮し，適正な角度で見栄えよく堅固に取り付ける。
②	支柱の基部は地中に十分突き込んで根止めぐいを打ち込み，釘打ちする。
③	控えとなる丸太が幹または丸太と交差する部位の 2 ヶ所以上で結束する。
④	支柱の先端は見栄えよく切り詰める。
⑤	支柱と樹幹（枝）の取付け部分は，すべて杉皮を巻き，しゅろ縄で割縄掛に結束する。
⑥	丸太と丸太が接合する部分は，釘打ちのうえ鉄線掛にする。
⑦	支柱の丸太は末口を上にして打込む。

※上記のうちから 3 つ記述すればよい。

(ハ)

A	B
元肥（基肥）	追肥

⑵

（イ）

A	B
イ	オ

（ロ）

①	風や日射を防ぐためシート等で覆う。
②	根や鉢土の乾燥を防ぐため，カバーをかけ蒸散防止を図る。
③	運搬距離や気象条件によっては，蒸散抑制剤を使用する。
④	樹幹を傷つけたり，剥皮しないようにわら，杉皮，小丸太，マット等により樹幹を保護する。
⑤	振動や無理な圧迫により，鉢をこわしたり，根系と土を離脱させないように注意する。

※上記のうちから3つ記述すればよい。

⑶

（イ）

目地張り

（ロ）

①	切芝が動かないよう目串を2～5本／枚ずつ打ち込んで止める。
②	畑土など良好な土壌をふるって用意した目土を，芝の葉が半分かくれる程度に土をかける。
③	目土は目地をふさぎ全般を凹凸のないように均す。
④	乾燥の度合で適宜灌水する。
⑤	目土かけを終えたら，ローラー等により締め固める。

※上記のうちから3つ記述すればよい。

【問題3】解答

(1)

①	その日の作業内容，進め方と安全の関係。
②	作業上特に危険な箇所の明示とその対策。
③	同じ場所で同時に他の作業が行われる場合の注意事項。

(2)

①	制札板等の安全標識を設置し，公園利用者の注意を喚起する。
②	交通誘導員を配置して，公園利用者を安全に誘導する。
③	歩行者用道路（幅1.5 m）を確保する。

※上記のうちから2つ記述すればよい。

(3)

①	はしごの設置は，平坦な場所に2人作業で設置する。
②	上端が60 cm以上突出するようにする。
③	地面との角度が75°前後になるようにする。

※上記のうちから2つ記述すればよい。

(4)

（イ）

A	B	C
イ	エ	カ

（ロ）

①	機体が水平で安定しているか確認する。
②	玉掛けの状態が適切か確認する。
③	フックが吊り荷の重心にきているか確認する。

【第 9 回】 解答は P.272～P.274

問題2　次の工事数量表に基づく造園工事の施工管理に関する以下の
　　　設問⑴～⑷について答えなさい。

　　　解答は，解答用紙の所定の解答欄に記述しなさい。

〔工事数量表〕

工種	種別	細別	規格			単位	数量	備考
植栽工	高木植栽工	ソメイヨシノ	H(m)	C(m)	W(m)	本	25	二脚鳥居型支柱 (添え木付)
			3.0	0.12	1.0			
	地被類植栽工	コウライシバ	36 cm×28 cm×10枚			m²	350	目地張り (整地を含む)
移植工	高木移植工	ケヤキ	H(m)	C(m)	W(m)	本	2	八ツ掛支柱 (丸太3本)
			7.0	0.8	3.0			

〔工事に係る条件〕

・本工事は，整備中の近隣公園の未供用区域において，上記の工事数
量表に基づく工事を施工するものである。

・移植するケヤキは，あらかじめ溝掘り式根回しを行ってあるものを
約1km離れた宅地造成予定地から移植する。

⑴　下表は，本工事の工程の一部をバーチャートで表したものである。(A)～
(C)に当てはまる**最も適当な作業**を下記のイ.～チ.の中から選び，その記号
を解答欄に記入しなさい。

日数 / 作業	0	1	2	3	4	5	6
準備工	──						
(A)		─					
(B)			────				
掘取り				────			
搬入・運搬				──────			
(C)					────		
支柱取付け							

<table>
<tr><td>イ．伐開</td><td>ロ．植え穴掘り</td><td>ハ．根回し</td><td>ニ．位置出し</td></tr>
<tr><td>ホ．養生</td><td>ヘ．高木植付け</td><td>ト．根巻き</td><td>チ．芝根付け</td></tr>
</table>

(2) 移植工において行う枝しおりに関する次の記述の A ～ D に当てはまる**最も適当な語句**を下記のア．～コ．の中から選び，その記号を解答欄に記入しなさい。

　「枝しおりは，枝をまとめて縄で幹に引きつけ結び留める作業をいうが，これは A ために行うものである。

　作業時期として B は枝がもろく，傷つきやすいので注意が必要である。

　枝しおりの順序は， C の枝から始め，順次しおっていくが， D は時間を置いて少しずつしおると効果的である。」

<table>
<tr><td>ア．樹枝の骨格・配置を整える</td><td>イ．積込み・運搬を容易にする</td></tr>
<tr><td>ウ．幹から離れた外側</td><td>エ．幹に近い内側</td><td>オ．春の生育期</td></tr>
<tr><td>カ．秋の落葉期</td><td>キ．冬の休眠期</td><td>ク．大枝</td></tr>
<tr><td>ケ．小枝</td><td>コ．徒長枝</td><td></td></tr>
</table>

(3) ソメイヨシノの植栽工に関し，以下の(イ)～(ハ)について答えなさい。

　(イ) 水極めの**作業手順・方法**を具体的に記述しなさい。

　(ロ) 二脚鳥居型支柱（添え木付）の**取付け方法**を具体的に3つ記述しなさい。

　(ハ) 樹木の養生として行う以下の(A)，(B)の**作業の目的**をそれぞれ2つずつ具体的に記述しなさい。

　　(A) 幹巻き

　　(B) 寒冷紗かけ

(4) 地被類植栽工に関し，**目土かけの作業方法**を具体的に3つ記述しなさい。

問題3 次の工事数量表に基づく造園工事の安全管理に関する以下の
設問(1)〜(3)について答えなさい。

解答は，解答用紙の所定の解答欄に記述しなさい。

〔工事数量表〕

工　種	種　別	細　別	規　格			単位	数量	備　考
			H(m)	C(m)	W(m)			
樹木整姿工	高中木整姿工	イチョウ	9.0	1.20	4.0	本	20	

〔工事に係る条件〕

・本工事は，供用中の地区公園において，上記の工事数量表に基づく
工事を施工するものである。

・樹木整姿工は，本公園のメインアプローチ沿いの平坦地に植栽され
ているイチョウについて施工するものである。

・本工事の作業範囲には，架空線等の障害物はない。

(1) 作業前に安全対策の観点から行うべき「**服装**」及び「**保護帽**」に関する一
般的な点検内容について**3つ記述**しなさい。

(2) 樹木整姿工における安全管理に関し，以下の(イ)〜(ハ)について答えなさい。

(イ) 樹木の剪定及び作業床における高所作業時において，**安全帯〔現：墜落
制止用器具〕を使用する場合の注意点**を具体的に**2つ記述**しなさい。（た
だし，安全帯の性能・規格・点検に関する内容は除く。）

(ロ) 枝の剪定などの樹上作業を行う場合において，**地上作業員が剪定枝など
の飛来・落下事故に遭わないようにするために行うべき措置**を具体的に**2
つ記述**しなさい。（ただし，高所作業員の墜落事故防止に関する措置は除
く。）

(ハ) 高所作業車を用いて樹木の剪定を行うこととした。この場合の「労働安
全衛生法施行令」及び「労働安全衛生規則」に基づく高所作業車に関する
次の記述の　A　〜　D　に当てはまる**最も適当な語句又は数値**を下記
イ．〜リ．の中から選び，その記号を解答欄に記入しなさい。

「作業床の高さが　A　m以上の高所作業車の運転業務（道路上を走行
させる運転を除く。）に労働者を就かせるときは，事業者は，当該業務に
関する　B　を就かせなければならない。

また，　A　m未満の高所作業車の運転業務は，　B　又は　C　を

就かせなければならない。」

「事業者は，高所作業車を用いて作業を行う場合で，作業床以外の箇所で作業床を操作するときは，作業床上の労働者と作業床以外の箇所で作業床を操作する者との間の連絡を確実にするため，一定の　D　を定め，当該　D　を行う者を指名してその者に行わせる等の必要な措置を講じなければならない。」

イ．5	ロ．10	ハ．15
ニ．特別の教育を修了した者	ホ．免許を取得した者	ヘ．技能講習を修了した者
ト．誘導	チ．合図	リ．手順

(3) 事故が発生した場合に備えて，日頃より**作業現場において準備しておく事項を具体的に2つ記述**しなさい。

【問題2】解答

(1)

(A)	(B)	(C)
ニ	ロ	ヘ

(2)

A	B	C	D
イ	オ	エ	ク

(3)

(イ)

①	根鉢の半分ぐらい土を入れる。
②	水を注ぎながら棒で突く。
③	周囲に土が密着するよう，すき間なく埋め戻す。
④	残りの半分も同様とする。

(ロ)

①	腕木と樹幹の取付け部分は，すべて杉皮を巻き，しゅろ縄で割縄掛けに結束する。
②	支柱の丸太と腕木が結合する部分は，釘打ちのうえ鉄線掛けとする。
③	支柱の丸太は末口を上にして打ち込む。
④	添え木は，所定の材料で根元を十分地中に突き差し，樹幹をまっすぐ正しくなるように取り付けること。

※上記のうちから3つ記述すればよい。

(ハ)

「A：幹巻き」

①	枝葉，樹皮からの水分の蒸散を防止する。
②	日射に対して，皮焼けの害を防止する。
③	寒害に対して霜割れを防止する。
④	害虫類の繁殖を防止する。
⑤	運搬時の幹を保護する。

「B：寒冷紗かけ」

①	樹木が凍害から霜割れを起こすのを防止し，活着の促進を図る。
②	風による乾燥から樹木を保護する。

※上記のうちから，それぞれ2つ記述すればよい。

(4)

①	目土は植物の根系，ガレキ等をふるい分けたものを用い，土壌改良材及び肥料を混入する場合は，指定の混入率となるよう入念に混合する。
②	適正な厚さにとんぼ等を用いてむらなく均一に充分すり込む。目土の厚さは5〜10 mmとする。
③	不陸整正を勘案しながら，目土を施す。
④	芝草を刈り込んだ後に施す。

※上記のうちから3つ記述すればよい。

【問題3】解答

(1)

「服装」

①	作業に適した服装を身につけているか，服装に乱れはないか確認する。
②	軍手，安全靴，保護帽等，保護具を携帯しているかどうか確認する。

「保護帽」

③	保護帽に損傷，き裂が無いか確認する。
④	保護帽に労・検ラベルが貼付されているかどうか確認する。

⑤	保護帽のアゴひもを正しく締めているかどうか確認する。

※上記のうちから3つ記述すればよい。

(2)

(イ)

①	安全帯等の異常の有無について，随時点検する。
②	フックを掛ける位置は作業位置と大きく離れないようにする。
③	開放部がある場所にフックを掛けないようにする。

※上記のうちから2つ記述すればよい。

(ロ)

①	剪定中の樹木の下は立ち入り禁止とする。
②	大枝等は投げ落とさず，必要に応じロープ等で吊り下げて下す。
③	強風，大雨，大雪等，悪天候時は作業を中止する。

※上記のうちから2つ記述すればよい。

(ハ)

A	B	C	D
ロ	ヘ	ニ	チ

(3)

①	災害発生時の連絡体制を整え，見やすい箇所に掲示しておく。
②	三角巾を含め，救急用品を装備する。

平成24年度　実地試験問題

【第10回】 解答は P.279～P.281

問題2　次の工事数量表に基づく造園工事の施工管理に関する以下の
設問⑴～⑷について答えなさい。

解答は，解答用紙の所定の解答欄に記述しなさい。

〔工事数量表〕

工種	種別	細別	規格			単位	数量	備考
植栽工	高木植栽工	ケヤキ	H(m)	C(m)	W(m)	本	8	八ツ掛支柱
			5.0	0.25	2.0			（丸太三本）
	地被類植栽工	ノシバ	36 cm×28 cm×10枚			m²	300	整地を含む ＊
移植工	高木移植工	シラカシ	H(m)	C(m)	W(m)	本	3	八ツ掛支柱
			5.0	0.4	1.8			（丸太三本）

注）表中の＊の箇所に入れる語句は，出題の趣旨から記入していない。

〔工事に係る条件〕

・本工事は，整備中の近隣公園の未供用区域において，上記の工事数
量表に基づく工事を施工するものである。

・移植するシラカシは，あらかじめ溝掘り式根回しを行ってあるもの
を約2 km離れた別の公園から移植する。

・地被類植栽工の施工箇所は，良質土により植栽基盤の整備が前年度
に施工済であり，土性改良の必要はない。

⑴　下図は，樹木の植付け工事の一般的な作業手順を示したものである。図の
　 A ， B に当てはまる**最も適当な語句**を下記の**ア～カの中から選び，**
その記号を解答欄に記入しなさい。

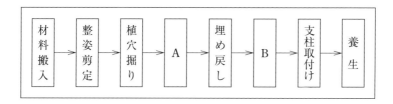

ア．位置出し	イ．根巻き	ウ．立込み
エ．積込み	オ．水鉢切り	カ．上鉢のかき取り

(2) 高木移植工に関し，以下の(イ)，(ロ)について答えなさい。

(イ) シラカシの**掘取り**を行う上で必要な品質管理上の作業を具体的に**4つ記述**しなさい。（移動式クレーンやトラックの使用及びそれに伴う作業に関する内容は除く。）

(ロ) 掘取り，根巻きを終えたシラカシの積込み，運搬に当たり，**樹木の品質管理のために「樹幹」及び「根鉢」に行う必要のある作業内容をそれぞれ1つずつ具体的に記述**しなさい。

(3) 八ツ掛支柱の取付けに関する次の記述の ┃ A ┃ ～ ┃ D ┃ に当てはまる**適当な語句又は数値を記述**しなさい。

> 長丸太を用いる八ツ掛支柱は，一般に ┃ A ┃ の影響を受けやすい大木や独立木などに用いられる。
>
> 支柱の取付けに当たっては，風に倒されないよう風の主方向等にも気を使い，地上から ┃ B ┃ の高さに，丈夫に取り付けなければならない。
>
> 控となる丸太が幹又は丸太と交差する部位の ┃ C ┃ 以上で結束する。なお，支柱（控木）の先端は見栄えよく切りつめること。
>
> また，支柱を安定させるため，地際に接する丸太の基部は地中に埋めて十分突き固め，地際に打ち込んだ ┃ D ┃ に結束する。

(4) 地被類植栽工に関し，以下の(イ)，(ロ)について答えなさい。

(イ) 以下の略図（平面図）は本工事で行う芝の植付け方法であるが，**この植付け方法の名称を記述**しなさい。

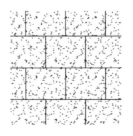

(ロ) 芝植付けを行う箇所の**整地及び整地の仕上げの作業内容を具体的に3つ記述**しなさい。

【第10回】

問題3　次の工事数量表に基づく造園工事の安全管理に関する以下の
　　　設問(1)～(3)について答えなさい。
　　　　解答は，解答用紙の所定の解答欄に記述しなさい。

〔工事数量表〕

工　種	種　別	細　別	規　格			単位	数量	備　考
移植工	高木移植工	シラカシ	H(m)	C(m)	W(m)	本	1	支柱取付け
			11.0	1.4	5.0			
樹木整姿工	高中木整姿工	イチョウ	H(m)	C(m)	W(m)	本	15	
			7.5	0.5	2.5			

〔工事に係る条件〕
・本工事は，供用中の近隣公園の一部区域において，上記の工事数量
　表に基づく工事を施工するものである。
・移植工は，本公園に隣接する道路拡幅工事で支障となったシラカシ
　を近隣公園内に移植するものであり，運搬距離は約10 mである。
　なお，シラカシの重量は約6 tと見込まれている。
・シラカシは，1年前に溝掘り式根回しを行ってある。

(1)　作業を開始する前に行われるツールボックスミーティングにおいて，**現場
作業員が安全に作業を進めるために話題とする一般的な内容を3つ記述**しな
さい。

(2)　樹木整姿工において，移動はしご及び脚立を使用することとした。「労働
安全衛生規則」では，移動はしご及び脚立は，以下の基準に適合したもので
なければ使用してはならないとされているが，下記の　A　～　C　に当
てはまる**適当な語句又は数値を記述**しなさい。

「移動はしご」
一　丈夫な　A　とすること。
二　材料は，著しい損傷，腐食等がないものとすること。
三　幅は，　B　cm以上とすること。
四　すべり止め装置の取付けその他転位を防止するために必要な措置を講ず
　ること。

「脚立」

一　丈夫な 　A 　とすること。

二　材料は，著しい損傷，腐食等がないものとすること。

三　脚と水平面との角度を 　C 　度以下とし，かつ，折りたたみ式のものにあっては，脚と水平面との角度を確実に保つための金具等を備えること。

四　踏み面は，作業を安全に行うため必要な面積を有すること。

(3)　移植工において，移動式クレーンを使用することとした。クレーン等安全規則」における移動式クレーンの安全管理に関し，以下の(イ)〜(ハ)について答えなさい。

(イ)　移動式クレーンの作業に関する以下の記述の 　A 　〜 　C 　に当てはまる**最も適当な語句を下記のア〜クの中から選び，その記号を解答欄に記入しなさい。**

「シラカシの移植にあたって，移動式クレーンの運転の業務を 　A 　に行わせ，移動式クレーンの玉掛けの業務を 　B 　に行わせることとした。また，玉掛け用ワイヤロープは，ワイヤロープの切断荷重の値を，そのワイヤロープにかかる荷重の最大の値で除した 　C 　が6以上のものを使用することとした。」

> ア．玉掛け技能講習を修了した者
> イ．玉掛けの業務に関する安全のための特別の教育を受けた者
> ウ．小型移動式クレーン運転技能講習を修了した者
> エ．移動式クレーンの業務に関する安全のための特別の教育を受けた者
> オ．移動式クレーン運転士免許を受けた者
> カ．切断係数
> キ．安全係数
> ク．変形係数

(ロ)　シラカシの玉掛け作業において，**玉掛け者が荷の吊り上げ時（地切り時）に確認する必要のある安全管理上の留意事項を具体的に3つ記述しな**さい。

(ハ)　移動式クレーンを用いた**樹木の立込み作業時における合図・誘導に関して，合図者が行う必要のある安全管理上の留意事項を具体的に2つ記述し**なさい。

平成24年度　解答

【問題2】解答

(1)

A	B
ウ	オ

(2)

（イ）

①	掘取りの灌水
②	掘取り前の枝の剪除と下枝のしおり
③	上鉢の土のかき取り
④	倒伏防止（仮支柱）

（ロ）

「樹幹」

縄巻き，むしろ巻き，さらにその上に縄巻きを行い樹皮を損傷させない。

「根鉢」

直根の切り口を改めて鋭利な刃物で切り直す。切り口がやや大きい時には，その切り口にコールタールを塗るなどの乾燥防止の措置をとる。

(3)

A	B	C	D
風	樹高の2/3	2ヵ所	根止め杭（やらず杭）

(4)

（イ）

名称	べた張り

（ロ）

①	地表30 cm の深さに開墾して，立木，雑草，石などの夾雑物を除去する。
②	施肥として基肥（化学肥料，有機質肥料を合わせる）を施す。
③	表面凹凸を直し，表面排水がとれるように中央部を高くし，わずかな勾配をとる。

【問題3】解答

(1)

①	その日の作業内容，進め方と安全の関係
②	作業上特に危険な箇所の明示とその対策
③	同じ場所で同時に他の作業が行われる場合の注意事項
④	現場責任者からの指示，現場の安全目標など
⑤	作業者に身近な災害事例
⑥	各人の健康状態，服装，保護具など

※上記のうちから3つ記述すればよい。

(2)

A	B	C
構造	30	75

(3)

（イ）

A	B	C
オ	ア	キ

（ロ）

①	ワイヤロープの張り具合やフックに掛けた状態を確認
②	吊り荷の重心の確認（必ずフックが吊り荷の重心の真上にくるようにする）
③	吊り荷の傾きの有無の確認

（ハ）

①	合図者は，吊り荷がよく見えオペレーターからもよく見える位置で，かつ作業範囲外に位置して合図を行うこと。
②	荷を吊る際は，介錯ロープを吊り荷の端部に取り付け，合図者が安全な位置で誘導すること。

Memo

著者経歴

種子永　修一　（たねなが　しゅういち）

1954年　和歌山県生まれ

所持免状　給水装置工事主任技術者

　　　　　1級管工事施工管理技士

　　　　　1級電気工事施工管理技士

　　　　　1級建築施工管理技士

　　　　　1級土木施工管理技士

　　　　　1級造園施工管理技士

　　　　　1級舗装施工管理技術者

　　　　　推進工事技士

　　　　　宅地建物取引主任者

　　　　　特殊建築物等調査資格者　　　等

弊社ホームページでは，書籍に関する様々な情報（法改正や正誤表等）を随時更新
しております。ご利用できる方はどうぞご覧下さい。　http://www.kobunsha.org
正誤表がない場合，あるいはお気づきの箇所の掲載がない場合は，下記の要領にて
お問い合せ下さい。
ＦＡＸ：　(06)6702―4732
Ｅメール：henshu2@kobunsha.org
書簡：下記住所あて

2級造園施工管理技士第2次検定対策

編　　　著	種子永　修一	
印刷・製本	亜細亜印刷㈱	
発 行 所	株式会社　弘文社	〒546 -0012　大阪市東住吉区中野 2丁目1番27号 ☎　　(06)6797―7441 ＦＡＸ　(06)6702―4732 振替口座 00940-2-43630 東住吉郵便局私書箱1号
代 表 者	岡﨑　靖	

落丁・乱丁本はお取り替えいたします。